U0728425

教育可以更美好

汤勇 著

Be Better

长江出版传媒 长江文艺出版社

图书在版编目（ＣＩＰ）数据

教育可以更美好 / 汤勇著. -- 武汉：长江文艺出
版社， 2018.10（2019.5 重印）
（大教育书系）
ISBN 978-7-5702-0639-1

Ⅰ. ①教… Ⅱ. ①汤… Ⅲ. ①教育—文集 Ⅳ.
①G4-53

中国版本图书馆 CIP 数据核字(2018)第 212713 号

责任编辑：秦文苑　　　　　　　　责任校对：陈　琪
装帧设计：仙　境　　　　　　　　责任印制：邱　莉　　王光兴

长江出版传媒　　长江文艺出版社

出版：
地址：武汉市雄楚大街 268 号　　　邮编：430070
发行：长江文艺出版社
电话：027—87679360
http://www.cjlap.com
印刷：武汉中科兴业印务有限公司

开本：720 毫米×970 毫米　　1/16　印张：18　插页：1 页
版次：2018 年 10 月第 1 版　　　2019 年 5 月第 2 次印刷
字数：231 千字

定价：42.00 元

版权所有，盗版必究（举报电话：027—87679308　　87679310）
（图书出现印装问题，本社负责调换）

目　录

序 言

不忘教育"初心"

顾 久

平生结识各级各类教育局长无数，但见过汤勇局长后，的确让我眼前一亮。

观其貌：身材魁梧，听说来自四川阆中，马上联想到手持丈八蛇矛，当阳桥上一声吼，喝断桥梁水倒流，而且曾在阆中镇守七年的猛张飞……

听其言：无官话套话，激情昂扬，真声大嗓，在每一次报告中，"本真""初心""常识""回家""朴素而幸福"等词语常常汩汩涌出……

察其行：亲履阆中，深入乡间，发现土地平旷，良田美池；进入学校，则文化浓郁，书香四溢，生机勃勃……

阅其书：勇于任事而勤于笔耕，在担任教育局长十多年里，为了给自己加压，也为了对校长、老师们的读书、写作引领，除了给教育报刊写了几百篇文章，还几乎一年一部佳作：2006 年《心灵盛宴》，2007 年《每天给心灵放个假》，2008 年《管理心智》，2009 年《修炼校长力》，2010《我的教育心旅》，2011 年《素质教育突围》，2012 年《做一个卓越而幸福的教育者》，2014 年《做朴素的教育》，2016 年《回归教育常识》，2017 年《致教育》。而且一些书还是教育畅销书，实属不易。

现在，汤勇局长又把 2018 年的书稿放在我面前，希望我写点文字，诚惶诚恐之余，很有些感慨。

一口气读完书稿，萦绕脑际的一个词，那就是"不忘初心"。"不忘初心"，这是当下使用频率极高的一个词语。其他语境，说"不忘初心"，究竟分量有多重，不去考量，但做教育实在不能忘却的是"初心"。

对于"初心"，我一直在苦苦地追溯。从动物行为学的角度看，鸟类和哺乳类亲代与子代之间，已有"类教育"活动，且具有亲情浸润、以身垂范、因材施教、直观重复、切实管用、静待花开等等特点。这就是"初心"的最初发源吧！

再考察原初社会中部落中的"原始教育"，发现除了以上特点之外，更有全时段、全方位、全身心地浸入到生活之中的特征。再从进化心理学的角度看，人类在动物与原始社会阶段生存了成千上万年，基因、神经、心理、行为已深深打上了早期生命的烙印。有人戏言"顶着个石器时代大脑的当代人"，严格说，这个大脑怕有更早期动物的"胎记"。这更是对"初心"的一种孕育。

一万多年前，地球变暖，冰雪消融，人类才进入农耕社会。谷物畜类多了，人口多了，更多陌生人聚居，才有了分工、阶级、城市、文字、统一的意识形态或宗教……也才有了正规的教育。在六百年多年前后，人类又进入工业社会，又进而有了更正规的学校、班级、课程、教科书、专业教师等。教育有了一种朦胧的"初心"。

中国既有几千年农耕文明的文化基因，也有一百多年追赶世界工业文明的步履。对于前者，马克思称为"人的依附性"阶段，于后者，则称"物的依赖性"时代。前者容易使人跪倒在长官和权力面前，后者又使人容易跪倒在金钱与物质面前。如果一条腿跪于权，另一条腿跪于钱，"初心"就会远离教育，而教育就会远离学生、家长和社会的期待，导致越来越多的焦虑、不满乃至怒斥。

因此，西方有杜威，中国有陶行知，都曾大声疾呼，身体力行，想把教育引回"初心"，使之更有真爱、更有生活、更有创造、更有民主，从而更有希望。可惜逝者如斯，足音空谷……

特别是近些年来，随着社会的转型，教育的精英化、书本化、强制化、工厂化、标准化，把教育完全与生活剥离、与亲情剥离、与言传身教剥离，让"初心"不在，"初心"远去。

正如汤勇同志在书中写道："社会的浮躁，世俗的功利，人们的攀比，我们的家庭教育、学校教育完全被异化，在规律面前缺乏敬畏，在常识面前丧失良知，在分数面前顶礼膜拜，俯首称臣。分数是命根子，升学是硬道理，面子始终是第一位，是否得高分、是否读名校永远比孩子的身心发展、快乐成长更重要。"

对于当下教育的现状，汤勇同志更是针砭时弊，一针见血，"教育的对象是人，教育者眼中要有人，心中要有人。然而更多的时候，我们是非人的教育，是功利的教育，是迎合的教育。为了分数，为了升学，为了我们一些所谓美好的愿望与目的，为了我们自身的一些利益和颜面，把学生完全当成一种工具，完全没有考虑学生的死活，完全没有想过学生的身心承受能力，完全没有顾及学生的天赋和学习能力，完全没有尊重学生的意愿和权利。"

那么教育的真正"初心"是什么呢？汤勇同志在他书中所收录的《唤醒孩子的生命内力》一文中从"教育的作用和意义""教育的责任和使命""教育的常识与智慧"三个方面作了论述。

他说："教育的作用和意义，就是给孩子成长提供可能，就像老农对待种子一样，在于给孩子提供良好的成长环境，给以适宜的土壤、气候、阳光、水分、养料，给以个性化的教育，激发他们的学习兴趣，教会他们做人，让他们形成好的人生观，养成一些好的习惯。教育的责任和使命，就是孩子在他那样的年龄，不管是学校教育还是家庭教育，不是一味简单地给孩子多少的知识和技能，而是把打开知识和技能大门的钥匙交给孩子，通过培育孩子的学习兴趣，激发孩子的好奇心，呵护他们的童心，启迪他们的思维，保护他们的想象力，使他们在阳光自信、活泼开朗中快乐成长，让他们在天真烂漫、灵动无邪中激活和唤醒他们的生命内力。教育的常识与智慧，就是让孩子不做学习的奴隶，让孩子成为学习的主人，让孩子进入自主、自发、自动的状态，让孩子在合作、探究、生动、能动、主动的情形下学习。"

于是汤勇同志挺身而出，以一个教育人的使命与担当，以自己的学识良知和对教育的一线实践，呼唤着教育的"回家"，呼唤着教育的春天。子规夜半犹啼血，不信东风唤不回：

　　"我们每一个教育人，包括我们的校长、老师，还有家长，就应该在现实的教育生活中给孩子一个快乐而幸福、温馨又难忘的童年。绝不能因为享受现代科技而奴役我们的孩子，绝不能因为分数让孩子一切为了分数而迷失了孩子的童年，更绝不能因为我们的功利与无知去绑架了孩子的童年！"

　　"无论走得多远，都不能忘记走过的路；无论走到多么光辉的未来，都不能忘记为什么出发；无论他人怎样浮躁焦虑，我们都不要做教书匠，都要尽可能做一个卷不离手的读者、躬耕反思的思考者、孜孜不倦的诲人者；无论外界怎么喧嚣浮华，我们都要坚守职业的底线和道德的规范，用自己的言行来影响孩子的一生；无论世道怎样冷暖与沧桑，我们都能够执着坚守，求真向善，都能够宁静淡定，不易素心，都能够浅走低吟，不离不弃，都能够曼妙修行，悲天悯人。"

　　我在想，我们每一个教育人、每一个老师，都能够对教育有这样的一种朴素认知，有这样的一种深刻理解，有这样的一种深厚情怀，而且对教育有一种躬耕与践行，相信教育就一定能够回归"初心"，也一定能够回到汤勇同志所一直期盼的"那个充满着温馨与温情的家"。

　　每次无论是在电话中，还是见到汤勇同志，我都尊称他为"汤司令"——这是老影片《战上海》中对汤恩伯的称呼——固然有戏谑的成分，但不仅是玩笑，而是真心希望他在不忘"初心"的教育路上，不仅自己能从容地行走，而且还能手臂一挥，登高一呼，领起一路铁军，带着一群具有相同尺码的人，闯出一条教育的新路来。

　　最后还是引用汤勇同志的话结束小文："只要方向对了，就永远不要怕路途的遥远……"

　　是为序。

　　　　　　　　　　　　　　　　　　　　　　　　2018 年 8 月 1 日

　　（顾久，贵州省文史研究馆馆长，贵州师范大学教授、硕士生导师，贵州省人大常委会原副主任）

自 序

教育真的可以更美好

1

"暮春者，春服既成，冠者五六人，童子六七人，浴乎沂，风乎舞雩，咏而归"。

在我的脑海里，常常会闪现《论语》中所描绘的这样一个美好的教育画面。

教育是原生态的农业，是一门与生命、与灵魂对话的艺术，是一个发现美、享受美、理解美的过程，是对每一个稚嫩生命的呵护和关爱，对每一颗纯洁心灵的理解和尊重的崇高事业。

教育让我们同天真烂漫的孩子在一起，同知识在一起，同文明在一起，也让我们精神得以丰盈，灵魂得以皈依，更让我们在这片土地上能够诗意地栖居，教育是美好的！

没有教育的美好，就没有最初教育的发生，就没有教育的内在动力的激发，也就没有教育的天真烂漫，多姿多彩。

2

教育的美好，在于教育是一种相遇。在某一天，孩子们就像一只只彩蝶，翩跹于我们身边，停靠在我们心灵的丫枝上。还似一粒粒小彩豆，从四面八方哗啦啦汇聚而来，和我们依偎在一起。

从某种意义上说，人世间的一切，都是一种相遇。冷相遇暖，就有了雨；冬相遇春，就有了岁月；天相遇地，就有了永恒；当孩子们相遇学校、相遇老师，就有了教育。

相遇教育，孩子们相遇的不仅是学校、老师，还将与其他同伴相遇，与自我相遇，与周遭环境相遇，与大千世界相遇，与书籍相遇，在书中与古今先哲、志士仁人相遇。

所有的相遇都是有缘的，也是美好的；所有的相遇都是心照不宣的，也是互为倾慕的；所有的相遇都是为了分手，也是为了相见，更是为了再相遇；所有的相遇都能够为自己，也为对方打开一扇明亮的窗户，以此看到一个更加精彩而广阔的世界。

教育的美好，在于教育是一种唤醒。苏格拉底的父亲是一位著名的石雕大师，在苏格拉底很小的时候，有一次他父亲正在雕刻一只石狮子，小苏格拉底观察了好一阵子，突然问父亲："怎样才能成为一个好的雕刻师呢？"父亲说，"就拿这只狮子来说吧，我并不是在雕刻这只石狮子，而是在唤醒它！"

好一个"唤醒"！其实，每一个孩子都是石块里面那只沉睡的狮子，每一个孩子在他的生命里都拥有一座宝藏，都蕴藏着丰富而巨大的潜能，都充满着无尽的神秘与神奇。

我们需要做的，就是成为他们心灵的唤醒师，用我们深邃的眼神，去抚慰他们的精神世界；用我们心灵的钥匙，去打开他们那一把把心灵之锁；用我们细腻的情感，去拨动他们柔软的心弦；用我们一声声深情的呼唤，去开启他们心灵深处的天赋与意识；用我们的聪明和智慧，去焕发他们生命的内生力与创造力，让他们慢慢地睁开双眼，从蒙昧中醒来，从混沌中醒来，从自然而然的状态中醒来。

这样的过程，就是一棵树撼动另一棵树，一朵云推动另一朵云，一个心灵感召另一个心灵，一个生命点燃另一个生命的美好过程，而不是以排山倒海、摧枯拉朽之势，给孩子的生命里强行地灌输灌注，强行地钻挖开采。

教育的美好，在于教育是一种成长。美好的相遇，心灵的唤醒，孩子们在流逝的时光中，犹如种子破土而出，发芽抽穗，绽放出生命的青葱，他们的天性、品质和与生俱来的能力得以生长。

我们在陪伴孩子、呵护孩子生长的同时，也是在滋养自己，历练自己，成熟自己，更是让自己的内心、自己的精神生命得以长大。在这样的一个过程中，我们和孩子相互慰藉，互为照应，于是便成为彼此生命中的独一无二。

这让我想起了"瞎子点灯"的故事。

在一个漆黑的夜晚，一个瞎子打着灯笼走在路上。有人好奇地问道："你是盲人，为什么还要打灯笼呢?"盲人说："夜晚没有灯光，怕互相碰着。"这个人感叹："原来你所做的一切是为了别人!"盲人答："不，也是为了我自己!"

盲人点亮的这盏灯，在照亮别人的同时，更照亮了自己。教师就是孩子成长路上的一盏心灯，在照亮孩子的同时，也照亮自己，在成长孩子的同时，也成长自己。

教育的美好，在于教育是一种成全。生命因教育而润泽，精神因教育而升华，生活因教育而幸福，人生因教育而有意义。

能够从"呈人之美"到"成人之美"，没有任何其他路径，唯有教育。教育所呈现的不仅是孩子的美好，更有教师的美好。

教育所成就、成全的不仅是孩子，当我们努力成就孩子、成全别人的时候，冥冥之中自然也就在成就、成全自己，让我们都成为最美好的自己。

当我们看着那一个个、一群群健康成长的孩子走向他自己未来的美好生活时，也让我们自己也享受着生活的幸福与美好，享受着人与人之间的幸福与美好，享受着这个社会的幸福与美好。

3

教育如此美好，如一首动人的诗，一曲婉转悠扬的歌，一幅荡气回肠的画，扣人心弦，令人陶醉。

　　然而遗憾的是，当下社会的喧嚣，国民的浮躁，家长的焦虑，一些教育人的功利，让教育沾上了灰尘，蒙上了污垢，罩上了一层阴影，甚至在有的地方还锁着重重雾霾，从而让教育失去了应有的美好。

　　比如说，教育应该是全面的。但不容置疑的是，唯分数是从的教育观已经让我们的教育被窄化为知识的传授，甚至在某些地方某些课堂，连知识的传授都算不上了，纯粹是反复的考练，让孩子不断地训练，最终把人训练成了工具。

　　比如说，真正的教育应该是建造价值，寻求人之为人的价值。然而不置可否的是，现在的教育就只有着生物学意义上的属性，只有为了获取名校敲门砖和为了谋求职业的功利取向。

　　比如说，好的教育，要想方设法拓展孩子的想象力，自古以来，大凡具有创造力的人，都是想象力没有被抹杀的人。然而当下纯粹靠拼时间、拼身体乃至拼生命的教育，强调的是标准答案，塑造的是同一个模子，僵化的是人的思维，让一个个孩子将想象的大门关闭。

　　比如说，教育无非是为了更好地了解生活、理解生活，为了未来的人生更好地生活。但是不可否认的是，当下的教育完全失去生活化，完全远离生活，完全与生活脱节，最终所培养出的是一个个巨婴，一个个"手不能提篮，肩不能担担""四体不勤，五谷不分""饭来张口，衣来伸手"的书呆子。

　　又比如说，孩子们生命成长中应该多些"留白"，让孩子们有自由成长的空间，自由呼吸的时间，让孩子们有闲暇、有机会去想象、去思考、去探索、去阅读、去亲近大自然。然而现在的教育却完全是对孩子的一种控制，控制孩子的身心，控制孩子的时间，控制孩子的生命。在严厉的控制下，孩子们没有了笑声，没有了快乐的学习生活，也过早地失去了幸福的童年。

　　还比如说，教育本应闪耀着人性的光辉，彰显着人性的韵味和温馨。然而，现实的教育却充满着畸形和扭曲，教育者眼中没有"人"，教育缺失人性，最该把人当"人"的行业却最不把人当"人"。

　　再比如说，没有惩戒就没有教育，没有好的家校合作，也没有好的教育。

可是现在的学生在学校里，连老师严格要求他，受到一点批评，接受了老师再正常不过的教育行为，一些家长都会大闹校园，辱骂老师，有的家长甚至还殴打教师，扇教师耳光，逼教师下跪。

凡此种种，不一而足。

4

好在国家已经进入新常态和新时代，过去一味追求的 GDP，现在更看重的是绿色、环保、可持续发展，就连一直以金牌论英雄的体育界，也已经开始在淡化金牌意识。

顺应创新型人才培养的时代需求，针对高考所带来的问题与弊端，国家已通过加强顶层设计，开启了恢复高考以来最全面、最系统的一次高考制度改革，新高考制度也将在 2020 年全面落地推行。

中国教育所暴露出来的种种乱象，也已经拉响了警报，亮起了黄牌，并引起了社会各界的广泛关注和高度重视。

随着社会的发展，面对未来已来，也随着人们对幸福的不断追逐，对美好生活的日益渴盼，对教育的美好更是充满着无限憧憬和向往！

5

如果对教育多些理性认识，多些对教育规律的认知；如果不用政绩思维对待教育，不用自出心裁折腾教育，不用官僚作风绑架教育，让教育回到应有的方向和轨道。

如果全社会能够尊师敬教，能够给教育营造出"蓝天白云""青山绿水"般的环境；如果教师都能享受到应有的待遇，都能衣食无忧，都能体面地活着；如果都能做到对教师不打扰、不干扰、不添乱、不为难、不增加额外负担，让老师们都能安心从教、舒心从教、放心从教、乐于从教。

如果教师能够成为人们羡慕的职业；如果有更多的优秀人才能够选择教育，选择教师，选择一辈子做"孩子王"；如果报考教师场面能够火爆，像二十世纪八九十年代那样，天赋最好、成绩最好的学生纷纷报读中师，让发展教育必先发展教师得到真正体现。

如果能够构建良好的师生关系、家校关系；如果能够达成教育质量是尊敬出来的共识；如果对老师多些包容和理解，对老师的工作多些善待和支持；如果对老师不拿鸡毛当令箭，不上纲上线，不求全责备，让老师不畏惧，不退缩，敢于履职尽责，大胆管教。

如果不把教育办成迎合，如果教育多些个性气节，少些奴性少些犬儒；如果办教育不仅仅是为了"满意"而"满意"，而是力求办孩子们喜欢的学校，做孩子们向往的教育和适合每个孩子的教育，让教育多些自主的空间。

如果教育不只有分数，教育的属性不只是应试，教育的法宝不只是反复考练，教育的手段不只是死整蛮干，教育的标准不只是成王败寇；如果把生活贯穿于教育的始终，让教育始终围绕生活来进行，把生活贯穿于教育的始终，让生活体现于教育环节的方方面面。

如果学校不把学生的理想完全禁锢在校园里，不把学生的成长完全局限在考试成绩里，不把学生的学习视野完全划定在学科的识记与刷题上；如果不把学校办成一座座唯有程序和指令的工厂，不把学生弄成应试链条上一台台考试的"机器"。

如果家长们都能远离焦虑，保持平和心态，不把自己没有实现的愿望压在孩子瘦弱的肩上；如果都能远离焦虑，不快跑、不抢跑、不超跑，不用"不让孩子输在起跑线上"这个伪命题去捆绑孩子。

如果教师无须再扮演道德的审判者、师生关系的控制者；如果教师能够从至高无上的讲坛走下来，成为孩子的学习的陪伴者、生活的指导者、心灵的呵护者、生命的引领者、人生的追随者；如果教师允许学生犯错，允许学生大胆质疑，给学生一个自由成长的天地。

如果我们对孩子能够多一把尺子，多一种标准，多一份等待，多一些期许；如果我们能够像老农对待庄稼一样，庄稼长势不好，老农从来不责怪庄稼，相反他会反思自己哪些方面没做到，是土壤不适宜，还是水分不充足，是肥料没用够，还是缺乏阳光照耀……如果我们能够放慢脚步，不急不躁，静待花开，让蜗牛带着他去散步。

如果我们面对教育上的问题，不躲躲闪闪，不遮遮掩掩，也不一味在那里埋怨、推卸和指责，而是拿出勇气，敢于直面，以一个教育人应有的良知与使命、责任和担当、情怀与情结，去做出立足自身、着眼当下的改变。

如果我们能够回归教育初心，遵循教育常识，尊重教育规律，坚守教育本真，捍卫教育良知，不管教育土壤怎样板结，乱象怎样丛生，现实怎样无奈，我们都尽可能在自己的教育天地里营造出局部的春天。

如果有一天我们的教育能少一些"如果"，教育就会回到那个弥漫着温馨而温情的"家"，教育也会为此变得更加美好。

我们期待着这一天的到来！

汤 勇

2018 年 8 月 8 日于贵阳返阆中高铁上

第一辑　让蜗牛带我去散步

教育多"留白"脑袋才能活起来

广州市第六中学的郭见微、邓昊晴、吴宗懋学生团队因为研究粉笔灰扩散现象获得了 2015 年丘成桐科学奖。"数以百万计的教师每天都要用粉笔做板书，每天都生活在擦拭黑板后的粉笔灰尘中，容易引起鼻、咽、喉部不适，同学们也会受到影响。"郭见微说，团队之所以研究粉笔灰扩散现象，是为了给老师提供参考，同时也可以为教室布局提供参考。

在万物勃发的季节，在硝烟弥漫的"高考冲刺季"，这则教育新闻犹如一缕清风，给沉闷的教育空气带去了些许的清新气息。

从普通粉笔到无尘粉笔，粉笔灰飘了那么多年，对师生健康的影响也一直持续这么多年，对于其他的孩子有可能熟视无睹，然而六中的孩子们却注意到了，并且通过不懈努力寻求到了解决办法。从获奖孩子们身上，我们看到了他们可贵的创新品质与创造精神，也强烈地感受到了学校"成人"教育最大的成果。

据了解，粉笔灰扩散研究不但需要"突击学习"微积分、偏微分、流体力学等大学阶段的专业知识，还要在实验室戴着口罩与粉笔灰"亲密接触"，通过颗粒传感器测量粉笔灰的浓度以及分布情况实验，在这个过程中，需要上百次的实验来排除偶然误差。孩子们这种能够从实际出发，不读死书，将所学知识活学活用，其善于观察、勇于实践、敢于创新的行为与精神，在提倡"大众创业、万众创新"的今天，尤其值得点赞。

教育的首要任务不仅是往学生脑袋瓜里塞多少知识，也不仅是把学生局限于校园里和课堂上，而是让学生去参加社会实践活动，培养他们动手动脑的能力，去与父母和朋友走进大自然，开阔眼界，去阅读自己喜欢的书，广泛涉猎，拓展知识面，让他们学会独立思考，具备创新的精神和创造的品质。

不幸的是，现实中更多的孩子，他们的时间和空间，已被老师和父母的"被安排的学习"占得满满的。看看不少高中学校这些日子杀气腾腾的励志标语："只要学不死，就往死里学""提高一分，干掉千人"，还有北京海淀区 7 岁拼娃一周上 40 小时课外班的现实，如今的孩子完全沦为了应试的机器！

其实，每一个孩子都与众不同，他们应有真正属于自己、适合自己的发展之路。英国著名教育家怀特海在《教育的目的》中说："学生是有血有肉的人，教育的目的是为了激发和引导他们的自我发展之路。"因此，多给他们一些"留白"，让他们自由地思考和探索这个世界，让他们去学一些"无用"的东西，做一些"无用"的事，这些看似"无用"，却有可能成为他面对未来人生的一笔宝贵财富。

相对于当下一些学校、老师正热衷于"一切为了分数"的教育，而广州市第六中学却是一片充满阳光的广阔天地、一片百花争艳的肥沃土壤。为了培养创新型人才，他们专门为有志于科研的孩子开辟了创新型实验室。指导老师璩斌表示，"学校非常注重学生们发现身边的科学的能力"。飘散的粉笔灰、城市堵车可以成为研究的课题，滑雪、桌面游戏"三国杀"也可以成为研究的课题，这些常见的生活现象，只要他们感兴趣，都可以成为研究的课题，都可以得到学校的支持、老师的指导。

"我真的不是做题型选手，考试成绩波动也比较大"，团队首席郭见微如是说。庆幸的是，这个不算"学霸"的"科霸"，在这所学校找到了属于自己的天地，也找到了属于自己的精彩。该校立足于学生的个性化发展，去鼓励学生发现、研究现实生活中有价值的问题，让学生们的创新精神和创造品质得到了充分彰显，这样的教育追求与实践，在应试倾向较为强烈的当下，自然具有很强的示范效应。

怀特海还说:"教育只有一个主题——那就是多姿多彩的生活。"生活本来是多姿多彩的,孩子们的学习生活自然也是多姿多彩的。当我们把本应属于孩子们的健康、快乐、自由思考还给了他们,而不是一味地控制与占领,孩子们多姿多彩的教育生活便会由此生发,创新型成果、创造型人才便会为此诞生,国家的繁荣昌盛、民族未来的希望,更会在这里产生。

人工培养的"学霸"难有作为

　　一则来自澎湃新闻网的新闻报道，85 后博士后应佚伦，这位从小到大都不是"学霸"、并不冒尖、是属于班级上占很大比例的那群"中等偏上"的学生的清秀女孩，循着自由成长、发现兴趣、坚持选择的成长道路，加上家人的支持与名师的提携，最终入选 2015 年"世界最具潜力女科学家"。

　　面对人人想当"学霸"、人人追捧"学霸"，特别是当下的基础教育把培养出一个又一个杰出的"学霸"作为终极价值追逐与取向的今天，这则看似平淡的新闻犹如在平静的水面抛下的一个石块，在人们的心里会荡起圈圈涟漪，也犹如烈日炎炎的夏季吹来的一阵凉风，会让烦躁难耐的人们感到一丝丝凉爽，更犹如寂寥的夜空划过的一道闪电，带给人们的是无限的遐想和思考。

　　是什么力量让一位"中等偏上"的普通学生成长为世界顶级的科学家，而且是最具潜力的科学家？教育的一切出发点只是为了分数而拼杀，还是教给孩子一生有用的东西？我们的基础教育，到底是为培养"学霸"而努力，还是着眼于孩子的个性化发展，把他们培养成合格公民，为他们未来的幸福人生而奠基？

　　应佚伦能够取得今天的成功，恰恰在于她在最关键的时期，赢得了最为宽松的成长条件。父母没有因为自己的绘画职业就强求自己的孩子也必须去画画，也没有把孩子送进众人趋之若鹜的各类培训班，而是在孩子的众多尝试中，发现了孩子真正感兴趣的生物观察、化学实验，并给予力所能及的呵护和培养；初中就读普通学校，恰恰远离了太大的成绩压力，为她的兴趣发展提供了良好的土壤；而高中学校重视对学生独立人格的尊重与培养，潜移默化地使她拥有了良好的人文情怀与科研素养。应佚伦的创新与创造的种子就在这样的自由温馨的学习与成长环境中自由生长，最终长成参天大树。

然而这一切，恰恰是当今教育，无论是学校教育、家庭教育乃至社会教育的最大症结。

兴趣是最好的老师，也是成长最大的动力。教育的责任，就是去发现孩子的兴趣并努力地呵护发展孩子的兴趣。然而当下的功利教育，已完全被"分数"所操控。在分数的驱使下，老师和家长都希望孩子能成为"学霸"，许多孩子每天都被作业和补习班填得满满的，孩子的生活与生命完全处于一种"被安排"状态，在这样的状态下成长的孩子，的确可以培养出升学竞争的选手和众多的"学霸"，但却是以扼杀孩子的兴趣爱好、个性特点，以泯灭孩子的创新思维、创新品质、创造能力作为沉重的代价。

应佚伦的成功，如果没有她的父母和老师当年对她兴趣爱好以及好奇心的精心呵护、激发，就没有今天的应佚伦。如果她也在那种只有分数的环境中长大，她能不能有那样的想象力和创造力，她能不能成为最具潜力的科学家也确实值得怀疑。

不要以为你的孩子现在喜欢画画、喜欢弹钢琴，他今后就一定会成为艺术家，也不要以为你的孩子现在是"学霸"，今后就一定会大有作为。更不要觉得自己的孩子成绩只是一个"中等生"，就盲目下结论，说这孩子今后没出息，只能擦皮鞋。其实每一个孩子的当下和未来都具有无限可能性！

当然决定着这种"无限可能性"的，就是看我们能不能有勇气给孩子的当下学习生活"松绑"，能不能有勇气给孩子当下的生命状态"留白"，能不能有勇气给孩子当下成长营建一个宽松的环境。

其实，孩子在成长中，作为家庭和学校、家长和老师，给孩子们多一分信任，多一种选择，多一把尺子，多一些宽容，让他们舒展身姿去呼吸清新的空气，享受生活的美好，让他们放飞梦想去自由地思考和探索这个世界，让他们尽情嬉戏去学一些"无用"的东西，这有可能比其他什么都重要。

　　套用"学霸"的称呼，那些卓有成就的科学家便可以冠之以"科霸"。如果把我们教育的目光转向更多的学生，把我们的教育目的不仅限于培养只会考试的"学霸"，有一天，我们的国家将会涌现出一个又一个的"科霸"。应佚伦的成长，就是对教育最好的诠释和注脚。

由一列火车的"火"想到教育的慢

一列由内燃机车拖挂四节车厢的绿皮火车——7053次列车,缓缓穿梭在山东淄博到泰山的山林间,全程184公里,单程用时6个小时,平均时速32公里,算得上是目前全中国最慢的火车。然而就是这列行驶在山间最慢的7053次绿皮小火车,最近竟然异常的火爆。有人专门从济南、上海、北京等地赶来,就为了找个临窗的座位待上6个小时,细细地品味和感受那种"慢",以怀念过去在那慢的时代所度过的那些缓慢但又美好的时光。这列火车为什么这么火?不是因为快,而是因为它的慢。

"从前的日色变得慢,车,马,邮件都慢",木心的《从前慢》被谱曲之后,羊年春晚通过刘欢演唱便广为传唱,所有人都在向往与留恋着那份从前的慢!就因为从前的那份慢,我们可以驻足观赏沿途的曼妙风光,可以慰藉小憩给心灵短暂放假,可以漫不经心享受生活的多姿与美好,可以悠闲地体验咀嚼岁月的诗意与宁静,可以放慢脚步感受弥足珍贵的人间亲情友情,可以拉长幸福品鉴人生所拥有和经历的各种酸甜苦辣。

然而现代的社会,人们却是一切为了快,一切贪图快,一切讲究快节奏,一切追求快上加快,于是就有了快车、快艇、快递、快餐、快点、快讯,也就有了鸡、鸭、猪靠添加剂的快速催长,各种蔬菜作物靠膨大素的快速生长,更有了社会经济的以牺牲环保和生态的破坏为代价的恶性发展和快速增长,在"快"中失去的是秩序与规则,丢掉的是和谐与情感,丧失的是快活与快乐,迷失的是信仰与自我，泯灭的是良知与使命。

曾看过一则资料，一家杂志评选宜商宜居世界城市，成都入选为"全球宜居城市"。有人到上海、纽约、台北、香港和成都进行了一个测试，结果是成都人走得最慢。测试人员随机问一位老人："老人家您好，请问成都人走路为什么总是那么慢呢？"这位老人用成都话不紧不慢地回答说："反正都要死，走那么快干啥子嘛！"一位老人虽然没有学过哲学，但他却深谙"慢"这个道理。

十年树木，百年树人。教育是农业，是人的事业，是慢的艺术，需要不急不躁，远离喧嚣，需要潜下心来，心无旁骛，需要假以时日，静等花开，需要有舒缓的节奏，需要留足等待的空间和时间。日本的佐藤学认为"教育往往要在缓慢的过程中才能沉淀一些有用的东西。"然而我们的教育确实太注重"快"了！

幼儿在幼儿园应该生活在童话般的世界里，在听故事、讲童话、玩积木、做游戏、参与各种有趣的活动中启迪他们幼小的心智，丰富他们的想象，帮助他们逐渐养成良好的习惯，然而我们的不少幼儿园却完全小学化，过早甚至拼命地教识字、学英语、背唐诗、练心算，这种快，这种抢跑，生怕幼儿输在起跑线上，殊不知，这恰恰也许会把我们的幼儿弄死在起跑线上。

寒暑假，还有节假日，本是孩子可以自由支配的一段美好时光，在这段时光里，孩子可以放松心灵、尽情玩耍，也可以做自己喜欢做的事情，还可以走进大自然，走进社会，参与社会实践，然而不少家长望子成龙心切，在假期不是叫孩子成天做习题集、考试卷，就是让孩子参加各种补习班，或者让孩子奔波于各种兴趣班、特长班，让孩子疲于应付，劳苦不堪，这样的"快"或许能让孩子暂时赢在当下，但却会让孩子永远输在未来。

重庆一位80后"北大虎妈"给自己9岁孩子安排的作息时间是，每天学习18个小时，睡眠6小时，早上5点得起床，深夜11点才能睡。据说，她的父母就是用这样的作息时间让她考上了北大。这样的"快"，她女儿就一定能考上北大吗？即使她的女儿能考上，是不是天下的父母用这样的作息时间去苛求自己的孩子，都能够让自己的孩子考上北大呢？就即使所有的孩子在这样的严苛下，都能考上北大，如果我们所培养的孩子最后剩下的只有分数了，如果我们所培养的北大生都成了福建当年弑母的文科状元，这样的北大生不是特别可怕吗？

行走于一些校园，一方面是那些弥漫于校园、班级的励志标语所渲染的"血雨腥风"，逼着学生抢跑，"只要学不死，就往死里学"，"今生何必多睡，死后自然长眠"，"提高一分，干掉千人"，在这些标语的主导下，学生们一起被捆绑于应试教育的战车上，冲锋陷阵，不惜一切代价，拼个鱼死网破，你死我活。另一方面是那些奇葩般的作息时间和校规，让学生没有时间停歇，没有工夫喘息，跑步上厕所，跑步去食堂，跑步进教室。据说有学校还规定学生入大厕不超过三分钟，入小厕不超过一分钟。还有学校要求学生和衣而睡，因为打开被子需要时间，折叠被子需要时间，穿衣服需要时间，脱衣服也需要时间。

对于课堂，为了追求所谓的"速成"，所谓的"高效"，有的对传统课堂一概否定，不分青红皂白；有的将一些所谓的模式，生搬硬套，甚至不分班情学情，不顾师情生情，搞一刀切，在一个区域、一所学校强行推广；有的课堂改革刚刚起步，只是浅尝辄止，还没有触及皮毛，便急于总结什么经验，概括什么模式，并且推而广之；还有的一味追求课堂的花哨，一味追求课堂的热闹，一味强求课堂对现代技术手段的运用与依赖。

课堂上的求"快"，把好端端的课堂弄得面目全非，最终让老师迷茫徘徊，不知道怎样上课了，让学生无所适从，不知道怎样学习了。

有这样一则寓言：上帝给了一个人一个任务，叫他牵着一只蜗牛去散步。蜗牛已经在尽力地爬了，但每次总是只能挪动那么一点点。任凭人怎样着急，怎样催它，怎样吓唬它，怎样责备它，甚至踢它，蜗牛仍然不紧不慢地往前爬。无可奈何，只得随着蜗牛慢慢向前爬。然而，这个人却忽然闻到了芬芳的花香，听到了悦耳的鸟鸣，看到了晶莹的露珠在树叶上闪烁，此人豁然开朗——原来是因为蜗牛在带着我散步。

面对现实教育的诸多尴尬，我们应该不断地追问：是不是因为我们的一味求快，让我们对教育的一切美好而无暇顾及？是不是因为我们的行色匆匆，让我们把教育上看似无用却最为有用的许多东西给抛弃了？是不是因为我们的步子迈得太急，让我们的教育只是拣起了芝麻，而丢掉了让教育最终成为教育的一些根本性的东西？是不是因为我们受外界喧嚣与浮华的左右，让我们见异思迁，心有旁骛，难以静下心来做教育？是不是因为我们对教育的本真失去了一种坚守与捍卫，让我们的教育在反教育的路上渐行渐远？

其实，做教育就应该像养花一样，不必太急，一边养一边看，一边呵护一边期待。也应该像老农种庄稼一样，一切顺其自然，不急于求成，不拔苗助长。

教育一旦慢下来，教师就会多一些宁静，少一些浮躁，多一些良知，少一些功利，多一些敬业，少一些应付，多一些使命，少一些搪塞，多一些担当，少一些推卸，多一些行动，少一些埋怨。

教育一旦慢下来，教育人就会既脚踏实地，又能够仰望星空，就会既关注当下的事，又关注国家民族的未来，就会既对孩子的眼下尽职尽责，又会对孩子的未来幸福人生奠基。

教育一旦慢下来，教育就会回到正常的轨道上来，就会回归到教育常识的方向去，就会在教育本真的路上越走越好，教育就不会一味迎合，唯命是从，就不会急躁冒进，走向极端，也不会左右摇摆，飘浮不定，更不会盲目跟风，人云亦云。

教育一旦慢下来，就会给孩子多一点思考的空间，多一点阅读的时间，多一点交流的机会，多一点欣赏的目光，多一点鼓励的话语，相信每个孩子的学习兴趣就会被点燃，思维就会被激活，每一个孩子的发展就会多一种可能。

有句话说得好，"希望上天给笨孩子一个矮树枝"，只有教育慢下来，才会让每一个孩子都有枝可依，才会让每一个孩子有一展所长的机会。还有一句话也很有道理，"野百合也有春天"，只有教育慢点，再慢点，才会让每个孩子都跟上节奏，让每个孩子都不掉队，也才能让每个孩子在自己的春天里绽放如花笑靥。

把童年还给孩子

现在正值暑假，我们的孩子在干什么呢？你只要去关注，你会发现差不多城市孩子都奔波于各种补习班、特长班和兴趣班，还有一些孩子会成天沉醉于网络游戏中，农村的孩子差不多都蹲在屋子里看电视，在村子里的各个角落以及街道上，很少能看到孩子们活跃的身影。

于是情不自禁地想到我们那个时代的读书、那个时代的假期生活。每天背着帆布小书包，几本小书、几个小本子，蹦蹦跳跳地上学，快快乐乐地放学，老师几乎不留家庭作业，也没什么补习和培训。

周末天、寒暑假，除了有模有样地跟在父母身后耕地、种地，重要的差事就是拾柴、割草、放牛，还有捡菌、采野花。大热天，就用藤条做成遮阳帽避暑，口渴了，就摘一片较大的树叶，把它叠成瓢状舀山泉喝以解渴，肚子饿了，就漫山遍野寻找野果来充饥，待草儿盛满了背篼，牛儿吃饱了，便拉起一帮人兵分两路，手持红缨枪，腰佩木制手枪，模仿电影中的那些精彩情节，依山势而战，"火拼"一番，一决高下。在一次"战斗"中，我的大牙被"敌方"打掉，哼都没哼一声，又带血战斗，回到家后，在父母面前，还要保守秘密，不能让他们知道挂彩受伤，那种忘我与投入，快乐与情趣，自由与自在，至今仍记忆犹新，有时还忍俊不禁。

大自然无疑是一所美好的学校。孩子们沉浸其中，闻花香草味，听流水鸟鸣，尝山间野果，捕河虾，捉迷藏，玩游戏，滚铁环，下五子棋，尽情玩耍，这些看似无用，然而孩子们却可以在游戏、玩耍中，舒展身肢，放飞梦想，体验创造，分享快乐，学会担当，懂得义气，收获勇敢，陶冶性情，顽强意志，涵养品德。这些对于孩子一生有用的东西，却是他们在课本与补习中所学习不到的。

英国哲学家、数学家怀特海在《教育的目的》一书中讲："直到你摆脱了教科书，烧掉了你的听课笔记，忘记了你为考试而背熟的细节，这时，你学到的知识才有价值。你时刻需要的那些细节知识将会像明亮的日月一样长久保留在你的记忆中；而你偶然需要的知识则可以在任何一本参考书中查到"。爱因斯坦在美国高等教育 300 周年纪念会演讲《论教育》中也有同样的论述："如果人们忘掉了他们在学校里所学到的每一样东西，那么留下来的就是教育。"

现在想一想，那个时候我们所学的加减乘除、所识的那些汉字，所懂得的那些之乎者也，就那么重要吗？要么早已忘了，要么也不一定非要死学死记，现在有可能无师自通，就像怀特海所讲的"而你偶然需要的知识则可以在任何一本参考书中查到"。然而在那时的游戏、玩耍与活动中所赋予的一切，就是怀特海所说的"你时刻需要的那些细节"，也就是爱因斯坦所讲出的"留下来的"，却是陪伴我们一生最重要的财富！

席慕蓉曾经说，如果一个孩子在他的生活里没接触过大自然，譬如摸过树的皮、踩过干而脆的落叶，她就没办法教他美术。上一百堂美学的课，不如让孩子自己在大自然里行走一天；教一百个钟点的建筑设计，不如让学生去触摸几个古老的城市；讲一百次文学写作的技巧，不如让他在市场里头弄脏自己的裤脚。

一个孩子从来没有摸过树的皮，没有闻过花的香，没有走进过大自然，没有穿越过一座古城，没有在清晨逛过市场，我在想，这样的孩子如何能成长呢？我以为，对于孩子那些看似无关紧要的经历和玩耍，说不定比多做几道习题，多背几首诗歌更重要。龙应台说，孩子不会玩，就是缺点。

著名学者游桂乾先生说："我现在拥有的智慧和创造力，都来自于我童年时期的闲暇时光。"游桂乾先生在他童年最高兴的事就是爬树、捉鸟、捞鱼等。

他甚至认为，一个孩子爬树就是他躲避大人、应对心理危机、寻求安全感的一种方式，他为此提出了著名的理论——树屋理论。他特别反感家长对儿童生活的高度管制。他说，很多孩子十八岁之前都在拼命学习，十八岁以后，精力都用尽了，便不愿学习，厌倦学习。游先生坚定地认为，一个人有着丰富多彩的童年生活，他的童心就不容易泯灭。

然而，社会的浮躁，世俗的功利，人们的攀比，我们的家庭教育、学校教育完全被异化，在规律面前缺乏敬畏，在常识面前丧失良知，在分数面前顶礼膜拜，俯首称臣，分数是命根子，升学是硬道理，面子始终是第一位，是否得高分、是否读名校永远比孩子的身心发展、快乐成长更重要。于是乎教育的这种美好，慢慢在学校、在家庭、在社会消失殆尽。孩子幸福的童年，也慢慢与孩子擦肩而过，无影无踪。

如果现在的孩子在他们生命成长的早期岁月里，远离大自然，远离丰富多彩、天真烂漫、充满梦想、快乐无比的童年生活，这何尝不是一种教育的缺失，何尝不是一种人生的缺憾？

其实，奠定一个人人生基础的，是童年，给一个人成长打上精神底色的，是童年，一个人在未来的路上行走的如何，在童年，一个人到了行将就木、盖棺论定那一天，回味走上这一趟，还能在那一瞬间"呵呵"一笑，则更取决于童年。

我们每一个教育人，包括我们的校长、老师，还有家长，就应该在现实的教育生活中给孩子一个快乐而幸福、温馨又难忘的童年，绝不能因为享受现代科技而奴役我们的孩子，绝不能因为分数让孩子一切为了分数而迷失了孩子的童年，更绝不能因为我们的功利与无知去绑架了孩子的童年！

孩子有一个什么样的童年，未来就会有怎么样的人生。捍卫童年，保卫童年，把童年真正还给孩子，让孩子有一个值得回味的幸福而快乐的童年，应该成为我们矢志不渝的追求和价值取向！

让孩子自信前行

　　新学期开学了，看着孩子们背着书包蹦蹦跳跳、高高兴兴地走进校园，他们是那样的活泼天真、清纯可爱，他们对校园里的一切都是那么的新奇，他们也对这里的学习生活满怀向往与期待，或许，他们对他们的明天与未来更是充满着美好的期许与憧憬，在这里，将度过他们的童年、少年、抑或青年，若干年后，他们又将从这里走向他们的明天与未来……

　　于是我又情不自禁地再次想到了台湾著名作家张晓风写的那篇散文《我交给你们一个孩子》，作者在一天早上站在阳台上，看到自己的儿子背着书包走出大门上学去，回过头来给她招手，于此情此景写下了动人的文字。特别是在文章的结尾那扣人心弦的一问："世界啊，今天早晨，我，一个母亲，向你交出她可爱的小男孩而你们将还我一个怎样的呢?"可以说敲击着每一个有良知教育人的心灵，既透出了一个母亲对孩子的爱，对社会的嘱托，也是对教育工作者的信任和期盼，更是对好的教育的呼唤和渴求。

　　其实，我们每一个教育人需要回答的，不仅是给孩子们的父母还怎样的一个孩子，而且应该思考的是让孩子怎样从我们的身边、从我们的学校走向未来与明天!

　　社会的浮躁与教育的功利，让教育这样的一个哲学命题，在很多地方早已异化成只有分数和成绩，只有考试和升学率，只有名次和排队了。基于此，肯定好多校长和老师的第一反应就是，孩子们凭什么从我们的身边、从我们的学校走向未来与明天，那还不简单，拼死拼活地给他一个好成绩，一个高分数，让他有一个好名次，考一个好大学，不就够了吗？

果真是这样吗？是不是给了孩子这些，就能让他们自信地走向明天与未来呢？

为此，我想到了在贵州大数据峰会上，马云说的一句话：如果孩子们继续以前的学习方法，只知道记背算这些，可以保证30年后找不到工作。当时马云话一出，大家都惊呆了！甚至在一定程度上引起了人们的恐慌，如果真的那个时候都找不到工作咋办呀！

这其实并不是危言耸听！近段时间我看过相关资料，马斯克曾预言："一旦人工智能达到一个临界值，即达到相当于人类中最聪明、最富有创造力的人的智力水平时，那么它将在极短的时间内超过人类智力的总和。"早前扎克伯格也预言过，人工智能将在听、说、读、写等核心感知力上 5—10 年内超越人类。

我们可以看到，在几乎所有的竞争领域，人工智能的优势是压倒性的。

像阿尔法狗战胜围棋高手李世石和柯洁，人类根本就看不到胜出的任何希望。

湖南卫视之前播的《我是未来》，中科大讯的机器人速记，差不多可以达到同声速记，我想再快的速记师也达不到这种程度，由此引发了人们对人工智能会不会超越人类这一话题的热议。

人工智能机器人参加今年的数学高考，分别花了 22 分钟和 10 分钟，答完北京文科卷和全国 II 卷，分别得了 105 分和 100 分，这是人工智能向人类发起的最新一场挑战。

而在不久前，FACEBOOK 的实验室竟然爆出两个人工智能，在用人类所无法理解的语言，成功地进行交流。

在我们毫无察觉的世界里，人工智能正在读取我们的天量数据，正在日夜不息地自我迭代进化，我们人类用了几百万年才进化来的人脑正在各个领域被人工智能轻易击败。

可以预料的是，未来将是人工智能化的时代，很多过去由人工做的工作，将逐步由人工智能机器人所取代。牛津的学者指出，未来十年，随着 AI 变得足够聪明，或将消灭全球 40% 以上的职业。

在这种趋势下，如果孩子们的教育跟不上时代潮流，那未来又如何在竞争激烈的社会中安身立命？

一石激起千层浪！就在国家刚刚突然宣布，举全国之力，抢占全球人工智能制高点。为了实现这个目标，党中央，国务院正式下文，即日起，从小学教育，中学科目，到大学院校，通通逐步新增人工智能课程，建设全国人才梯队。我们只知道大势将至，谁曾想未来竟来得如此之快！

在这样的情况下，对我们的教育必须重新定义，对我们的学校必须重新定义，对我们的老师，我们的学生也必须重新定义。

如果教育仍然是唯分数至上，唯分数是从，以分数论成败，而不是让教育回归常识、回归本真、回归自然、回归人性、回归到教育应有的规律上去。

如果学校仍然把孩子作为应试的机器，把班级当成应试的车间、把学校办成应试的工厂，而不是办孩子们喜欢的学校，让学校成为孩子们成长的学园、乐园、花园、家园。

如果老师们还仅停留于知识生硬的灌输，而忽视对学生能力的培养，仅是单方面的教学，而忽视对人的教育与塑造，仅是照本宣科，依葫芦画瓢，而不关注社会，不注重实践，不联系实际，不对接生活，仅是吃老本，混日子，而不知识更新，不观念创新。

如果学生仍然是死记硬背、死整蛮干，仍然是死读书，读死书，读书死，仍然是靠拼时间、拼身体，甚至拼生命去获取一时的分数，而不改变学习方式，不去仰望星空，不去聆听窗外的声音，不去感受外面的世界。

那么到了明天与未来，明天是什么？是不断变化的社会，是日新月异的形势，是今非昔比的发展。未来是什么？是人工智能的天下，是那些能够创新创造的人的舞台。

那么即使孩子们有了很高的分数，抑或有一块敲门砖，却没有直达明天的底气和勇气，没有相应的能够面向未来的本领与能力。那么被时代所淘汰就不是偶然，找不到工作，或许就是必然了。因为，"低不成，高不就"，那些尖端的工作胜任不了，基础岗位的工作又将被机器人取代了。

还值得我们面对的是，如果我们的教育生态不改变，学校办学的思想和观念不调整，教师的教育方式和学生的学习方式不变化，随着新课程改革和高考制度改革的深入推进，仅仅是为了"拼分"也不可能了。

因为新课程改革的核心是关注每一位学生，关注学生的情绪生活和情感体验，关注学生的道德生活和人格养成，高考制度改革的核心是立德树人，注重核心素养、创新精神、实践能力的考核，如果因循守旧、按部就班，仍然走老路，有可能在高考这个环节就 PK 出局了。

当然，更值得我们警醒的是，现在的孩子所处的社会环境，应该是经济一直持续增长与向好，整个社会和谐与稳定，没有感受到什么是动荡，也没有经历过什么是经济危机。孩子所处的家庭差不多也应该是条件优越，安居乐业，衣食无忧，他们在家中有父母和四个老人为其操劳，以致鞍前马后，众星捧月，百般迁就，孩子的承受风吹雨打、抗挫能力、独立生活能力显然都比较弱。

而孩子在走向明天与未来，在全面进入人工智能时代，他们应该具备的与人打交道的能力、在复杂局面下的应对能力、面对危机情形下的快速处理能力，以及经受失败之后的抗风险、抗摔打能力，还有不断挑战自我的创新的能力、承担责任的能力，却是他们必须具备的最基本的生存能力。

而这些能力，仅靠现在的单一的应试模式无法给予，仅靠知识的单向度传授也无法提供，仅靠孩子做不完的作业，上不完的补习班更无法习得。

而这些能力，它跟数理化的成绩无关，跟孩子在考卷上的分数无关，它或许不能决定孩子的分数，不能决定孩子的名次，不能决定孩子上名牌大学，但是它，却能够决定孩子的人生，决定孩子在明天与未来能不能自信而自立地行走！

而这些能力，只有我们的教育，我们的学校，我们的老师，从社会长远发展的需要出发，从人的终身发展的需要出发，从学生的个性发展需要出发，从重视学生的主观能动性和创造性出发，通过实践陶行知先生所提出的"六大解放"，解放头脑、解放双手、解放眼睛、解放嘴、解放空间、解放时间，通过给他们多彩的世界，丰富的生活，实践的天地，想象的空间，创新的载体，广博的阅读，美妙的音乐，最好的文学，才能带给孩子优秀的思维，教给孩子良好的习惯，扩展孩子认知的视野，修炼孩子崇高的品行，磨炼孩子坚强的意志，提升孩子全面的能力。

要知道，孩子的一次卖报行为，总胜于翻来覆去的考试训练；要懂得，知识不等于智慧，也完全不能转换成智慧，只是被枯燥的知识填满的大脑，而没有其他方面的武装，无异于一个残废人；要明白，我们的教育所制造的一个又一个"好学生"，他可以考高分，却并不代表他有能力解决明天行走路上的坑坑洼洼，也并不意味着他今后有信心、有勇气面对未来人生的坡坡坎坎；要清醒，如今的时代，已经不是以前那种万般皆下品，唯有读书高的时代了，社会的变化已经不是单纯拥有什么就可以赶得上的，经济的发展需要我们有更多的素养，更全面的能力；要深谙，让孩子自信地走向明天与未来的，绝对不是分数的比拼，而是教育、学校、老师给他们涵养的勇立潮头唱劲歌、随风起舞傲群雄的能力与素养！

是谁让我们身边的熊孩子越来越多？

目前正是大学新生入学季，这些怀揣梦想的大学生差不多都是在父母的双双陪伴下，来到校园，开启新的学习生活。

按理说，这些大学生入学，有的父母出于情感和关爱，有的出于孩子第一次出远门放心不下，有的还可能出于孩子人生中的一个转折点，以此作为一种纪念、抑或一种寄托，送送自己的孩子，这也本无可厚非。

但是像媒体所报道的沈阳某高校新生入学，成群结队的随行家长，都充当起了孩子的力工、保姆，将孩子的生活安排得细致入微。校园内，有的学生背着双肩包在前面逍逍遥遥地走，身后却是父母大包小包地背着行李。到了新生寝室，父母忙着跑水房端水洗抹布、爬上爬下收拾床铺，而这些孩子们则忙着和同寝室的同学互换电话号码，还有的坐在凳子上发微博，和忙碌的家长相比，孩子们更显得心安理得和惬意。

大家对当下教育不满，不满在什么地方？我以为还是孩子的教育与成长问题，大凡有人群的地方，人们都在议论教育，都在埋怨我们的孩子，要么自理能力差、独立生活能力差、抗挫折能力差、吃苦耐劳差，要么是没有责任感、没有担当的品质、没有替他人着想的意识。凡此等等，不一而足。一句话，现在的熊孩子越来越多。

始作俑者，学校教育固然值得我们反思，因为当下教育差不多都是围绕知识展开，一切的努力都是为了怎么考出个好的分数，一切评价尺度和标准都是升学率，而对人的教育，包括品德教育、生活教育、劳动教育、核心素养教育，则完全淡化甚至忽视了。

而作为伴随孩子成长始终的家庭教育，则更难咎其责。一方面，家长的功利与焦虑，让一些家长死死盯着的也是孩子们的成绩和分数，为了孩子有一个好成绩、有一个高分数，他们很舍得在孩子身上花钱，为了孩子上补习班、为了把孩子送出去，他们不惜砸锅卖铁，至于孩子能不能成为一个合格的社会人，很多家长根本不在乎。

另一方面，家长是孩子的第一任老师，也是最重要的老师，家长的言行对孩子的潜移默化影响很大。然而一些家长却缺乏对孩子的言传身教，身体力行。当然也还有家长只顾没日没夜忙于自己的事情，压根儿就没有把对孩子的教育当一回事。

除此之外，更重要的一点，那就是不少家长没有一种正确的育人观，对孩子百依百顺、溺爱成性。

现在的家庭独生子女居多。一家老小把全部精力都放到这个孩子身上，一切以孩子为中心，父母长辈对孩子不放手、不放心，含在口里怕化了，放了又怕飞了，完全包办和操持孩子的一切，这样的孩子自理能力最后会丧失殆尽，他们一旦离开家庭的襁褓，走向社会，便会发现什么都不会、一切都不能适应。

一颗树苗，适当浇灌，会枝繁叶茂，长成参天大树。倘若过度施肥浇水，非但不能助长，说不定还会枯萎死亡。一株禾苗，让其沐浴阳光、经受风雨，定会苗壮成长，丰收在望。如果把它置于温室，最后完全有可能颗粒无收。我们在对孩子的教育上，难道不是同理吗？

在这一点上，央视著名主持人董卿的父亲对董卿的教育，对我们应该是一种启迪。

作为独生女的董卿，在家里从未体验过被父亲视为"掌上明珠"的滋味。中学以后的每年寒暑假，父亲都要让董卿"勤工俭学"。董卿曾讲起一段最为辛酸的经历："我当时只有 15 岁，第一天到宾馆当清洁工，10 个房间，20 张床，一个人打扫。"铺床单时要把床垫抬起一角，特别费力。当时董卿觉得很委屈，种种苦涩的经历让董卿一度怀疑自己是不是父母亲生的。

今天我们感叹和钦羡董卿的光鲜与成功，更要服气和敬佩的是董卿父亲对她严厉而苛刻的教育，就是这种严厉而苛刻的教育，在放手、历练与摔打中，让董卿学会了坚持，学会了吃苦，也让其从小便拥有了自律、顽强、拼搏的品质。

每个人都不是随随便便能够成功的，我们不妨假设一下，如果董卿的父亲从小对她娇生惯养，溺爱有加，一切包办，还会有董卿的今天吗？

大多数人以为，小鹰出生后应该由母鹰哺育，事实并非如此。它们刚出生没几天，母鹰就会给它们断食，不让它在自己温暖的怀抱里睡觉，然后把它带到悬崖边，用力将小鹰推向悬崖，小鹰在挣扎与绝望中，展开双翅，在空中盘旋出一条漂亮的弧线，小鹰于是学会展翅飞翔了！

就连母鹰凭本能都知道的东西，为什么我们的一些父母竟然不明白呢？

父母再能干、再放心不下，也绝对包办不了孩子一辈子，父母终有一天会撒手而去，孩子必然会以独立的姿态行走于这个随时都会有雷电风雨的社会，面对他未来不确定且充满着很多变数的人生。

道是无情胜有情。让孩子经风雨，见世面，反复摔打，不断历练，学会独立，承担适当家务，参加适量劳动，做一些力所能及的事情，甚至哪怕严厉一些、苛刻一点，哪怕"虎爸""虎妈"一回，就像董卿的父亲当年对待董卿那样，看似无情，却是父母对儿女最贴心的关爱、最大的真情。

如果不是从事专门研究工作，那么在学校里学的知识大部分以后都会遗忘，但是，创造力、吃苦力、忍耐力、抗挫力、适应力、自理力、独立生活能力等等，最终会沉淀下来，而且会成为孩子终身受益的宝贵财富。而在这些教育方面，家长可以也应该发挥更大的作用。

当然，新时代的孩子面对父母的这种"呵护"、这种"爱"，不能心安理得，理所当然，来者不拒，照收不误，而要敢于拒绝，学会说"不"，同时还要本着对父母的一颗孝心和感恩心，主动地为父母、为家庭分责和担力。

不然，因为我们学校教育的错位、家庭教育的越位，再加之自力意识的缺乏，自我教育的缺位，所造就的一批又一批的熊孩子，你完全有可能成为其中的一个！

入学弹性宜顺应孩子天性

近日教育部办公厅印发的文件中提到，"就读小学一年级儿童的截止出生年月由省级教育行政部门根据法律规定和实际情况统筹确定"，由此引发了社会各界的广泛关注。

由于新学期一般都是 9 月 1 日开学，过去小学入学年龄的截止日是"8 月 31 日"，这样"一刀切"所导致的后果很受人诟病，比如有的家长生怕孩子输在起跑线上，为了抢在 9 月 1 日前入学，一些妈妈纷纷选择 8 月底前剖腹产，有的为了让孩子提前读书，竟然不惜一切代价动用各种关系去改户口，也有一些家庭因为没有什么社会资源，尽管孩子心智成熟，适合提前上学，但却因生在 8 月 31 日之后，有的竟差那么几天甚至一天没满 6 周岁，而被拒之于学校大门之外。

这次《通知》让各地根据"法律规定"和"实际情况"统筹确定就读小学一年级儿童的截止出生年月，给了地方更大的自主权，各地可以因地制宜，审时度势，根据当地的实际情况来决定学生实际入学时间，比如根据学位的供给保障因素，家长的需求情况，还有儿童的学习能力、身体条件及心理素质状况，等等，这种"弹性规定"更加体现客观实际，更加尊重教育规律和儿童身心发展规律，也更加遵循了教育的本真与常识。

按照规定，地方上实际拥有了更改小学入学日期限制的权力，这是好事，然而权力往往是个双刃剑，孩子入学年龄能否与相关法律法规相契合，能否与孩子自身状况相吻合，能否与当地实际教育资源相匹配，能否克服因有可能出现的权力寻租而衍生出另一种不公平，能否避免因我们政策的不接地气或者偏颇而产生一些新的矛盾，这更考验地方的执行能力与智慧了。根据媒体报道，全国很多省份比如河南省、江西省、广东省、河北省、黑龙江省、广西省教育厅和天津市教委等，他们对此新政均表示很稳慎，正在认真地思考与研究中。

当然，不管地方如何规定入学截止时间，不管截止时间卡在哪一天，最后都有可能众口难调，顺从不了所有人的心愿，甚至还有可能惹起一些是非和争议，我以为，《通知》中所体现的良苦用心能否真正落实好，关键还是取决于家长。

很多家长总感觉孩子晚上学，似乎要吃多大亏似的，他们以为这样的政策出台，孩子就可以不受什么限制，就可以早上学了，甚至想什么年龄上都可以随便上。其实入学截止时间交由地方统筹并不意味着孩子们上学不受任何限制，都可以随意提前入学。

花有花期，孩子上学也有上学季。孩子提前上学并不意味着孩子就先人一步，也并不说明就比别人家的孩子先胜一筹。孩子晚上学一年，并不证明着就比别人家的孩子落后一年，更并不能决定你的孩子就一定败在起跑线上。

人生不是 50 米短跑，也不是中长跑，而是一场漫长的马拉松，短跑需要抢跑，中长跑关键在于起跑，马拉松起跑抢跑快出几秒对漫长的长跑来说不起任何作用，有经验的马拉松选手他不会在乎起跑的先后，甚至根本不会在乎最初跑的快慢，而在乎的是最后的冲刺与发力。

教育是慢的艺术，也是等待的艺术，教育应该顺着天性，顺其自然，应该允许孩子慢慢来，慢慢成长。如果我们急功近利，心急火燎，拔苗助长，对孩子实施过早、过度的教育，则只能将孩子葬送在起跑线上。

有的人少年成名，有的人大器晚成。历史上伤仲永的教训，难道不深刻吗？现实中很多家长往往只看到别人孩子的成功，而忽视了自己孩子的禀赋和实际情况，盲目攀比的行为，浮躁功利的心态，"不要输在起跑线"的心理，让不少孩子过早产生了厌学情绪，过早失去了快乐的童年，甚至让一些孩子身心健康受到了严重的影响和摧残，以至于酿成了一幕幕悲剧，着实让人痛心！

其实，无论一个人将来是否有成就，多享受一点无忧无虑的快乐时光，让孩子拥有一个幸福的童年，这比什么都重要。有一句话说得好，孩子有一个什么样的童年，他今后就会有一个什么样的未来与人生。

其实，如果真有起跑线，让孩子晚上一年学，他会积淀更多的力量和智慧，他今后只会跑得更好，赢得更有把握。曾看到一篇文章，说运动员年龄大一点，哪怕大几个月，从小受到教练的关注就不一样。其中用加拿大冰球队员作为例子，说大凡那些优秀队员，如果你看他们的生日，十有八九都是一、二月份出生的。虽然每个人发育不同，但大体上来说，大几个月的人，就比小几个月的人更成熟，更受教练青睐，他们成功的概率也就更大。

其实，孩子早一年或者迟一年入学，都不是孩子成功与失败的关键，适应孩子成长规律，有益于孩子身心健康，让孩子具有后发优势的入学时间才是最好的。

不管地方如何规定入学截止时间，对于家长来说，最重要的是坚守一份从容和淡定，保持一份清醒和理性，否则提前剖腹产，改户口等让孩子早入学的怪招奇招仍然会卷土重来，死灰复燃。

为孩子假期松绑

    暑假又开始了，不少孩子的假期不是被老师们布置的名目繁多的作业所填满，就是被家长安排的各种各样的补习班、兴趣班、特长班所占用，暑假本来是属于孩子们的，正常的假期生活应该是让孩子们尽兴玩耍，放松身心，休整调节，蓄积力量，然后以崭新的精神面貌和状态迎接新学期的到来，然而现在的寒暑假却成了很多孩子的"第三学期""第四学期"，让孩子们叫苦不迭。

    教育的目的不应仅是知识的简单传授和掌握，教育的取向也不是培养一批会做题的"机器"，会储藏知识的"邮筒"，教育的价值更不在于对孩子们身心的捆绑和对时空的完全占有。孩子们的动手能力、独立意识、人格品质、乐观心态、豁达性格、创新精神、对生活的认知与热爱等，对于孩子将来走上社会、面对人生，其重要性更是不言而喻。

    假期绝不是学习在校外的无限延伸，孩子们在假期的任务更不只是应对功课，应付没完没了的作业。

    要知道，孩子们有一个什么样的童年，就会有一个什么样的人生。玩耍是孩子们的天性，孩子们充满玩耍的童年才是一个完整而快乐的童年，也才是一个值得回味的童年。孩子们在假期中呼朋叫友，一起捉迷藏，玩游戏，打水仗，尽情玩耍，这些看似无用，然而孩子们却可以在玩耍中，舒展身肢，丰富想象，体验创造，学会担当，懂得义气，收获勇敢，这是孩子在课本和扎堆的作业中所学习不到的。虽然我们的童年已远去三、四十年了，现在想来，当时学到的课本知识，差不多都忘了，而那时与同伴们玩耍的一幕幕场景，包括下五子棋、扇烟牌、滚铁环、捉小鸡等，至今仍历历在目，记忆犹新。

要明白，陪伴是最好的教育。假期中，孩子和父母以及家人、亲人有更多的时间在一起，在交流中，在相互的关切中，感受浓浓的亲情，享受家庭的温暖，体味爱的温馨与芬芳，这样的一个过程与氛围，孩子能够从中学会谦让与分享，懂得互助与友谊，能够涵养一颗仁爱之心、感恩之心和孝敬之心，寻觅到成长的快乐与收获生命的吱吱拔节。

要懂得，阅读，是为童年打底色，良好的阅读习惯，是孩子一生的伙伴和终身受益的财富。让孩子多读书，多读适合他当下阅读的书，看起来与考试、与分数没有关系，但这恰恰奠定了孩子一生的基础，也奠定了孩子未来人生的高度，甚至决定了孩子未来人生的走向。一个人今后发挥余地有多大，与他在童年养成的读书习惯关系很大。

对于孩子的暑假，最不应该错过的是阅读。让孩子广泛阅读，与经典邂逅，在阅读中遇到最美好的自己，在阅读中打开与外界联系的一扇窗口，在阅读中与古今中外、志士仁人对话交流，这对于孩子的成长和今后直立行走于社会，那是多么重要而温馨的时刻啊！遗憾的是不少老师和父母却在孩子这个阅读的黄金时期，让作业、训练、培训辅导代替了，有的即使让孩子阅读，读的都是试题集、考试秘籍，或者是与提高分数有关的那些书。

要清楚，大自然，是天然的教科书，是活的教材，是多彩的世界。我们的生命由自然承载，孩子的灵性更需要自然的滋养。苏霍姆林斯基指出："大自然不仅在智育中起着巨大的作用，在丰富儿童的精神生活方面也起着同样重要的作用。"让孩子在假期投身大自然，运用多种感官去感知大自然，与大自然对话，与大自然"重归于好"，既能放飞他们的心灵，愉悦他们的身体，丰富他们的精神生活，又能培养他们热爱大自然的特殊情怀，更重要的是，会激发起他们的好奇心和求知欲，调动他们自主学习、不断探索思考的积极性，从而在他们的心里埋下科学的种子。

还要认识到，社会是一个大课堂，也是一个大熔炉，更是一个广阔的天地。在假期中让孩子走进社会、走进农村、走进社区、走进工厂，有条件的还可以走进军营、走进科研院所、走进博物馆，去参加社会实践、社会调查、社会活动，和社会打交道，同社会各方面人士接触，让他们在亲身经历、亲临现场中，体验生活、认识社会、丰富阅历、开阔视野、增长见识、陶冶情操、感受人文，为他们走向未来、走向社会作对接和准备。

正如一根长期紧绷的橡皮筋，慢慢地就会失去弹性一样，让孩子一直处于高度紧张的状态，或者对一个孩子潜力的过度挖掘，从某种意义上讲也是对孩子的一种"透支"，孩子终将因失去"弹性"而缺少"后发力"。

孩子的暑假被无情地剥夺和侵占，其原因，主要还是整个社会的集体焦虑在作祟，还有应试教育在作怪，孩子眼下一时的分数和成绩仍然是老师和家长们孜孜以求的目标，孩子的假期作业不是根据孩子的个性特长、爱好兴趣、现实生活、未来发展而设计，而是一味为了分数和成绩而安排布置。

把假期还给孩子，让孩子轻轻松松过暑假，为孩子的心灵和身体真正放假，就应该让孩子暂时离开学习的场所，暂时远离永远也做不完的作业，尊重他们的学习意愿，尊重他们的兴趣特长，给他们个性发展留下更多的空间与时间，让他们的个性得到自由的释放，或许孩子们在今后对学习的兴趣更浓，或许孩子们还能够收获到在课本、在作业、在各种补习班中收获不到的，对自己今后一生更有用的一些东西。

当我们的老师准备给孩子们塞满作业时，当我们的家长也许正想尽一切办法准备给孩子们报上各种补习班、兴趣班、特长班时，我们能否多一点良知与责任，多一点眼光与智慧，把假期还给孩子，让我们的孩子的心灵和身体能够轻轻松松过个暑假？

孩子们的负担究竟怎么减

有朋友讲，在国庆长假，朋友相聚，举杯邀盏，把酒言欢，在兴头上还斗地主、搓麻将，乃至通宵达旦，到最后还意犹未尽，没有一点倦怠，倍感其乐无尽，兴致盎然。

自己这些天，为教育而行走，四处奔波，马不停蹄，不管路途遥远，也不顾天气寒冷，看学校、做讲座、互交流、共碰撞，再晚再累，都要读读随身携带的书，记录整理当天的收获点滴，哪怕身体有点小不适，小感冒，也丝毫没有在乎。

常有朋友惊叹，这多累多苦呀！但我却没有苦累之感，只觉得挺快乐幸福，我以为我在做我喜欢做的事情，在做我自认为有价值的事情。一个人一旦在做自己喜欢做的事情，在做自己认为有价值的事情，他一定会乐此不疲，乐而忘我，一定不会觉得是一件苦差事，更不会觉得是一种累赘和负担。

于是我想到了中小学生们的课业负担的话题。中小学生课业负担过重，一直是全社会所关注的热点和难点，也是我国基础教育阶段的疑难杂症，甚至是不治之症。从 20 世纪 80 年代提出"减负"，三十多年来，从教育部的文件要求到写入党和政府的工作报告，从全国的"减负十条"，到地方的"八个严格""六个不准""四个禁止"，从从严控制作业量、考试频率、在校时间，到高考难度的降低，中小学生课业负担却有增无减，甚至越减越重，乃至越来越步入了"减负减负，越减越'负'"的怪圈，孩子们疲惫不堪，苦不堪言。

于是我想到了 2012 年我去加拿大考察教育，加拿大的孩子不是没有学习负担，其实孩子们学习负担也是挺重的。学校周一到周五上课，每天七节课，每节课 50 分钟，这样算下来每周有 35 课时，他们的周课时并不比我们少，学生们每天也有家庭作业，而且家长要签字，考试也不少，除了期中、期末要考试，平时也有学段考试，孩子阅读量很大，学校要给孩子阅读积分。

加拿大的孩子不仅仅有课本学习、文化考试方面的负担，还有研究性学习、业余爱好、社会实践、社会调查、社区服务等等通常与文化成绩没有直接关联的负担。孩子们在节假日都难得休息，因为他们除了正常的文化学习之外，要用很多时间打篮球、打排球、踢足球，还要到社区搞一些环境保护、贫弱救助等社会实践活动，有的还要牵头搞一些学术交流和公益慈善，很多孩子到了深夜一点钟还在做实验、翻阅文献书籍查找资料、写实践报告。他们的社会实践可不是走过场、做样子，孩子必须深入社区，深入社会，真正为社区做事，脚踏实地地为社会做事，在升学的时候才能通过。

这所有的负担加在一起是一个什么概念呢？我以为，恐怕远比我国孩子的负担要重得多。然而那里的孩子们却不认为这是负担，许多孩子还要在这些负担之外，自己给自己加压、加担子。他们在整个学习过程中，没有愁眉苦脸，没有厌倦情绪，而是充满着自信与快乐，弥漫着阳光与幸福，这是为什么呢？因为他们的学习不是单一的学习，不是单纯的知识灌输，不是单方面的分数的获取和追逐；因为他们的学习生活是丰富多彩的，学习内容是个性化的，是可以选择的；因为他们认为学的是自己喜欢的，做的也常常是自己想做的，他们觉得这一切努力和辛苦，都是有价值的，也是值得的；因为他们的教育激发了孩子的内生力，让孩子们觉得学习永远都是自己的事情，由"让我学"真正变成了"我要学"。

为什么我们的孩子那样讨厌学习，为什么把学习始终作为一种不堪重负的负担，为什么一到高考季、中考季，烧书、撕书便成了校园一道道最为壮观的风景，为什么孩子一旦逃离校园便似乎有了摆脱牢狱之感？

我以为，是因为"应试"已成为教育的唯一追求，"应试性"已成为教育的唯一属性；是因为知识的单一掌握、被动接受、强行灌输、反复考练、死记硬背，已成为孩子们学习的全部载体和手段；是因为巨大的课时量和作业量，填鸭式的教学，警察式的管理，已成为剥夺孩子们生命尊严、权利的一些貌似正确和崇高的理由。

井无压力不出油，人无压力不进步，天上不可能掉馅饼，也从来就不存在没有压力、没有负担的学习。幸福是奋斗出来的，人生总要经受"几回搏"，压力和负担不一定对孩子的成长有害。孩子在成长的路上，有一定的课业负担那是正常的。我们的减负不是让孩子不承受一点学习负担，也不是采取"一刀切"砍去孩子正常的课业负担，而是应该"积极而有效地减负"。

"积极而有效地减负"首先应该激发孩子的内生力。每个孩子都是一座有待开采的金矿，很多孩子成长的秘密也尚未发现。最好的教育是什么？就是开启，就是唤醒，就是点燃，就是激活，就是开启孩子这台尚处于关闭状态的"发动机"，就是唤醒孩子生命沉睡的潜能，就是点燃孩子们生命成长的欲望，就是激活孩子们学习的热情和兴趣，让孩子成为学习的主人，让学习不再成为孩子们的奴隶，让孩子进入主动学习、能动学习、自动学习、生动学习的状态。

"积极而有效地减负"其次要让学习变得丰富而有意义。孩子负担重不重，关键要看孩子学得是否轻松快乐。孩子一旦进入了一种快乐学习状态，即使再重的学习压力和任务，他都不会认为是负担。如果把减负仅仅局限于不准补课，不留作业，完全可能会出现校内减负、校外增负，学校减负、家庭增负的情况，特别是因为学校的减负，让众多校外培训机构的乘虚而入，这不但导致学生家庭承受更重的经济负担，而且还会增加学生的学习负担，同时更会使得社会阶层提早固化。

其实，只要我们努力让孩子觉得学习是很轻松愉悦的事，孩子们就会自然而然地不会把学习当成一种负担了。

在这一点上，我们的课堂流动的不应该只是冰冷的空气，传授的仅是生硬的知识，而应该让课堂师生对话，心灵互动，充满人文关怀，闪耀智慧光芒，洋溢着浓厚的生命成长气息；我们的课程不应该再是过于集中的大统一，而应该是建立课程超市，提供课程自助餐，通过弹性课程、地方课程、校本课程、班级课程、选修课程、微课程等的研发，让孩子有更多选择的可能；我们的作业不应该再是重复单调，也不应该再是大量同质化的训练，而应该是量身定制，对症施治，有针对性地设计；我们的教育不应该再是知识的单一掌握，分数的疯狂攫取，升学率的忘命比拼，而应该是研究孩子的心理特点、研究他们学习的规律，探寻适合他们的学习方式，站在孩子的立场设计学习活动，构建充满生机活力的学习系统。比如，让孩子在学校参加各种社团，大社会，小社团，在丰富多彩的社团活动中爱上学校、爱上学习，让孩子走进大自然、走进社区、走进厂矿、走进社会，去参与社会实践、社会调查、各种公益行走，让孩子动手、动脑，搞一些小制作、小发明、小创造，等等。一旦学习变得丰富而有意义，负担的概念自然也就淡化了。

"积极而有效地减负"就是要彻底地变革教育的评价方式。这些年，人们把学生们的课业负担归结为课程挑战度大，考试试题难度大，于是通过降低相应的挑战度和难度来减负，这实际上可能出现"借酒浇愁愁更愁""抽刀断水水更流"的状况。

因为随着课程挑战度和考试试题难度的下降，随着高考的区分度的缩小，学生高分获得的路径只能更加依赖于学生的细心、学生的熟练、学生的记忆力和勤奋程度，为此为了赢得高考，只能把大量时间耗费在"刷题"上，耗费在翻来覆去做各种相同类型的模拟性试题上，耗费在更多的"死记硬背"和死整蛮缠上。

在这样的情况下，如果不能根本性地变革教育评价方式，不能真正破解改变"高考独木桥"，即使中小学课程学习内容再精简，考题再简单，授课课时再减少，一方面学生的负担很难得到实质性的减轻，相反还会带来学生负担的无限加重。另一方面又十分不利于杰出人才、创新人才的脱颖而出，有天分、有特长、创造性较强的学生，他们的学习兴趣和热情，他们的想象力和创新意识及品质将在日复一日的重复考练中消磨殆尽。特别是现在的初三、高三都是用整整一学年在重复练题、重复模拟考试，这样的学业负担只会造就出一台台精准答题的考试机器，这样的过度训练和过度复习，只会生产出一个个只会考试的"学霸"。

有一天，能够让减负从单纯物理时间和物理量上的减少，升级为单位时间、单位量上所获价值的提升、所获效益的增加，这才是减负的根本所在，一直困扰中国教育的减负问题也就可能迎刃而解了！

父母是孩子最好的起跑线

据报道，跟着父母在上海生活的 2 岁半男童东东成片掉头发，回武汉探亲时，家人带他到医院检查，被诊断为斑秃。经医生追问，导致孩子掉头发的祸首，竟是因为报考知名幼儿园的压力太大、报的培优班太多（有 5 个）所致。

看到这则报道，在吃惊中顿时生出一丝悲凉！两岁半的孩子，还处于幼儿期，正是天真可爱，顽皮乖巧，活泼好动，咿呀学语的年龄，也正是用懵懂的双眼打量着这个美好世界，充满着无限的想象和好奇心，时不时还躲在妈妈怀里撒娇的年龄，然而却因参加 5 个培优班，过重的学习负担和超大的学习压力，造成晚上睡觉经常满头大汗、半夜频频惊醒，并开始成片掉头发，这的确让人不可思议。

社会的功利，家长的焦虑，一些学校的短视，让应试教育在很多地方的小学已经根深蒂固，在一些区域的初、高中更是达到白热化的程度，这一点，似乎已经习以为常，小学生、初中生在假期，高中生除外，事实上他们已没有假期，他们不停地奔波于形形色色的补习班、兴趣班、特长班，这也司空见惯，还有为了读名小学、名初中、名高中，包括上名大学，家长不惜一切代价，学生拼个你死我活，老师死整蛮干，学校推波助澜，这更不足为奇，万万没有想到的是，为了报考一个知名幼儿园，家长竟然为两岁半的孩子报了 5 个培优班。

其家长为了自己的孩子不输在起跑线上，这样用心良苦，这样逼学，这样抢跑，让孩子在他那个年龄，不堪重负，遭受折磨，遭遇摧残，大量脱发和大面积秃顶，这是小事，至于孩子过早产生厌学情绪，孩子的想象力被泯灭，孩子的创新思维和品质被戕害，这都无关紧要，还有孩子有没有一个快乐而幸福的童年，孩子今后能否有信心、有勇气、有力气跑完人生的马拉松，我觉得，这更不重要，关键的是，也必须要面对的是，孩子为了报考知名幼儿园会不会被整死在起跑线上。

这绝不是危言耸听！前两年报道的河南 15 岁孩子写作业到凌晨，第二天早上死于课堂，前不久一个 10 岁小孩写作业至凌晨三点"过劳"猝死，还有不少孩子因不堪学习的重负和假期补课补习的折腾，而喝药、跳楼自杀，一个个鲜活的生命之花过早地凋零，则更是不胜枚举，这当中还不乏作为成年人的父母为陪孩子写作业、上补习而出现"心梗"的。

曾记得某个有忧患意识的著名教育专家在一次论坛中讲到当下应试教育的愈演愈烈，说中国的孩子"无忧无虑"的日子只剩下四岁之前了。没想到的是社会的发展竟这样的"快"，现在四岁之前的孩子也不能"高枕无忧"了，他们为了升入理想中的幼儿园，从婴儿开始就要进行应试训练了。难怪有的家长在婴儿出生时，就搞了一个高考倒计时，从刚刚出生就计算出那天距离高考还有 6574 天！

英国诗人菲利普·拉金曾经这样说过，"他们害了你，你的爸爸和妈妈，虽然不是故意的，但是他们的确害了你。"

在这一场"唯分数论英雄"以及社会阶层的分化与固化的比赛中，为了赢在起跑线和获得社会阶层的上升通道，中国的家长陷入了一个巨大的集体焦虑旋涡中，家长或自愿或被迫地进行"偷跑""抢跑""逼跑"，而且这样的底线在不断地被突破。

改变这种现状，我以为除了国家层面一方面变革教育评价方式，在现行试点的基础上，稳妥而有序地推进高考制度改革，在 2020 年全面实施新的高考制度，另一方面变革人才培养、使用、评价激励体制，破除"唯学历、唯职称、唯身份"的思想，形成新时代、新常态下"三百六十行，行行出状元"的独具特色人才制度优势外，更重要的是，全社会形成合力，改变当下家长的教育观。

改变教育，必先改变家长。成长孩子，必先成长家长。家长重视孩子教育是好事，但是孩子的身心发展是有规律的，教育的发展也是循序渐进的，早教不是越早越好，罔顾基本规律的揠苗助长，只能适得其反；培优补课并不是越多越好，无端占用孩子身心发展的时间，最终只能接受孩子丧失作为一个孩子的权利。

孩子不是父母的面子，也不是父母的成绩单，更不是父母光耀门庭的点缀和工具。没有什么比父母的爱更重要，没有什么比父母对孩子的陪伴更重要，没有什么比孩子的健康成长更重要，也没有什么能够比父母对孩子的身心发展的直接影响更重要。

其实，无论是父母对孩子的直接影响，还是父母的教育对学校教育的支持影响，其起跑线不在于补习，不在于"抢跑""逼抱"，也不在于上名幼儿园，而在于父母，在于父母对孩子的爱和陪伴，在于父母对教育的认知和理性，父母才是孩子真正的、也是最好的起跑线。

"吃苦课"是青少年成长必修课

近日，华中师范大学第一附属中学高二年级的 1200 多名学生上了一堂"吃苦课"，他们在寒风中徒步七小时，在仓库里打地铺睡觉，洗澡只能用冷水。这群孩子连续体验了 5 天这样的艰苦生活。该校这个特色实践活动始于 1990 年，到今年已坚持了 28 年了。

现在的孩子在温室里长大，父母溺爱着，爷爷奶奶娇宠着，姥姥姥爷惯养着，他们饭来张口，衣来伸手，俨然一个个小皇帝，一群群小公主，抗挫能力弱，不能承受艰难困苦，还有很多孩子独立生活的能力更是存在问题。

对于学校教育，大多都是把学生囚禁在校园里面，为了分数，为了应试，为了功利，让学生在反复考练与折腾中消磨时光，消耗意志，甚至为了安全，为了少些麻烦，一些学校体育课不上了，正常的春游、秋游等教学活动以及校外实践活动取消了，还有的学校甚至课间休息除了上厕所的孩子外，其余都限定在座位原地不准动。

学校的温床培养出来的尽是"四体不勤，五谷不分""不食人间烟火"，只会答题的机器，很大一部分学生能够争第一，能够考高分，能够获取大学的敲门砖，却缺少与周围人的交流，不懂人情世故，不能适应生活，不能融入时代的潮流，不能直立行走于社会，不能面对未来的漫长人生。很多学生一毕业，就失业，一旦走出校门，就四处碰壁，一旦步入社会，人生的小船，就被几个小浪掀翻。

今天的教育，无论是家庭还是学校，总想着把最舒适的环境，最好的条件，最充裕的物质提供给孩子，这看似是一种爱，但实际上是以爱的名义在害孩子。孩子在成长过程中，条件越优越，环境越舒适，提供的物质越充裕，他们越经不起风雨，越容易脆弱，越缺乏感恩，越不懂得珍惜和热爱生活，越失去一种斗志和创造力，当然，也就越见不到世面，越看不见彩虹。

然而人生并不是一马平川，也不是事事称心，一帆风顺，行进的途中总会事与愿违，总会遭遇泥泞坎坷，总会邂逅一些坑坑洼洼，总会时时摆动在幸运与不幸、顺境与逆境、磨难与曲折、失败与挫折之间。

我们给孩子再好的教育，都不如让他亲自去承受一些摔打，去经受一些历练，去面对一些困苦，去感受一下生活的艰辛和成人世界的"不容易"，在这样的过程中，让他们学会一些技能，明白一些生存之道，让他们得到一种真实的成长，这才是对孩子最深邃的馈赠。

"吃得苦中苦，方为人上人"，这不是我们的追求，但"不吃苦，不成人"，这是必然，"天将降大任于斯人也，必先苦其心志，劳其筋骨"，这也是被实践印证，"宝剑锋从磨砺出，梅花香自苦寒来"，这更是颠扑不破的真理。

温室里长不出参天大树，庭院中养不出千里马，路太直看不到绝妙风景，砖瓦不煅烧不能承重，凤凰不涅槃难以重生，人生不经历磨难逆境、失败和挫折，更不会明白什么是真正的幸福。

人的经历是财富，是资源，纵观历史，从古至今，凡成大事者，无一不是从吃苦中走来。一个人没有吃过苦头，没有必要的历练，很难挑重担，人生确实也很难有大的作为。

基于这些，华中师范大学第一附属中学能给学生们上出一堂堂生动而有意义的"吃苦课"，让学生们在"吃苦课"中体验艰苦，体验人生，体验社会，让学生在"吃苦课"中培养素质，涵养情操，锤炼品性，磨炼毅力，极具教育和时代意义。

更难得的是，学校坚持 28 年，这不是跟风，也不是一时兴起，这应该是学校站在为国家、为民族培养全人的高度，站在为学生、为学生家庭负责任的角度，在践行着教育的本分与本真，在坚守着教育人应有的良知和使命，而没有去对当下愈演愈烈的应试教育一味地简单迎合，更没有成为其帮凶，这实属不易，也的确需要一种大智慧和大勇气。值得点赞！

20 多年前，孙云晓的《夏令营中的较量》，通过披露很多真实细节展现了中日学生的差异，当时立即触到了社会的痛点，产生了巨大反响。

我们经常所看到的国外教育，孩子在街头送报，在餐馆里面洗碗端菜，在严寒酷暑中送牛奶，在繁忙的咖啡馆，茶吧里作苦力，在恶劣的环境下自己适应生存，这都是为了从小培养孩子吃苦，耐劳，勇敢，刚毅，坚韧不拔的品质。

面对当下应试教育仍然猖獗，孩子身体素质日趋下降，实践能力、人文素养更不尽如人意的现状，我们的教育更应该多开设一些"吃苦课"，让"吃苦课"走进校园、走进孩子生活，苦尽甘来，孩子的未来就会多一些幸福，教育则更会增添一些温情和温馨！

唤醒孩子的生命内力

这个世界永远都不缺乏竞争，连一些人的快乐都源于竞争。

有这样一则故事，说的是两个商人紧挨着开了类似的商店，他们唯一的快乐就是只要能够比对方强一点。一天，一个天使来到一个商人面前说，对我许愿吧，你的任何愿望都可以实现。不过你的对手会比你多一倍。这个商人脑瓜儿一转，于是对天使说，请弄瞎我的一只眼睛吧！

就因为"对手会比你多一倍"，这个商人宁肯弄瞎自己的一只眼睛，而让对手付出"两只眼睛被弄瞎"的代价，这样，他的心理就平衡了，也就心安理得，心满意足了。真是太荒唐可笑！

一个人的快乐本是自己的，然而现实生活中很多人的快乐不是发自内心，而是来自于竞争，这种扭曲的竞争带来的是扭曲的心态，而且由此所获得的快乐是非常可怕的，它会给人们心理带来一种阴冷与晦涩，给人性带来一种欺骗与狡诈，也会给这个世界带来一种凶狠与残酷。

想一想，在我们的教育体系里，无论是学校教育还是家庭教育，不管是我们的家长还是老师，在很多时候也都停留在了这种竞争式快乐的层面。

比如自己班的孩子考试下来，平均分是 90 分，这个成绩自己觉得很不错，正沉浸在快乐之中时，听到三班的平均分是 91 分，五班的平均分是 92 分，一下子就犯嘀咕了，怎么自己班上的孩子就逊色于其他班的孩子呢？于是冲着全班孩子大动肝火，大发雷霆，甚至逐个儿教训痛骂一通。还比如，自己的孩子考了 95 分，这本是值得对孩子鼓励的成绩，也是值得高兴的事，但一听邻居这家的孩子考了 98 分，那家的孩子考了 99 分，心想，自己家的孩子怎么少考了几分呢？怎么自己的孩子就不如邻居家的孩子呢？于是一下子就不快乐起来，甚至对孩子大打出手，折腾又加了。

这真难为并憋屈了我们的孩子！众所周知，孩子都容易马虎，马虎是孩子们的共性，马虎一下，也许一、两分就没有了。孩子也爱贪玩，贪玩是所有孩子的本性，有可能在那几天，孩子因为贪玩，卷面上的分数就少了几分。

其实想一想，平均分低其他班一点点，分数低邻居家孩子一、两分，这是再正常不过的事，又能说明什么问题呢？你就一定能据此认定哪个班就特别优秀，哪个班的孩子知识掌握得就一定扎实？你就一定因此圈定哪个是好孩子，哪个是差孩子，哪个孩子的未来人生就一定美好，哪个孩子今后就一定大有出息？哪个孩子在将来就一定一无是处，无所作为？

其实，考试只是对教师教和学生学的过程的一种掌握，对他们在这一过程中投入状态的一种控制，千万不要以为考试是万能的，其实，考试，在很多时候，并不能考出一切，也不能反映一切，更不能决定一切，因为许多东西是无法从考试中知道的。比如孩子的品质、情操、毅力，孩子的个性、天赋、爱好，孩子的其他兴趣、特长、才能，孩子对书本知识以外的其他知识的认知与掌握程度等等。

不说我们平常的考试，就连作为国家大考的高考，也就只是一场考试而已，高考虽是人生重要的一步，却不是人生唯一的出路，也不是人生的决定之门。赢得高考，不一定赢得人生，输在高考，并不一定就输掉自己未来。

恢复高考制度后，全国出现的上千个状元，根据权威统计，到现在没有一个人能够成为领军人物，也没有一个人能够成为某一行业或某一领域的国际大师。相反当年高考的落榜者，不少却成了这个社会的精英人士乃至国家的栋梁之材。

我以为，每个孩子都是不可复制的孤本，都是上帝派到这个世界上的宠儿，而且他们都有着独特个性，都有着各自的天赋和发展方向，如果我们要求所有孩子都必须承担与他们实际年龄不相符的课业负担，都必须遵从一些残酷的甚至荒唐的清规戒律，都必须通过拼时间、拼体力甚至拼生命去争第一，考满分，这才是真正的问题。

事实上，一个班第一名始终只有一个，考满分，也是难逢难遇，孩子不可能人人争第一，考满分，如果真让我们的孩子每次都考第一，都考满分，那你想想，我们的孩子最终是一个什么情况呀，敢肯定不少孩子将会以童心、天性的泯灭，创新精神、创造能力的丧失，人生快乐与幸福的付出作为沉重的代价。

一直以来，我们习惯于崇尚竞争，就犹如崇尚美德一样。的确，这个社会需要竞争，这个时代也离不开竞争。可以说，没有竞争，就没有人类的进化，就没有自身的发展，就没有社会的进步，也就没有历史车轮的滚滚向前。但是如果把成人世界的无度竞争，包括成人世界的尔虞我诈，弱肉强食，你死我活，物竞天择，完全引入到孩子的世界，引入到分数上的分厘毫的计较，引入到"眼睛一睁，开始竞争"的状态，引入到孩子还在幼儿启蒙阶段，比拼的是比别的孩子多背几首唐诗、多识几个汉字、多上几个兴趣班、多获得几个获奖证书，那就完全错了。

其实，每个人的身体里都有两股力量，一个是生命外力，一个是生命内力。生命外力也就是人的肢体力量，显然是弱小的，即使是大力士，他的力量也是有限的。而人的生命内力是一个人的巨大宝藏，它是巨大无限的，而人的生命内力通常都是沉睡着的，它是需要激活和唤醒的。一个人的生命内力一旦被激活唤醒，就能够迸发出强大的势不可挡，摧枯拉朽的巨大力量。

可以这样说，一个人的一生强大与否、成功与否、幸福与否，乃至今后作为怎样，格局如何，不是取决于他的肢体力量，也不是取决于他的知识力量，而是主要取决于他强大的生命内力。

这就像一台装有大功率发动机的汽车一样，只需把火花塞一打，汽油燃烧所爆发的热能就能让沉睡的"发动机"高速运转，汽车也就轻松自在地向前急驰，不可阻挡；这也就像种子一样，老农种庄稼，只要为种子提供适宜的土壤、气候、空气、阳光、水分、养料，沉睡的种子被"激活和唤醒"，种子就会从板结坚硬的土壤里势如破竹，破土而出，发芽开花，茁壮生长。

其实，我们的一切教育活动，都应该围绕激活和唤醒孩子体内的这个巨大宝藏来进行，如果最终没有激活和唤醒这个宝藏，仅靠外在的知识灌输，仅靠外因的作用，仅靠无休止甚至是残酷的竞争，注定我们的一切教育活动都是低效或无效，甚至是失败的。

当下的教育只要能激活和唤醒孩子这个生命内力，则孩子眼下成绩的高低，当下孩子多考几分还是少考几分，在起跑线慢一点还是快一点，或者考一个好学校，还是上一个差点的学校，这些其实都并不重要。

著名教育学者尹建莉曾说："童年的任务不是向外延展，而是向内积累。一个人内在力量强大，才能很好地把控自己，未来才有可能处理好自己和世界的关系，在人生事务中获得主动权——这才是培养竞争力的正常顺序和逻辑。"

教育就是生长。最好的教育，就是真正能够发动孩子这台沉睡的"发动机"，点燃孩子的成长欲望，激发孩子的生长愿望，教给孩子生长的方法，这样，孩子才能够真正拥有强大的内生长力量。

教育的作用和意义，就是给孩子成长提供可能，就像老农对待种子一样，在于给孩子提供良好的成长环境，给以适宜的土壤、气候、阳光、水分、养料，给以个性化的教育，激发他们的学习兴趣，教会他们做人，让他们形成好的人生观，养成一些好的习惯。

教育的责任和使命，就是孩子在他那样的年龄，不管是学校教育还是家庭教育，不是一味简单地给孩子多少的知识和技能，而是把打开知识和技能大门的钥匙交给孩子，通过培育孩子的学习兴趣，激发孩子的好奇心，呵护他们的童心，启迪他们的思维，保护他们的想象力，使他们在阳光自信、活泼开朗中快乐成长，让他们在天真烂漫、灵动无邪中激活和唤醒他们的生命内力。

教育的常识与智慧，就是让孩子不做学习的奴隶，让孩子成为学习的主人，让孩子进入自主、自发、自动的状态，让孩子在合作、探究、生动、能动、主动的情形下学习。

　　有人会说，现在高考就是无情的竞争，高一分、两分，往往决定着上线与不上线，上名校还是上一般学校，今后有一个好工作还是屈人之下，在高考制度还没有全面改革的今天，这的确是事实，但如果孩子从起跑线上便开始你死我活的竞争，试问，他有力气跑完全程吗？他有体力作最后的冲刺吗？要知道，孩子面对未来人生，将是一场马拉松，而不是五十米、一百米短跑。

　　如果我们从小就注意发掘孩子的内在潜力，努力激活和唤醒孩子的生命内力，成全孩子未来的竞争力，为他今后的直立行走、做一个大写的人乃至终身幸福奠基，孩子今后决战高考、赢得未来人生，那还算一回事吗？他们还会输吗？

　　可惜的是，现在很多人看不到教育中所深藏的力量，看不到孩子们身体里所蕴藏的巨大潜能，宁肯急功近利，舍本逐末，宁肯竭泽而渔，杀鸡取卵，宁肯拔苗助长，急于求成，为了自己虚荣心和攀比心理的满足，把精力和时间花在一些眼前分数高低的竞争上，花在一些无关紧要的细枝末节上，而忽视了教育的本真，忽视了孩子的长足成长与持续发力，忽视了孩子未来幸福人生的获得与拥有。

　　由此想到央视著名主持人白岩松在一次演讲中谈到的，他曾经和孩子开过一个玩笑，"你要是考上了北京最好的高中，我跟你急，你要是考了第一，就跟你断绝父子关系"。白岩松给孩子而且寄出了一封"人生邮件"，邮件中特别强调"不争第一"。他说："人生不是竞技，不必把撞线当成最大的光荣。当了第一的人也许是脆弱的，众人之上的滋味尝尽，如再有下落，感受的可能就是悲凉，于是，就将永远向前。站在第一位置的人不一定是胜者，每一次第一总是一时的风光，却赌不来一世的顺畅。"同时也理解了白岩松怎样纵容儿子的各种兴趣，包括允许儿子半夜看球，支持儿子成为一个书迷，鼓励儿子听摇滚乐，希望儿子多跑出去玩，并告诉他，"你要是在这个假期学习，我打断你的腿"……他的这些良苦用意，不是为了一时的得失，而是从长久计议，怎样不断的激发、唤醒和点燃孩子的生命内力。

　　要知道，当孩子的注意力被转移到各种"比"的事情上，当孩子的身心成长因各种莫名其妙的竞争所带来的烦躁焦虑而消耗与蚕食时，他们的内心将变得越来越羸弱，他们的生命内力有可能会长期沉睡，甚至会永远枯竭。

淡化孩子眼下的一些竞争，让孩子的生命内力觉醒，赋予孩子一生使不完的巨大力量，这才是我们送给他们有用于一生的最好的礼物，也是他们拥有的一生最宝贵的财富。

第二辑　教育因你而美好

老师，我还想对你说……

一年一度的教师节又快到了，每年到了这个时候都有很多话想给老师们说，今年更不例外。此时此刻，我还想告诉老师的是：

老师们，教育是面向未来的事业，10年前我们无法预料现在的孩子可以拿着手机学习，可以在网络世界里徜徉，可以在百度里搜索疑难问题，那么以后的10年到底又会是怎样的一种教育状态和学习方式呢？也许我们现在还无法预测，但是，我们完全可以预测的是，未来的教育不管随着时代如何变革，未来的学习方式不管怎么样去变化，但是学校始终会存在的，教师永远是会需要的，培养孩子基本的品质和素养，让他们具有高尚的情操和人格是绝对不会变的，在这一点上，任何慕课、翻转课堂、网络教学、大数据是取代不了的。

最好的教育莫过于示范，教师是最好的教材。我们需要做的，就是努力修身修为，克己养德，把美好的自己教给孩子，要求学生做到的，我们自己要首先做到，我们要靠这种潜移默化，靠这种"润物细无声"的力量来成就孩子们的美好品德，让孩子们能够一直向上、向善、向美的方向发展。

老师们，"教师"这个称谓对你而言或许不重要，而对于孩子，却是那么重要，孩子们背着书包或满怀期待，或带着无限憧憬，颤巍巍地来到学校，或许来到你的班里，来到你的身边，进入你的视野，他们不知道会有怎样的学习生活，也不知道会有怎样的未来人生，而且这样的机会只有一次，他们以后不会再来了，他们在最美好的时候曾经停留于你，依偎着你，然后离开你、离开校园走向自己的未来，就是在这样一段有限的时间里，我们能够给他们施以什么样的影响，能够给他们带去一些什么呢？这应该成为我们经常思考和考量自己的一个问题。

老师们，你教室里的每一个孩子，可能是你视野和精力所及的一部分，其中任何一个孩子的落下，有可能对你来说，仅是你工作对象的几十分之一，或许可以忽略不计，而对于每一个孩子来说却是百分之百，更是孩子生命中的其他人的整个世界，可以说你对孩子的教化和引领将成全着孩子的明天，也将决定着孩子的家庭乃至与这个孩子相关联的所有人的命运！

老师们，里约奥运会中国女排夺冠的消息令国人振奋，在20世纪80年代，女排精神曾激发了多少人的壮志豪情，中国女排在沉寂十二年后又重振雄风，东山再起，如果没有相遇郎平这个"好老师"，就绝不会有中国女排今天的新辉煌。

学校也好，课程也好，活动也好，文化也好，这样的乱象也好，那样的问题也好，所有的背后都取决于教师。三尺讲台虽然很小，但是教师责任很重，谁站在上面谁就决定了教育的品质，就决定了这间教室的教育生态，谁能够有幸遇到一个好老师就决定着谁将来会有一个美好的人生。

习近平总书记讲："一个人遇到好老师是人生的幸运，一个民族源源不断涌现出一批又一批好老师则是民族的希望。""好老师"是教育发展的基石，是影响学生人生的关键因素，每个为人师者都应该努力让你的学生从你的身上看到"好老师"的影子，都应该努力成为孩子生命中的重要的人。

老师们，选择当老师，你不可能在仕途上通达，在金钱上暴富，在名声上显赫，从某种意义上讲，选择当老师，就选择了平凡，就选择了奉献，甚至就选择了清贫，但是你唯一可以做到的，就是让自己拥有充实的内心世界，拥有快乐和幸福的教育生活。

因为对于教师这个职业，上天虽然不可能给我们带来飞黄腾达、带来腰缠万贯、带来不可一世，但却能够赐给我们这样的幸运，我们可以单纯地做事，可以创造性地做事，可以做自己喜欢做的事，可以做能实现自己人生价值的事，可以尽情地放飞教育梦想，燃烧教育激情，可以陪伴一群又一群的孩子，走过他们生命中最美好的年华，见证他们的成长，而且可以和他们一同保持一颗童心，一同追寻永恒的青春，让我们不断成熟，却又永远年轻，让我们不断走向远方，而又始终步履轻盈。

老师们，教师的成长因学生的成长而成长，教师的幸福因学生的成长而幸福。正如于漪所说的："教师的生命是在学生身上延续的，教师的价值是在学生身上实现的。"教师在教育教学中引导帮助学生成长，自己也就成长起来。学生作为教师独特的工作对象，我们可以从他们渴求知识的眼神中，从他们一颗颗善良而又晶莹剔透的童心中，从他们的成长进步中，从他们对社会的贡献中，从我们的桃李满天下中，体味到一种也许其他任何人都无法体味到的幸福与快乐。

老师们，每个孩子都是上帝的宠儿，都是无可复制的孤本，都是独一无二的那个他，在教育的天地里原本没有差生，或许是由于评价标准的差异，或许是我们没有给他们提供适合的教育，或许是由于我们暂时还没有发现他们身上的闪光点。不论什么时候都不要性急，都不要低估了每个孩子，无论什么时候都不要抛弃你所认为的眼前的差生。

我以为，一位教师，就是一盏灯，其光不一定耀眼，但一定能够长久地照耀着每一个孩子前行的路。教育的奇迹在等待中迸发，生命之花在等待中绽放。教育只要给每一个孩子以烛照，只要给每一个孩子以无限可能，只要让孩子找到了自信，只要你唤醒了他沉睡的潜能，假以时日，未来可期，他一定会给你意想不到的收获和惊喜。

老师们，或许当下的教育生态并不理想，现实的教育环境并不如意，身边的教育现象甚至不可思议，但只要我们有勇气、有毅力、有行动去改变属于自己的那一间教室、那一间教室流动的空气、那一间教室里的每个孩子，就能在土壤板结、杂草丛生、荒凉凄美的现实中营造出局部的春天，每一个局部春天的组合与叠加，最终将换来教育天地里的百花满园。

老师们，人生遭遇什么样的环境，相逢什么样的美好事物，相遇什么样的人，都是一种注定。此时今生，我们能够相逢教育，相遇一群群活泼可爱的孩子，那既是缘份，又是福份。不要玷污了与教育的幸福结缘，不要亵渎了与孩子们的美好相遇，不要懈怠了我们所拥有的神圣职业，不要辜负了人生的价值与意义，不要虚度了转眼即逝的时光，不要让牢骚埋怨淹没了责任，不要让无聊琐碎泯灭了良知，不要让现在的孩子看不起当下的你，不要让未来的学生讨厌现在的你，更不要让未来的自己后悔于曾经的你。

俄罗斯诗人莱蒙托夫写道："我来到这世界是为了看见太阳和蓝天，我来到这世界是为了看见太阳和高山。"是的，我们来到这里是为了看见太阳、蓝天、高山和美好的一切，是为了传播光明和创造一切的美好。

做一个卓越而幸福的教师，让教育因为有你而更灿烂、更美好！

不可任意剥夺教师休息权

据华商网报道，陕西省榆林市某中学规定教师们在放学后不准离开学校，下班时间为晚上 22 点。于是，该中学便出现了教师们喝酒、打牌等着下班的怪现象。

教师该什么时候下班？对于大凡所有学校和教师都会遇到的这一具有极大普遍性的问题，对这一问题的回答，可以说是"公说公有理，婆说婆有理"。按照学校的说法，农村寄宿制学校教师本应从周一至周五工作、吃住在学校；代表教师立场的律师却认为，这样的做法不合理。

且不说学校是否违反了《劳动法》、"有效时间不超过八小时"的"有效"如何界定，单说学校老师到底该上班几小时，还真不是《劳动法》的一条"国家实行劳动者每日工作时间不超过八小时、平均每周工作时间不超过四十四小时的工时制度"能够说清楚的。

教师职业的现实特点，工作是不分课内与课外的，为了上好课，课前认真备课少不了，课后还要批改、家访、辅导差生也是必需的，有些教师为了完成工作任务，还不得不将在学校里没有完成的事情带回家，几乎所有教师都是用应该休息的时间去完成相关工作的。对于寄宿制学校从早自习到晚自习，教师都要陪着学生，除了完成教学工作外，还要承担对学生生活的照料包括吃喝拉撒，一些老师即或在学校休息，也是担惊受怕，唯恐学生安全出问题。可以这样讲，差不多教师工作都是不分白天、黑夜，没有周末和节假日。

这样看来，如果仅仅依据"上班"时间的长短，真不能完全衡量一个教师的辛苦程度。简单地搬出《劳动法》谈论工作时间，或者以统一的作息时间来规定所有学校教师的上下班时间，也是不客观，不现实的。

教师每天到底应该工作几小时，《劳动法》对教师工作到底有没有约束力？教师管理应不应该参照《公务员法》来执行？应不应该用《公务员法》来规范教师的工作？目前要回答清这些问题肯定还有一些难度。因为教师从事的是人的事业，承担的是神圣的教书育人工作，人的事业、人的工作是复杂的，它不等同于工业生产，可以标准化，可以计件计量计时。

虽然我们不能严格以《劳动法》、以"八小时工作制"来完全界定教师的全部工作，但是作为社会应该充分理解教师、关心教师，作为教育主管部门，特别是学校应本着《劳动法》的基本精神，尽力配齐教师和相关工勤人员，公平合理地分配工作任务，关爱体贴教师的疾苦，尊重并满足教师的合理需求，确保教师的劳动权与休息权同时得到保障。

虽然教育工作的特殊性决定了教师的工作时间不是以工作的小时数来决定的，但是我们绝不能以任何理由剥夺教师的休息权，更不能以所谓的"春蚕到死丝方尽，蜡炬成灰泪始干""人类灵魂的工程师""太阳底下最光辉的职业"之类的思维去绑架教师，我们应该把教师当人来看，注重南风法则，坚持以人为本，体现人文关怀，彰显人文情怀，充分考虑教师体力的恢复、学习培训提高、履行家庭成员的基本职责等个人需求，让我们的管理绽放出人性的光芒。

虽然教师超负荷的工作现实是回避不了的，但学校通过绩效考核或其他方式对教师工作量进行认定是必要的，并根据校情制定出切实可行、教师普遍接受的劳动管理制度、绩效考核制度、评优评先奖励制度等也是必需的。如果一味依靠冰冷的制度强行要求教师必须工作多长时间是没有人情味的，那更是不行的，这既不利于教师主动性、创造性的发挥，也不利于良好的人际关系和和谐温馨的教育氛围的形成。

一个好的校长的重要职责，不是怎样绞尽脑汁地去把教师管住、管死，而是怎样给教师空间，给教师动能，怎样让教师成为教育的主人翁，怎样把教师的心凝聚在一起，怎样去唤醒他们工作的热情，怎样去释放和挖掘他们巨大的潜能，怎样去激发出教师工作的创造性与主动性，怎样用共同的目标、共同的愿景、共同的事业去引领教师。

毋庸讳言，所报道学校对教师的管理是值得商榷的。"依法治教"是教育发展的必然趋势，暂时用法律解决不了学校管理中的一些问题，比如教师上班时间的问题，也许用"情"是能够解决的。

评优考验教育人良知与智慧

年终了，学校进入了评优评先季。尽管我们觉得，一个教师，是否先进不重要，是否优秀也无关系，最关键的是，是否幸福，幸福永远比优秀、先进更重要。尽管我们主张，作为人之师的教师，在荣誉面前应该从容优雅，淡泊笃定，学会放下，懂得谦让，体现风格，不争不计较，然而评选年度工作优秀与先进，本来就是学校管理的重要内容，是对辛勤耕耘，成绩卓著，贡献突出的教师的肯定和表彰，对于树立典型，鼓励先进，鞭策后进，弘扬正气，强化管理，推动工作，充分激发和调动广大教师积极性，无疑会起到十分重要的作用。

中国人自古就有"不患寡而患不均"的价值追求，"均"的意思就是公平与公正。由于一些学校在评选中往往存在领导说了算、评选标准不科学、评选方式不恰当、评选过程不透明等问题，造成了一些教师们对评优评先存在质疑和反感。作为学校需要做到的，就是如何建立和完善一个科学、公平、公开、公正的评优评先机制，让评出的优秀与先进，名副其实，众望所归，能够让大家心服口服。

首先，应该构建多维评选标准。在应试教育还占上风，素质教育仍躲躲闪闪的当下，很多学校只盯着分数和升学率，并唯此是从，作为优秀与先进评选的唯一依据和绝对考量，"成王败寇"、一好百好、一俊遮百丑，这不仅不能评出真正的优秀与先进，而且更可怕的是这样导向下去，一方面一些教师为了赢得优秀与先进的桂冠，他们会急功近利，急于求成，在教学上完全可能置常识和规律而不顾，一味地靠重复训练，靠高压政策，靠死整蛮干去拼取分数，最终以牺牲学生身心健康作为沉重的代价，以至于让应试教育愈演愈烈，成了应试教育的帮凶。另一方面一些教师为了赢得他人对自己优秀与先进的评价，就完全有可能盲目攀比，相互嫉妒，就完全有可能去关注工作以外的人和事，就难免不去讨好领导、搞勾兑、拉人际关系。

教育，不是获得一时的分数，教育的一切指向是人，教育培养的是合格的公民，而不是培养的考试机器，因此我们应该积极探索综合的、多维的、比较系统的评选标准，力求从教师的学术素养、职业精神、工作态度、努力程度、专业品质、教学业绩等层面去做出全面的评价。而且对于教师的教学业绩，绝不能仅看分数，而应该立足于对学生的综合评价，着眼于学生的全面发展和个性化发展。

其次，应该完善评选方式。教师优秀不优秀，先进不先进，其评价权应该是教职工、家长和学生。"群众的眼睛是雪亮的"，"群众最有发言权"，"金杯银杯不如群众的口碑"，因此优秀与先进的评选，应该走群众路线，充分听取教职工、学生和家长的意见，从而避免校长的"一言堂"和学校领导班子内定以及评价中的情绪化、片面化等现象。

再次，评选过程必须公开公正公平。评先评优之所以饱受争议，是因为评选过程的"未见光"，为了避免"暗箱操作"，必须保证评选过程公开、公正、公平、透明，充分发挥教代会的作用，让广大教师广泛参与，评价标准的确定、评选条件的界定、评选方式的敲定、"一票否决"事项的议定、评选过程的监督、评选结果的公示，都应该"在阳光下进行"。

评优评先，既是对教师工作业绩的肯定，又常常是教师晋级晋职硬件所需，它撬动着教师的成长和学校的发展，是一件既慎重又严肃的事情，因此，使工作业绩当之无愧者能评上，使教师能真正通过自己的实力和努力来实现自身发展期望，从而使教师的成长及其学校的发展都进入一种良性循环的状态，这应该成为我们的价值取向和努力方向。尽管绝对公平是没有的，但更加的相对公平总是可以期待的，也是可以做到的，这完全取决于我们校长对教育、对教师的情感与态度，也拷问着教育人的良知与智慧！

培养男幼师不能满足于"破冰"

据报道,重庆将于 2017 年启动公费男幼师的培养工作,培养学制为 5 年,计划招生 77 人。重庆市教委将按照"择优录取、公费培养、考核招聘"的原则从初中毕业生中选拔。

公费男幼师在校学习期间的学费、住宿费全免,并补助生活费,所需经费由重庆市财政承担。1—3 年级,执行中等职业教育相应资助政策和生均公用经费补助标准;4—5 年级,执行高职专科教育生均拨款标准和收费政策。

幼儿期应该是人的心理、人格发展的关键时期,是孩子模仿学习的重要阶段,他们学习和模仿的最主要对象,一是家长,二是老师。众所周知,男性开朗、自信、乐观、坚毅、勇敢、顽强、豁达,男教师在运动、科技、理性思维等方面具有特定的优势,他们的性别特征决定了他们的教学方式不同于女教师。游戏时,他们是孩子们的智多星,劳动时,他们是孩子们心中的大力士,遇到危难时,他们是孩子们天然的保护神,有了不懂的问题,他们又是无所不知的"哆啦 A 梦"。

幼儿园补充并保持一定数量的男教师,可为儿童树立学习与精神的榜样,有助于培养幼儿的良好性格,更好地帮助幼儿形成刚毅、勇敢、坚强的品质,特别是能够帮助男孩子铸就阳刚之气,从一定程度上消解目前学前教育中存在的"阴盛阳衰"的现象。

儿童心理学专家卢稳子教授认为,教育中需要男教师,就像孩子的生活中需要父亲一样。总和女性在一起，孩子的生活中温文尔雅的东西太多，却少了些热情奔放，得到的呵护、关心太多了，少了些独立性和坚强的意志。因此，为他们提供勇敢、果敢的体验与经验显得更为迫切，这就需要男教师的加入。

然而幼儿园"娘子军"扎堆，幼儿园男教师成稀缺资源，这是当下学前教育的普遍现象。《中国教育统计年鉴》有数据显示，我国幼儿园教职工总数100万人左右，从事教育教学工作的男性不到1万人，也就是说男性幼儿教师的比例约为1%；相比之下，日本幼教的男教师比例约7%，美国的比例更高，约10%。

造成这一现象，一方面，我国正规学校培养的男性幼儿教师很有限，学前教育专业的男女比例为1/30～1/40，换句话说，一个班级中往往只有一两位男性学生。另一方面，愿意从事幼教工作的男教师比例很小，一些幼儿园即使有个别男教师，他们往往也是处境尴尬，甚至被边缘化。同时幼儿园男教师流失也很严重，一些男教师进入幼儿园2—3年内又想办法转到了其他职业。

基于此，重庆启动的公费男幼师培养工作便具有很强的现实意义，它对于优化幼儿教师男女性别结构，对于儿童的健康成长，对于幼儿园的长期发展，对于良好的幼儿教育生态环境的形成，都会在鲜明的导向中产生积极的作用和影响。

然而让人感到质疑的是，一是"量"上，"77人"是不是杯水车薪？作为偌大的一个重庆，所辖的幼儿园应该成千上万，男幼儿教师的严重紧缺，这"77人"能满足需要吗？

另一方面从"质"上，所培养的男幼师质量是否能够得到保证？学生在初中成绩比较好的话，大都会选择上高中参加高考读大学，对于那些初中成绩一般如果选择读中职，也会选择一些面对市场的紧俏急需专业，那样将来会有一个高收入，这样一来，即使有填报公费男幼师"高职高专"的，其生源质量就大打了折扣。想想20世纪八、九十年代的师范生，都是那个时候最聪慧、最有潜质、成绩也算最好的才能报读师范，现在可以说成为支撑中国基础教育的一支重要力量。

同时从看到的那么多的条条框框的限制中，"男幼师在协议规定的服务期内，不得脱产攻读本科和研究生"，"公费男幼师未满服务期不得向本区县外其他单位流动"，"服务期满 3 年，按人事管理权限审批，可在签订协议区县（自治县）政府举办的幼儿园间流动"，显然这些规定阻断了有可能选择读公费男幼师的"大学梦""考研梦"。他们顶多读个高职高专，这对于眼下还处于一个"炫学历"的环境和气候，学历含金量比较低，"高职高专"的文凭不具有吸引力，对于那些稍有发展潜力的学生来说，他们更会在算成本账中放弃自己的选择。

最后即使按照男幼师的招生条件，能招到人、凑够数就不错了，要真正做到"择优录取"显然是不可能的，如果说"择优"，那也只能是"矮子里面挑高汉""瘸子里面选将军"了。

为此我以为，鉴于国家及各级政府对幼儿教育事业投入的严重不足，包括这当中的男幼儿教师的严重失衡，既然在这方面已经有了破冰之举，就应该把此作为一种长效机制，从"量"上放大，以尽快缓解供需之间的矛盾，从"质"上保证，尽可能以政策红利和杠杆，调节并吸取更多的优质男幼儿教师生源，从而把这一功在千秋，善莫大焉的好事、善事办得更好！

老教师是支教工作的一块"宝"

长期以来，"乡村教师招不来、留不住"的论调并不陌生，然而近日中青报的一篇文章却揭示了事情的另一面：城市老教师想去乡村任教，却被"45岁以下""学科带头人"等硬性规定挡在了门外。与之相反，基层地方政府和教育主管部门不惜重金求乡村教育精英之势愈演愈烈，宁缺毋滥，非精英不要，对许多适合自己的优秀教师却不屑一顾，结果是，高端人才无人问津，有能力又适合乡村教育的教师却报"教"无门。

教育的短板在乡村教育，而发展乡村教育的关键在于教师。众所周知，由于城乡的地域差异和资源差异，一方面因补充渠道不畅，最终乡村招聘上岗的教师很少。另一方面乡村即或能够补充到一点年轻教师，由于乡村教师面临职业吸引力不强、补充进来的新教师又很难长期留任，能力一旦历练得差不多，时机一旦比较成熟，他们就"孔雀东南飞"或者"孔雀城市飞"，再也不回头。即使他们不主动飞，也会被以割韭菜似的方式，层层被选拔到城市学校，乡村教师向城市的单向流动，导致城乡师资力量差距悬殊，乡村教师紧缺更是雪上加霜。

如何从根本上缓解乡村教师紧缺的问题？我以为，除了一方面继续通过实施"特岗计划"，拓展乡村教师补充渠道，解决"下得去"；另一方面适当提高乡村教师待遇，并且让晋级晋升、评先评优评职向乡村教师倾斜，夯实"留得住"。同时强化乡村教师培训，不断提升理论素养及实践能力，真正做到"教得好"外，更重要的是建立和完善城市教师向乡村教师支教机制。

城市教师尤其是优秀、骨干教师到农村学校支教，不仅能够带去先进的理念，清新的思想，好的教学方法，还会带去蓬勃的生机与活力。

虽然现在很多地方都在实施支教，然而支教对象差不多都限制在中青年教师这个层面，也就是年龄在 45 岁以下，这个年龄段的教师，正承受着事业和家庭的双重压力，正竭尽全力地面对城市工作与生活环境的双重挑战。对于他们来说，心甘情愿下去支教的可谓凤毛麟角。

由于各个地方把支教与职称评聘捆在一起，规定中小学教师评聘高级教师职称和竞聘高级教师岗位时，必须有近五年在农村中小学从事教育教学工作 1 年以上的经历。一些中青年教师面对评聘职称，虽然一千个不愿意，但是又无可奈何，可想而知，他们去支教，一定是"人在曹营心在汉"，身在农村心在城市，抱着临时和应付的态度，数着时间过完甚至混完一年日子，这样的情况，也就在所难免了。

"五十而知天命"，相反，城市学校的一些老教师则不同。他们已经有了多年城市学校教育的积淀，真正领悟透了教育的真谛，而且在生命的血液中已经融入了浓厚的教育情怀，少了浮躁和功利思想，能够心无旁骛地扎根于乡村教育事业，同时更重要的一点，那就是大多数城市老教师的子女也已长大成人参加了工作，基本上没有大的家庭负担和后顾之忧。

不少城市老教师既有这种得天独厚的优势条件，很多老教师又有到乡村学校支教的意愿，却被政策条款限制而把他们无情地拒之于门外，终留下报乡村教育无门的深深遗憾。

更让人遗憾而且不可思议的是，一些基层地方政府和教育主管部门对这些老教师包括退休教师却不屑一顾，有的地方甚至一厢情愿地开着"天价"招聘乡村教育高端人才，然而高端人才却无人问津，我想即使有人"问津"，也有可能水土不服。这种舍本逐末，缘木求鱼的做法实不可取。

当务之急，建立和完善支教机制，就应该不能忽视和抛弃城市老教师这支重要力量，包括城市退休的而且身体素质又特别好的特级教师、高级教师，积极鼓励和支持他们到乡村学校支教，对口帮扶乡村教师，并尽可能创造条件让他们能够达成所愿，充分发挥他们的作用，激发他们的教育热情，迸发他们的教育潜能和智慧。

我们应该有理由相信，只要让更多的愿意去而且留得住的真正具有乡村教育情怀的老教师包括退休教师去乡村支教，将会大大缓解乡村教师紧缺矛盾，促进乡村教育的快速发展，假以时日，一片生机勃勃的教育之花就会在具有浓郁乡村气息的广阔大地上竞相绽放！

教师转岗要多一些人文关怀

据报道，海南省儋州市为加强师资队伍建设，优化教师队伍结构，努力打造一支有理想信念、有道德情操、有扎实学识、有仁爱之心的"四有"好教师队伍，于 2016 年启动了为期三年的中小学教师分流转岗工作。去年分流转岗275 名教师，其中小学 165 人，中学 110 人。在压力和动力中，儋州市今年的中小学教师转岗分流工作又如期启动。

对于教师队伍目前差不多还处于"铁饭碗""大锅饭"的情况下，儋州市率先启动教师分流转岗工作，疏通出口，建立教师退出机制，破除教师资格终身制，不容质疑，这种破冰之举，对于增强教师队伍活力，提升教师队伍的整体水平，以及促进教育质量的提高和教育的健康发展，将产生积极的作用。

从儋州转岗教师来看，差不多都是年龄较大的老教师，这些老教师，在过去的岁月，耕耘讲台，含辛茹苦，曾为学校的发展做出过贡献，对于教育的发展来说，也应该是功不可没，然而随着社会的快速发展，特别是教育进入了大数据、网络化、翻转课堂时代，一些年龄较大的教师已经跟不上时代的需要了，在这个时候通过综合考评，让其转岗分流，从事非教学工作岗位，比如转岗到后勤服务、教务辅助、档案管理、编修校史校志、负责学校保安，按理说，这样能够最大限度地做到人尽其用，人尽其才。

有改革就会有阵痛。不管怎样综合考评，不管怎样公正公平，相信大部分教师并不是心甘情愿转岗，他们会认为教了一辈子书，现在突然就不让教书了，不能担纲主角了，只是学校的一个配角，许多教师会有"被贬"的感觉，面子上过不去，还有的老教师甚至还会认为，年轻的时候叫他们拼命干，现在年纪大了，身上病痛多了，记忆力也下降了，就把他们赶出教师队伍，他们觉得有"卸磨杀驴"之感，从而导致这些老教师产生抵触，倦怠等情绪，进而影响在新的工作岗位上的热情和积极性。

如何把老教师的转岗工作做细做好，使他们既心甘情愿，又发挥应有的作用，实现价值最大化，这不仅是对老教师善待的问题，而且是坚持以人为本，落实人文关怀，让教育更富有温情和人性的问题，更是让教师退出机制得以顺利落地、有效实施和推进，并且具有广泛示范和推广意义的问题。

愚以为，首先应该充分理解和尊重转岗老教师。要与转岗老教师随时沟通，及时交心谈心，减少抵触情绪，让他们认识到不管是在教学岗位，还是在非教学岗位，都是学校的主人，都在为学校发展添砖加瓦，都是在直接或间接地从事神圣的教书育人工作，要善于听取他们的意见，采纳其合理化建议，营造尊重转岗老教师的氛围，不断提升转岗老教师的主人翁意识，增强他们的使命感、荣誉感和尊严感。

其次要充分发挥转岗老教师的作用。大部分转岗老教师在教学岗位上工作多年，虽然他们学科专业知识有可能随着岁月的远去而捉襟见肘，但是绝大多数转岗老教师教育教学经验丰富，对教育也有深厚的情怀，而且差不多到了他们这种年龄，儿女成家立业，少了家庭负担的羁绊，可以有更多的精力投入学校工作，学校除了创造条件，支持他们干好转岗后的工作，还应该让他们参与学校的教育教学活动，听课评课甚至献课，学校还可以开展老新教师结对活动，同伴互助，以老带新，让年轻教师借鉴老教师的丰富的教育教学经验，让老教师吸取年轻教师鲜活的知识，充满朝气的活力，取长补短，相互学习，相得益彰，实现共赢。

同时，为了让转岗老教师安心转岗，政府及教育主管部门还应该针对转型时期以及退出机制刚刚建立的特殊情况，出台相应的政策给予鼓励、支持和保障，比如对涉及转岗教师的职称评聘、评优评先给予倾斜，对生病住院给予看望，对家庭困难的给予救助慰问，从根本上解除转岗老教师的后顾之忧。安排组织相应的培训活动，为他们适应新的工作创造条件，让他们尽快适应转岗后的工作。开展适合他们这个年龄段的一些活动，让他们有所做、有所学、也有所乐。当转岗教师置于被信任、被关爱、被推崇的状态，他们便会认识到自己，内心流淌的也将是喜悦和舒畅。

一些年龄较大的老教师，之所以不能适应新时期的教育教学工作而被迫转岗，除了有的自身不注重更新知识，没有专业成长的自觉外，还与我们的学校、各级教育行政主管部门对中老教师的边缘化不无关系。

竞课、赛课限定年龄，相应的培训活动把他们拒之门外，一些座谈会、演讲会、报告会，也仅仅局限在年轻教师范围，对他们的遗忘与疏忽，对中老年人既是一种伤害，又容易让他们安于现状，心灰意冷，失去专业成长的动力和热情，在形势的变化中被淘汰也就在必然之中了。因此，对中老教师施以更多的自我提升动力，给以更多的关注关爱，为他们搭建更多的专业成长平台，让他们跟上形势的步伐，这应既是我们最大的工作着力点，也是教师队伍建设的治本之策。不然仅从治标上去人为筛选，那将会有更多的中老年教师适应不了教育发展的需要而被淘汰出局，而且还会层出不穷。

人的工作，是复杂而系统的，再好的政策和机制，也绝不是一个简单的执行和操作，必须要从人文与人性的角度，去印证和考量。如果教师退出，也仅是一个考评之后的必然转岗，如果缺少了一些温馨和关怀，再好的初衷，或许不一定就一定达到预期的效果。

老师给学生鞠躬怎可解读为"作秀"

近日，网络上流传的一组照片，贵阳一小学，老师穿戴整齐，给入校的学生们鞠躬。有网友认为学校在"作秀"，还有网友认为，学校是一个庄重而严谨的地方，办学的都开始用商业的手法了。

中国优秀传统文化是我们这个国家、这个民族，绵延五千年历史不断绝的魂之所在，根之所系。加强中华优秀传统文化教育，让优秀传统文化进校园，从小给孩子们烙上传统文化的精神底色，既是对传统文化的薪火传承，又是在传统文化芬芳的浸润中以文化树人、立德树人。教育部部长陈宝生日前在接受记者采访时说："传统文化不进校园，中国人的重心就会漂移。"

中国素有"礼仪之邦"的美誉，而传统礼仪作为中国传统文化的核心部分，它既体现了人们外在的行为举止，也代表着传统的民俗习惯，同时也彰显了人们的思想道德修养。推进传统文化进校园，传统礼仪教育必不可少。

传统礼仪教育很重要的一点是教育者先受教育，传播好传统礼仪，需要教师的智慧，需要教师深厚的文化修养，更需要教师自身温润得体的言谈举止和知书识礼。作为教师，在加强对学生的礼仪教育之前，必须注重自身的礼仪修养。

我经常讲，最好的教育莫过于示范。如果一个教师不修边幅、衣衫不整、言语随便、举止失雅、不懂礼节，且不说自身形象能不能站立讲台，单就这样的教师还有什么理由和资格去行为示范、为人师表、言传身教，去对学生进行礼仪教育。

从这样的角度和意义来看，要求学生穿戴整洁，老师带头穿戴整齐，要求学生给老师们鞠躬，老师带头给学生们鞠躬，这哪是"作秀"呀！也岂止一个"作秀"了得！这分明是师生需要共同遵循的礼仪，是最好的示范教育，是和谐的师生关系，是校园里最温馨的画面，也是最令人感动的一道美丽的风景。

做校园文化，有的人说那也是在搞形式、在作秀，曾记得我由"贝壳"言及校园文化，我说，校园里的文化之美犹如沙滩上的贝壳之美，贝壳之美不是形式、不是作秀，它在让人们顿足欣慰，流连忘返之时，更主要的是为了贝壳里面的生命个体营建成长和发展的最佳空间和最优环境。如果贝壳没有它的"壳"之形式、之秀、之美，它能够孕育出那么美好的生命吗？

据悉，贵阳这所小学自成立以来，学校全体师生一直身体力行，进行传统文化礼仪教育。就在开学的第一天，学校给孩子们的"家庭作业"，便是以践行"孝和礼"为主题，这也说明这所学校的礼仪教育一直是坚持不懈，并没有流于形式，学校和老师们并没有作秀。

我以为，就算是"作秀"，这总比孩子们虔诚而羞涩地给老师们打招呼、敬礼、鞠躬，老师们应付式的"嗯""哼"一下，便昂首阔步而去，甚至有的表情麻木、若无其人、若无其事，看都不看孩子一眼，对孩子连一个"嗯""哼"都没有，那要好多了。

就算是"作秀"，只要"秀"出了孩子们的文明礼仪，"秀"出了孩子们的儒雅风范，"秀"出了孩子们的恭敬之心，这也值！

就算是"作秀"，只要"秀"出了真教育，"秀"出了好校风，"秀"出了一片新天地，这种"秀"倒更该点赞！

陪孩子上学的家长看到这一幕幕"秀"，不时教导孩子也向老师们鞠躬行礼。而且从家长反馈的情况看，学校礼仪教育已辐射到很多家庭，孩子们在家里对长辈奉茶敬礼，还会帮长辈洗脚捏肩，主动洗碗、拖地。我在想，如果没有贵阳小学老师们的礼仪之"秀"，会有这种礼仪之花的遍地开放吗？

至于说把商业的手法用于庄重而严谨的学校，我在想，传统礼仪既然可以进校园，那也可以进商业呀！传统礼仪是相通的，业界的边际效应也在逐渐弱化，更是可以贯通的，在商业中适用的积极的传统礼仪，当然同样可以进校园，为"我"所用、所借鉴！

这样的"秀"，但愿能够在校园里面多一些、再多一些！

民办学校爱才，也要取之有道

据媒体报道，日前，江西省教育厅正在就南昌市部分民办学校涉嫌"私挖"抚州临川一中骨干教师一事进行调查。事件起因于江西省抚州市政府向江西省教育厅反映，南昌五中、江科附中、雷氏学校等民办学校2016年私挖临川一中13名骨干教师，今年又多批次私挖临川一中十多名骨干教师。

民办教育作为教育事业的重要组成部分，值得欣慰的是，这些年在自身获得了显著发展的同时，在提高教育的资源供给能力、提供多样化的教育服务、推动教育改革等方面，发挥了重要作用，与公办教育共同发展、协调发展的格局正在逐步形成。

然而必须面对的是，在民办教育领域中出于自身生存与发展的需要，不择手段地进行招生竞争，虚假宣传，还有恶性抢师资，私挖教师等情况，也的确不容忽视。像抚州市所反映的情况，在一些地方都不同程度地存在，这为教育的发展自然带来了不和谐的氛围和因素。

众所周知，教育的发展在于教师的发展，教育教学质量的提升，在于有一支相对稳定的且学科较为配套的高素质教育队伍。"十年树木，百年树人"，教师之"树"也是一个缓慢而逐渐积淀的过程，至少需要三、五年乃至更长的时间，绝不是一朝一夕之功。

在我的印象当中，临川一中是全国的一所名校，也应该是抚州市的一张教育名片。这些年学校的发展绝对离不开一大批骨干教师的奉献与支撑，这次大量的骨干教师被挖，市政府亲自出马向省教育厅"投诉"，足见重视程度，也足以说明势态已危及动摇"名校"之根基。

有的会认为，人才不是封闭的，人才有流动的自由，公办学校和民办学校的师资也是双向流动的，"人往高处走，水往低处流"，教师有物质诉求的愿望，优秀教师有取得符合其劳动价值的薪酬的选择。有的还会认为，民办学校有自主招聘教师，高薪吸引优秀人才为其服务的权利，教育资源的分配需要遵循市场经济的基本法则，人力资源的自由流动也要体现市场法则。

但我却以为，教育资源、人力资源的分配与流动，虽然应该体现市场法则，但是这样的市场应该是良性的、有序的、规范的，而不应该弥漫与充斥的是人为的干扰、不正当的竞争。

民办学校用适当的优惠政策招聘教师、吸引优秀人才，自然也在情理之中，一些优秀教师为获得与其贡献相称的回报而选择民办学校，从长期来讲，有利于吸引人才加入教师队伍，这也无可厚非，但是像新闻中所声称的南昌市几所民办学校以高薪引诱等方式"私挖"抚州市临川一中骨干教师的做法，这不足为取。

单就一所学校来说，不正当的手段让优秀老师在短时间内大量流向民办学校，教育教学质量绝对会受到影响，优秀教师的大量流失，教育教学质量的下降，随之便会导致优秀生源流失，从而让学校陷入恶性循环。临川一中的愤怒和担忧也是可以理解的。

更重要的是，在非理性的恶性"私挖"教师中，一些本来安于本职工作的教师，有可能也会待价而沽，徘徊动摇，影响学校的教学。而且不正当手段让优秀教师的大量无序流动，会扰乱教师正常流动秩序，就像一些学校乱挖优秀生源一样，会快速引发学校之间的恶性竞争，破坏一方教育秩序和教育生态。

同时，会严重影响教育公平。在目前，公办学校在我国教育领域中仍然占据绝对的主导地位，承担着教育的普惠和保障教育公平的职责。如果优秀老师短时间内大量流向民办学校，对公办学校的猛烈冲击，经济条件有限的家庭无疑就有可能成为潜在的利益受损方，最终带来的是对教育普惠和教育公平的严重挑战。

当然，民办学校在发展中也面临着办学压力大、师资队伍不稳定等困难和尴尬，作为各级政府和教育主管部门，应该认真贯彻落实《民办教育促进法》，积极支持民办学校的发展，积极给他们排忧解难，包括从师资富裕学校调配教师，充分体现民办公助，让民办学校得以健康的发展与生存。

"君子爱财，取之有道"，"得道多助，失道寡助"，"道法自然"，民办学校绝不能因为面对的困难和压力而放任，也不能因为有钱就"任性"，一切决策和行为都应该遵循于"道"，包括吸纳其他学校的优秀教师，同样应该"取之有道"。

"本是同根生，相煎何太急"，公办教育与民办教育，公办学校与民办学校同为一"根"，在为中国教育的发展与中国梦的实现的伟大征程中，担负着共同的职责和使命，在互助中共进，在和谐中共生，在相依相伴中克服发展中的问题，在同心同向中走向美好的未来，应该是不二的选择。

让教师编制管理"活"起来

　　教育是最大的民生，也是教书育人的一种特殊行业，它关乎每个家庭的未来和希望，更关乎着国家与民族的兴旺发达与富强振兴，发展好教育事业，必须有一支安心从教而且素质高的教师队伍作保障。而妥善解决好教师编制问题可以说是稳定教师队伍的重要之举。

　　这些年，教师编制管理在服务于教育教学质量提升和教育事业发展方面，做出了积极努力，但是由于教育所面对的一些新情况、新问题，在很多地方和学校，教师编制管理已经成为影响教育发展的一块"绊脚石"。

　　比如，近年来，随着城镇化的发展和人口的大量流动，学生的正常流转已经成为一种常态和必然，一些中小学学生人数在减少，教师可能出现富余；而一些学校学生人数则在增加，教师数量出现明显不足。教师富余倒还不影响教学，但是教师不足肯定会带来消极影响。而一些地方的中小学教师编制多年核定标准一成不变，编制富余的学校教师调不出，编制紧缺的学校教师又调不进，让正常的教育教学难以开展。

　　比如，现在的不少学校"大班额"问题非常突出，突出的"大班额"问题，既影响教育教学质量的提升，又带来了严重的安全隐患，出现这种"大班额"问题，还不是校舍紧张的问题，而是因编制紧张导致师资短缺，如果分出班来，多出的班级数没有教师担任，只好把学生弄在一起"一锅煮"。

　　比如，为了适应新高考要求，目前很多高中学校开始尝试"走班制"，而

"走班制"的实施，对于教师数量有了新的要求，按原有的教师编制标准配备教师，显然远远不够。

比如，实施新课程改革，随着有利于学生发展的一些新课程的增加，却遇到了没有相关专业学科教师的难题。一些学校缺乏音乐、体育、美术、书法、英语、计算机等学科教师，只能安排非专业的其他语文、数学、物理、化学老师兼任。涉及专业性较强的，一些兼任教师只能是拼盘凑个数，更有甚者，有的学校连兼任教师都没有。

又比如，学校学期中途常常会遇到教师生病住院、死亡、教师外出培训等情况，又赶上是国家二胎政策放开，当下中小学女教师多，出现扎堆生二胎的情形，一些学校又没有富余教师，要么只能让课时已满的教师代课，要么只好请代课教师，而按相关政策规定，学校又不能使用代课教师。于是就出现了教师带病必须坚持工作，教师生二胎要排队这样的一些非人性的现象。

再比如，目前对教师编制的核定标准只采用了"生师比"这个单一指标，对于城镇学校倒还说得过去，而对于那些小规模学校、村小和教学点，国家不主张盲目撤并校点，以保证孩子能就近入学且不被落下。有可能一所学校、一个教学点就那么几十个人，一个教学班甚至只有两三个人，如果套用生师比，这些校点、办学点的编制显然捉襟见肘，难以为继。

当然，在有的地方还存在挤占教师编制的情况，以及存在在编不在岗人员长期占用编制的问题。

现有的教师编制管理存在的诸多突出问题和矛盾，已经不适应现代教育发展的需要，无法满足办学者对教师资源的有效调配与需求。教师的正常调动，教师的及时补充，对于教育主管部门及其学校来说，已经是非常被动的一件事情，甚至面临诸多尴尬。

2014年11月13日，中央编办、教育部、财政部联合印发了《关于统一城乡中小学教职工编制标准的通知》。这个通知本身是为了统筹城乡教育资源均衡配置，落实《国家中长期教育改革和发展规划纲要（2010—2020年）》的有关要求。在通知下发后通过近三年的实施，我们却发现，虽然对编制标准做了统一，由此确实在某种程度上为促进城乡中小学教育资源均衡配置起到了积极的促进作用，但是，在教师编制的动态调整与统筹使用工作上目前所面临的困惑与难度，却亟需得到突破。

这么多年我在从事区域教育管理中，强烈地感受到了教师编制管理存在的问题所带来的工作的一些被动，也为怎样解决这样一些问题曾做过相应的调查与思考，甚至在某些方面已经做过了尝试与努力，为此，有了这样一些想法与建议。

一是为教师编制管理松绑。编制管理是一个系统工程，情况复杂，要求高，政策性强，面对一系列新情况，如果仅一味地寄希望于增加教师编制，肯定很难，国家对教师编制管理也有严格的规定，对教师编制管理期望得到放松，恐怕更不现实，但是鉴于教育作为一种特殊的教书育人行业，地方编制主管部门在对教师编制管理上，可以"外紧内松"，也就是对编制的规划，必须充分论证，广泛听取意见，以制定更加合情合理的编制使用规划，对区域教育编制总量，必须牢牢管住，不得突破。而对于区域内各学校的具体编制数，可以在坚持大的原则的前提下，实行松散管理，适度灵活一些，人性化一些，由教育部门根据学校工作需要，具体把握，具体落实到各个学校，这样就能够充分考虑到学校的具体情况，保证学校教师的正常流动。当然，给教师编制松绑，不是编制管理部门不作为，也不是教育部门可以乱作为，教育部门应该主动健全机制，合理分配，充分使用，作为编制主管部门，应该把诊问脉，切实加强监督和指导。

二是坚持因地制宜、差别看待。犹如每个学生都存在着个体差异一样，学校之间千差万别，不仅是地域上的差异、条件上的差异、办学规模上的差异，还有教师上存在的量与质的差异，这当然还包括学生存在的个体差异，因此在教师的编制管理上，应该有同其他界别和行业的特殊性，要因地制宜、因校而异，因情况而定，要以公正、平衡和弱势弥补为基本价值取向，要保障根本的教育教学需求，要满足不同学校发展对编制的合理需要，绝对不能搞"一刀切"，也不能"一把尺"量到底。比如，在核算教师编制时，应该在重点考虑学生数量的基础上，统筹学科课程种别、学校类型特色、班级数量等因素。在以"生师比"为主的基础上，应该考虑引入"班师比"和"科师比"，这样有助于缓解小规模学校师资总量短缺和乡村学校师资构造性短缺问题。

三是应加快完善区域教师编制动态调整机制。如果在有的地方还一时难以突破编制松绑瓶颈，当务之急就是要尽快尽力建立区域内教师编制动态调整机制，教育要主动会同编制、人事、财政等部门，定期核定各学校教职工编制数，而且这个编制数不能一管多年，应该随时掌握，根据情况及时动态调整，这样对出现的一些困难和矛盾，也就能够尽可能得到一些化解。

四是创新教师流动渠道。根据这些年的探索与实践，为把有效的教师编制用实用好，可以在教师的流动上作一些创新，比如，除了落实教师支教政策外，还可以在城乡之间实行教师"上挂下派"制度，也就是农村教师到城区上挂任教，城区教师下派到农村学校工作，时间可以是一年，也可以是两三年，编制不动教师动，这样既能让校际间教师的富余与紧缺得到及时调整，又能使个别学校特别紧缺学科教师的情况得以缓解，同时取长补短，相互学习，对开阔教育视野，更新教育理念也将大有裨益。对一个片区内，还可以实行"教师走校制""一师多校使用制"等多种方式，逐步化解教师因编制管理过死，而出现的教师不能及时正常流动的矛盾。

教师编制是"死"的，但是我们完全可以穷尽智慧让它"活"起来，什么时候教师编制管理"活"了起来，教育就能够真正鲜活与灵动起来。

教师要学会保护自己

据报道，去年春节期间，广东省连州市的班主任张老师收到学生家长发来的 88.88 元的微信红包，领完红包后，班主任老师马上回赠 90 元红包给家长，家长却没领取。后市教育局认定张老师未归还红包，未向组织汇报并交由组织处理，虽然免于纪律处分，但仍做出了给予其诚勉处理、通报批评的决定。

尽管教育部有明文规定，严禁教师以任何方式索要或接受学生及家长赠送的礼品礼金、有价证券和支付凭证等财物，广东连州市的张老师似乎有违规定之嫌，但是就此事的特定背景，张老师所受到当地教育局的处理也的确太冤。

涉事张老师班上有一学生家长要求给孩子调位置到前排，这名学生个头高，如果调到前面，会挡住其他学生，张老师给调到倒数第三排，这位家长继续要求调座位，张老师没有满足要求，导致家长与老师的关系比较紧张。就在大年初一，学生家长给张老师发了一个微信红包，张老师以为是家长想改善关系，顺手点了红包，并马上以礼尚往来。于是就有了家长把截图发到网上，到教育局状告张老师收取家长红包。

可以想象得到，张老师面对家长挖的这样的一个很明显的"坑"，绝对是两为其难：点收，有可能让自己陷入"红包门"，落个违规捞取利益之名；不点，则会授人以"不愿缓和关系""不给家长台阶和面子"之柄，更何况让这种紧张关系一直僵持不下，不利于家校合作，也不利于对孩子的教育。可怜天下教师心，权衡之下，张老师还是冒着风险点开了红包。

　　本来家长对老师的一个诉求怎么就衍变成了一种对立关系了呢？本来一个春节期间的普通社交行为为何就变成了一件在全国闹得沸沸扬扬的涉嫌违规之举了呢？冷静思之，笔者以为，张老师在面对家长继续调位的要求时，如果与家长及时说明情况，讲清道理，作好沟通，让家长能够将心比心，以心换心，取得家长的深明大义，理解支持，情之所至，理之所在，也就不至于出现这种剑拔弩张。

　　当面对家长所挖的"坑"，如果这个时候张老师能够多双慧眼，能够看清世态的复杂，认清人心的不测，懂得"瓜田不纳履，李下不整冠"的道理，能够对自己多点保护意识，要么不点击"领取"其发送的微信红包，要么及时通过其他形式退还给家长，要么及时向组织说明情况，要么事先颁布红包禁令、建立健全群规、设置微信"避雷针"，不去触碰，拒不染指，主动规避这类不必要的行为，就不会给人口实，躺着中枪，也不会造成声誉上的伤害。

　　对于家长，希望把孩子调到前排，倒也无可厚非，但是想没有想过自己的孩子到了前排遮挡了其他孩子，别人又是什么感受。家长如果能够心胸开阔，具有同理心理，而且做到光明磊落，坦荡真诚，不"套路太深"，不挖坑陷人，张老师也就不会被置于这样难堪的境地。

　　一个人不能与人为善，赤裸裸地向世人昭示自己的心术不正，以后还有谁敢和这种人相处？人生的路完全有可能越走越窄。有什么样的父母，就会有什么样的孩子。这样的行为对年龄尚小的孩子更是一种无声的表率、无形的教化，让孩子幼小的心灵受到玷污那将是必然。更重要的是，教育好自己的孩子，是每个家长最重要的事业。从功利的角度讲，孩子教育不好，对于老师来说，仅是那么几十分之一，但对于家长来讲，却是关系到整个家庭乃至一代人、几代人的事。家长自以为这样整了老师，但是想没想过后果，孩子今后怎样面对老师的教育呢？家长也许会觉得赢了老师，但很可能会输了孩子。有网友说，这样的家长"在给老师挖坑的同时，又何尝不是在给自己掘墓，甚至于在给孩子打坟"，这确实值得深思。

　　张老师面对家长调位置的纠缠，能够不为所动，坚持原则，而且点开家长的微信红包，纯属难为其情，绝非主观故意要收受学生家长礼金，且在事后有明显的弥补行为，在这样的情况下，教育局作为老师的"娘家"，是老师的"主心骨"，面对举报，就应该深入调查，弄清事实，了解真相，不应该不分青红皂白，不管三七二十一，一遇事情就拿老师开刀，就用对老师的简单处理甚至是不公正处理来息事宁人。要知道，一起不公正处理的事件，虽然有可能只涉及个体老师，但伤害的却是整个教师群体的心。要懂得，这个时候，作为娘家人不帮老师们据理说话，谁帮他们说话呢？我们的工作离开了老师在一线的默默无闻，执着坚守，教书育人的使命、文化的赓续传承又靠谁去承担呢？

做教师不易，让家长和社会都满意更不易。教师是人，是普普通通的人，不是不食人间烟火的神，也不是没有一点差错闪失的圣人，面对诸如张老师之类的事件，作为我们社会包括公众媒体，应该多些理性，多些包容，多传递一些正能量，不要对教师赋予太多的道德色彩，也不要动不动就以所谓的师德去绑架教师，更不要因为个别教师的行为去无限地上纲上线到整个教师群体。

要明白，只有教师有尊严了、强大了，中国的教育才会有希望，一个国家、一个民族，也才能走向兴盛富强！

更应该给教师减负

"着力解决中小学生课外负担重问题。"李克强总理在政府工作报告中掷地有声，于是将中小学学生减负问题推向舆论的高潮，两会代表、委员对学生"减负"的热议与关注已经达到白热化程度，社会各界给学生"减负"的呼声更是不绝于耳，一浪高过一浪。

然而，我以为，教育的关键在教师。学生负担的轻重，在很大程度上是由教师决定的。因此，要减轻学生的负担，必须首先关注并切实减轻教师的负担。解放教师，才能解放学生。教师的减负，是学生减负的前提条件。那种只关注学生的负担，而忽视教师的负担，只追求给学生减负，而给教师增负的做法，是不可能把学生的负担真正减下来的。

"起得比鸡早，睡得比狗晚，吃得比猪差，干得的比牛累"，这虽是人们对教师的调侃，但在调侃中却说明教师的工作确实很累，很辛苦。老师每天看似只上几节课，其实，备课、批改作业、课件制作、撰写论文、教研进修、管理学生、突发事件处置等要耗去他们更多的时间和精力。更让教师心力交瘁、疲于应付的是，校内外形形色色的各种考核、达标、检查、验收、评比等等对他们的纠缠和捆绑。

有调查显示，中小学教师每周的实际工作时间平均值为 54.5 小时，一些地区的高中主课教师日平均工作时长 16 小时，远超法定时间，"基础教育阶段教师负担沉重是不争的事实"。

爱因斯坦曾指出："负担过重必然导致肤浅。"教师负担的过重，除了会将这种压力最终转嫁到学生身上，让学生不堪重负，负担越减越重。还有就是让一个个教师在逐渐失去职业认同感的同时，产生严重的职业倦怠情绪，并由倦怠职业发展到懈怠职业，再发展为厌恶憎恨教师职业，以至于最后纷纷逃离，那曾经令人向往的教师职业会在日益增加的负担中渐渐失去吸引力。这些年，辞职教师越来越多，"外面世界真大，我想去看看"，已经成为不少教师的愿望和心声。据相关报道，仅杭州市近三年，辞职教师便增长了三倍。

我以为，为教师彻底减负，作为为学生减负的治本之策之一，此乃当务之急。一方面必须减少流于形式、重复性的和其他不必要的评估检查，减少无关的会议、无实质意义的考核达标，改变目前教师管理行政化、教学管理文本化的现状，不盲目攀比，不搞形象工程，最大限度地减少教师非教育教学活动，让他们能够静下心来教书，潜下心来育人，心无旁骛、一心一意地关注教育本身。

另一方面必须下力气提高学校及其教育主管部门的管理能力和水平。使教师负担过重的一个重要原因，那就是一些学校和教育主管部门领导素质不高，管理能力不强，管理水平有限，在对学校和教师管理上缺乏整体意识和统筹思维，更失去系统性、科学化。政出多门、各自为政、自以为是、随意而为，重复交叉，从而无形中给教师增加了很多负担。

还有一些学校及其教育主管部门对于来自于外界对学校和教师的诸多莫名其妙的负担，来者不拒，全收不误，一味迁就迎合，没有说"不"的勇气，没有拒之于校门外的底气，没有为老师和教育担当的霸气，当然也没有巧妙周旋，让相应的干扰在左右逢源、游刃有余中得以消解的智慧，更没有对老师的关爱和呵护、对教育形象与尊严的捍卫和保护的情怀。

古人云"用师者王"，当每一个教育管理机构和管理者，都能敬重每一个教师，在心中真正有每一个教师，那"教师减负"就能在良知与使命的坚守中，在以人为本、以心换心的良好氛围中渐次达成。

教育上的唯分数论，让"分数"和"升学率"成为悬在教师头上的两把利剑，让当下的考试不是在考学生而是在考教师。教师在学生之前先戴上了镣铐，教师和学生也同处于一个战壕，从而直接导致教师拖堂、补课、占用一切可以占用的时间、超量布置作业、对学生身心控制等，这既使学生原本繁重的负担"雪上加霜"，也让教师的负担日益加重。因此，要切实转变教育政绩观和教育质量关，通过推进中高考制度改革，突破建立多元评价体系的阻力，切实建立多元评价体系，以彻底扭转唯分数和唯升学率的束缚。如果这一点做不到，中小学生负担的减轻不仅是一句空话，中小学教师负担的消除也难以真正改变和落地。

当然，在"减负"的同时关注中小学教师负担，还应该关注他们的权益受到保护。比如，让不少家长关注的"三点半难题"，在接送孩上给家长带来了烦恼，这也让家长们在吐槽中对"减负"充满疑虑，到底怎么解决，很多声音倾向于推行"弹性离校"，也就是学生在放学时间内可继续留校，学校免费提供"托管"服务，让学生在老师们的指导下参加各种社团活动、辅导补习，这不仅能够让家长放心、省心，还能丰富学生们的课余生活，值得点赞。但是必须考虑到的是，老师们在满负荷的工作量的同时，又额外增加了工作量和负担，如果让老师无私奉献，一天两天、一月两月还可以，但是长久下去，则应建立一种补偿和激励机制，鼓励老师争当志愿者，不仅给予其经济上的补助，还可以在评优评职、专业发展上给予支持倾斜，这样就能够充分调动教师的积极性，保证他们在"减负"的背景下，其正当权益不受到损失。至于经费，可以本着家长自愿，收取适当费用，也可以采取政府购买服务、财政补贴的方式进行。

日本教育社会学者永井道雄说："办好教育的关键，第一在教师，第二还在教师。"只有教师的负担和权益得到了充分关注，才能收获职业幸福感，才能全身心投入工作，也才能够吸引更多的优秀人才投身到教师行业，两个一百年的中国梦才能更全面地实现！

第三辑　教育的温度

教育应该回家了

湖南沅江三中 47 岁的班主任鲍方老师在办公室被学生罗某刺 26 刀身亡，这件事情发生至今，已过去一周了，这段时间，围绕这一事件，茶余饭后、街谈巷议者有之，诉诸笔端、鞭笞讨伐者有之，在各种声音中，有指责学生，同情老师的，有谴责老师，悲情学生的，有对学生、对老师各打五十大板的，也有对学生、对老师扼腕相叹的。

老师的尸骨已寒，学生应该锒铛入狱，无论是受害者，还是加害者，在互害悲剧发生后，其实都是加害者，相信他们的家人此时仍然都处于痛苦与悲伤中。这个时候去悲悯谁，同情谁，去谴责谁，怒骂谁，去怨恨谁，后悔谁，其实已不重要，相信世事自有公论，法律自有公道。

此时此刻，我们唯一可以做的，就应该有加缪所言的理性之美："不急着下结论，即使觉得是显而易见的结论时。"就应该在痛定思痛中多一些反思，把一个当下的悲剧当作反思的资源，变成一种可以汲取的教训，让悲剧不再重演。

这虽是一个极端个案，但是由表及里，由果及因，由现象及本质，还是有值得我们理性反思的东西。我以为，在以下四个方面应该给我们以启示。

什么是真正的优秀学生

杀害老师的罗某，成绩班上第一，在全年级也位居前列，按应试的逻辑所带来单一的分数和成绩评价，罗某那是理所当然的优秀学生，校长爱之，老师宠之，家长疼之。然而就是人们心目中的这样一个优秀学生，却向自己的老师举起了屠刀，而且鲍老师对其倾注智慧，倾尽心血，为其排忧解难争取助学金，为其传道解惑苦口婆心，让他由一个成绩平平者而一跃成为全班第一，这对于他应该算是真正的恩师了。一个考第一的所谓"优秀学生"却亲手杀死自己的恩师，而且穷凶极恶，惨不忍睹，这无论如何，也不能叫什么优秀学生了。

大家还记得北大学生吴谢宇杀母案吗？这个 2012 年福建的文科状元，当年考入北京大学经济学院，在将母亲谢天琴杀死后，用塑料袋和保鲜膜封了上百层，为了避免尸体发出气味，还在房间里放了除臭剂，尸体里放了活性炭，以至于谢天琴的尸体在六个月之后才被发现。在弑母后，吴谢宇竟然还以母亲名义借了亲戚朋友 144 万元钱挥霍。现在人们都把好学生定义为成绩好，能够考高分，争第一，能够上清华北大，按此标准，吴谢宇是当之无愧的优秀学生，然而一个弑母的杀人犯，不管怎么说，也与优秀学生沾不上边。

这就让我们不得不思考，什么是真正的"优秀学生"了，考高分、争第一，就一定是优秀学生吗？那些成绩一般、不能考高分的学生就必定是坏学生吗？现实中的很多事例回答我们，仅用分数和成绩这唯一的尺子是丈量不出学生优劣的。

有的学生也许成绩很好，能够考第一，但是性格自私，缺乏同情心，甚至人格素养严重缺失，法纪意识十分淡薄。有的学生成绩不是出类拔萃，然而却富有爱心、善心、责任心，具有独立担当精神，在以后出身社会，能够成为一个自食其力，有益于社会的合格公民。

对于许多优秀学生来说，关注那些分数以外的东西比关注分数更重要

这也不得不让我们反思当下对"优秀学生"的评价标准了！评价很重要，需要什么，我们就去评价什么，有什么样的评价，就有什么样的教育，也就有什么样的学生。

大家知道，学生在学校里面学习，除了学到相应的文化知识，获取相应的分数和成绩外，还应该收获人格品质、意志情操、良好心态、健康体魄。其实，很多知识性的东西，基本高考完了就还给老师了，有可能一辈子都不曾用过，而那些知识之外的很多东西，却比分数和成绩更重要，甚至是影响他们一生，而且终身受用的宝贵财富。

当我们用单方面的分数和成绩去评价，教师就会为分数而教，学生则会为分数而学，一旦评价标准和评价手段出了问题的时候，就只会生产出一个个能够考高分而内心失衡、行为偏激、人格畸形的学生，罗某、吴谢宇、林森浩、马加爵、药家鑫等，便是这样的学生。

对于那些能考高分的优秀学生，对他的学习成绩留意，肯定没错，但更应该在意和警惕的是，他的学习成绩之外的一些东西。比如，他的行为习惯，他的心理素质，他的品格修养，他的受挫能力等。

因为对于相当一部分成绩好的学生，一方面，自我容易高傲，其他学生容易嫉妒，在班级容易被孤立，没有可以交往的朋友，没有其他兴趣爱好，没有生活上的情趣，极易形成封闭而内向的性格，心理因而也很容易出现毛病；另一方面，老师和家长对他们期望值高，他们承受的压力往往也太大，就像弓箭一样，弦绷得越紧，越容易断裂。如果他们的心理素质再出问题，完全可能走向极端，常常干出超出常理的一些事。

好老师更应该富有教育智慧和边界意识

按照好老师的标准，鲍老师应该是地地道道的好老师了。明明是周末，他不需要到校，但他还是早早来了，其他班级大都放假了，他还要放一部自己精心挑选的励志电影给他的学生看，这种宁肯牺牲自己宝贵的休息时间也要教育好学生的老师，其事业心、责任感的确令人惊叹；鲍老师上课"幽默风趣"，"平时也不苛责学生"，"总是笑眯眯的，很和蔼"，对罗某很是关心，上课喜欢叫他发言，对学生的仁慈关爱那是不容质疑的；鲍老师工作成绩突出，从一个农村普通初中调到益阳市的重点高中教化学，他过去的学生说他"认真负责、无私、严格"，是一位颇有能力的"好老师"，其学识不可谓不宽广扎实；至于在理想信念和道德情操方面，鲍老师那更是师德楷模。

　　一个如此好的老师，做到这一步已经很不容易了，按理说，我们只有敬仰的份，但是想到这么好的老师竟然遭遇如此惨祸，心里却很不是滋味。我这几天一直在琢磨，鲍老师如果在哪些方面再注意下，如果在哪些方面做得更好些，是不是就可以避免悲剧的发生呢？

　　虽然对于这一悲剧，我们不管怎么去如果，去假设，都不可能挽回鲍老师的生命，或者一切都无济于事，但是我们在思索与琢磨中，或许让我们的老师对如何做社会满意，同事羡慕，家长拥护，学生爱戴而且还能够保护自己的好老师有一个更加清晰的标准和脉络，让这样的悲剧不再重演，那不就有了一定的意义了吗？其用意也仅在于此，绝没有对鲍老师的贬低和冒犯之意。

　　我想，一个好老师除了具有责任心、事业心，具有仁爱之心，具有扎实学识，具有理想信念和道德情操外，一方面还要多些教育智慧。鲍老师在学生看了励志片后，要求每人写一篇不少于 500 字的观后感。然而他的学生罗某却明确表示"不写"，这个时候，如果鲍老师面对个性各异、形形色色的学生，能够多一些冷静，多一些理智，多一些教育智慧，能够及时调整思路，因人而异，区别对待，能够尽量寻找突破口，尽量达成你情我愿的一个共鸣点，或者干脆把这样的僵局来一个冷处理，待紧张的师生关系得到缓和后，再想其他办法进行沟通交流、批评教育，这场人间惨剧或许就可以避免。

　　另一方面更要具有边界意识。著名教育学者张文质认为，人是最难养的，大概在 20 年前，他走了无数学校后，意识到教师这个职业所蕴含的各种危险，开始大声呼吁教师要有"边界意识"，也就是说教师在关键时刻要给自己留有最后的决断力，一切都可以放弃，但不能放弃自己的尊严，健康与生命。

　　鲍老师面对罗某坚决拒绝写观后感，表示"不写就转班吧"，罗某还能忍受，随后又把他叫到办公室批评他不端正的态度，数落他最近起伏变化较大的成绩，这都还在"边界"之内，而鲍老师竟然给罗某的父母拨电话，要知道，其实学生不怕老师批评自己，学生怕的是老师当着别的同学的面批评自己，尤其是动不动就给家长打电话告状，就是这个行为触碰了"边界"，成为激怒罗某的导火索，最终招致杀身之祸。

如果鲍老师有点"边界意识"，懂得有进有退，适可而止，懂得在师生双方激烈的冲突中，如何维护学生的尊严边界，如何守护自己的生命边界，也就是掌握好这个"临界点"，则完全可以让自己不成为"教师这一高危职业"的牺牲品。

教育在反教育的路上走得很远，应该回家了

本来是天真烂漫，阳光明媚，富有爱心感恩心的年龄，为什么竟如此心狠手辣、丧心病狂？本来是充满温馨与温暖的师生关系，为什么竟有了不共戴天之仇？本来是理应得到尊重的老师，为什么不但得不到尊重，相反还要以生命作为代价？本来应该是弥漫着友谊与欢笑的校园，为什么竟这样血雨腥风？本来是启人心智、丰富灵魂的教育，为什么却培养出一个个杀人魔王？

这应该到了好好反思我们的教育的时候了！

教育是人的事业，人是教育的起点，也是教育的终点。教育的对象是人，教育者眼中要有人，心中要有人。然而更多的时候，我们是非人的教育，是功利的教育，是迎合的教育，为了分数，为了升学，为了我们一些所谓美好的愿望与目的，为了我们自身的一些利益和颜面，把学生完全当成一种工具，完全没有考虑学生的死活，完全没想过学生的身心承受能力，完全没有顾及学生的天赋和学习能力，完全没有尊重学生的意愿和权利。

教育不是让学生成为他想成为、应该成为的他那样的人，而是必须成为我们老师所设定的那样的人，于是教育没有了选择，学生没有了自由，教育完全成了一种控制，一种对学生时间上、空间上的控制，一种对学生身体上、心灵上、精神上的控制。

为了教育的政绩，为了教育的GDP，教育被窄化成反复考练，死整蛮缠，被异化成没有节假日，没有休息时间，还有没完没了的补课，被演绎成了一场你死我活的残酷战争，优胜劣汰，成王败寇，于是就有了"眼睛一睁，开始竞争""提高一分，干掉千人""只要学不死，就往死里学""不成功，便成仁。

不成功，便成坟"。

湖南沅江这所学校实行封闭式管理，一月连续上课，周末不放假，学生每周只有三个小时的放风时间，罗某想利用这三个小时时间到镇上买东西，然而却被班主任控制，要求写类似"励志报告"式的观后感，试想想，就算是我们这些成年人，如果连续一个月上班会是什么状态，如果连周末都不休息我们能够承受吗？如果好不容易盼到周末，却被无休止的加班所占用，我们又是一个什么样的心情？就即或是我们克制克制再克制，我们又能忍受多久啊？

对于16、17岁的年轻生命，其生命应该高于一切，然而作为湖南的一所承担公共教育的学校，为了所谓保住高考成绩，在乙类传染病已经大面积爆发的情况下，校方却拒绝停课放假，将大批学生置于被传染的风险之中，并扬言"不死人，不放假"，这无论从哪个角度来说，都应该是走火入魔，丧失人性，蹈入教育的反面，沦为反人类的一边。

在拙著《致教育》的封面中我便言及：对于教育，也许我们走得太快，太急，竟忘记了当初为什么出发，以至于我们的教育在"功利"和"喧嚣"的丛林中迷了路。

迷路当应知返。面对当下教育这样的一些不可思议的乱象，我们应该觉醒了，应该敢于直面了，应该拿出勇气，以一个教育人应有的良知与使命，责任与担当，情怀与情结，去做出立足自身、着眼当下的改变，让教育回家，回到那个温馨而温暖的"家"。

正如一位名家所言，中国教育不改变，孩子们会以自己的生命抗争，自然也会搭上一些教师的生命。

湖南沅江优秀学生罗某杀死自己的恩师鲍老师，便是一个印证。这既给我们敲响了警钟，也给我们擂响了改变教育，让教育回归人性，回归本真，让教育变得更加美好的战鼓！

或许我们每一个人的力量很小，但是我们每一个很小的行动，就犹如涓涓细流，最终将汇聚成波涛汹涌之势。要始终相信，只要付出，就有收获，只要行动，就一定有改变！

教育不能在野蛮中生长

近期，发生于河南南阳华龙高级中学的"手机销毁大会"引发网友热议。该校对手机的管理明文规定，在教室、公寓发现学生有携带手机的，直接放入有水的水桶内或收缴后统一集中销毁，老师在收的过程中坚持不交或者顶撞老师者，直接开除。据媒体报道，近日，这所学校就集中将数十部从学生手中没收的手机用铁锤砸毁、投入水桶。

随着智能手机和移动互联网的普及和发展，手机已经进入了人们的日常生活，也进入了我们的学习领域，中小学生用手机进行学习已是一种常见的学习方式，但是中小学生自制力差，缺乏自我管理意识，特别是现在的手机游戏名目繁多，各种繁杂信息铺天盖地，一些中小学生很容易沉迷其中，成天沉迷网络游戏，患上手机依赖症。正如一枚硬币有正、反两个面，手机在给孩子学习带来帮助的同时，运用不当，肯定会对孩子的学习产生一定负面影响，也会对孩子的视力和身体健康有着不良影响。

如果据此完全将手机与孩子们无情地隔开，这似乎既不近情理，又违背教育逻辑，让孩子接触新生事物，培养他们对新生事物的认知兴趣，激发他们的探究热情和愿望，点燃他们梦想的火花，这本身就是最好的学习、最好的教育。如果生硬地将他们与新生事物完全隔开，实际上是让孩子们关上看世界的窗口，两耳不闻窗外事，一心只读圣贤书，只做题，不解决问题，只追求分数的唯一，不顾孩子的全面发展，只为了单纯的应试，不考虑孩子学习生活的快乐和丰富多彩。

现在进入知识经济时代，对人才的需求也正变得多元，需要知识有差异、能力有差异，需要个性的差异，而且需要大量的创造和创新的人才，这种对新生事物的禁锢，对孩子的创造力、想象力无异于是一种泯灭和扼杀。

至于学校集中将数十部从学生手中没收的手机用铁锤砸毁、投入水桶，更是一种简单粗暴，缺乏耐心、细心与爱心的行为。

众所周知，教育是人的事业，是爱的艺术，是情感的传递，教育的境界是和风细雨，循循善诱，润物细无声，教育的本质是"一棵树摇动另一棵树，一朵云推动另一朵云，一个灵魂唤醒另一个灵魂"，然而对手机仅是"砸"而了之，丢进水桶"淹"而了事，如此武断、野蛮，不讲后果之举，只会在孩子心中投下阴影，种下恶果，在孩子脑海中深深烙下"粗暴解决问题""武力便能征服一切"的印迹。

鲁迅先生曾经担心，"多年的媳妇，一旦受尽屈辱熬成婆后，是否会变本加厉数倍于其婆婆？"如果我们的孩子受到如此蛮横的教育，让我们的教育在这样的险恶环境下得以野蛮地生长，让我们的孩子得以疯狂地成长，他们将来走入社会，是不是会充满戾气？是不是动不动就会施以拳脚？是不是稍有冒犯就砸车砸物砸人？

当下，校园欺凌有增无减，一些学校都在想方设法预防校园欺凌，而砸手机的做法，则可能给校园欺凌埋下隐患，甚至助推校园欺凌的愈演愈烈。

更何况宪法明确规定公民依法拥有通信自由，私人财物受到法律保护，任何团体和个人不得侵犯，而在全面推进依法治国的今天，作为弥漫温馨和美好，给人以教化和影响的神圣学校，还有担负教书育人、为人师表、率先垂范高尚使命的教育者，如果仅凭一时冲动，无视法律，践踏规则，侵犯权利，岂不是令人发指，贻笑大方？难道不应该受到社会的谴责、法律的制裁？

这种对待手机的态度和做法，就像一些学校和教师对待学生看小说、处理学生谈恋爱一样，如果仅一味采取高压政策，仅仅是靠简单粗暴的方式加以严防死守，给以撕毁和堵压，其结果只会适得其反，学校和老师管得越紧，逼得越厉害，孩子越会产生逆反心理，越会兴致倍增，想方设法，瞒天过海，把猫和老鼠斗法般的游戏演绎得淋漓尽致。而做到堵疏结合，正面引导，彰利避害，则既能起到管理和教育的作用，又有益于增强孩子们的是非鉴别能力和自律意识，还有助于孩子们良好习惯的养成。

其实，据媒体报道，不少学校在管理学生手机上也并未采用砸毁的方式，也没采用"一刀切"的严禁，而是更富有智慧的合理引导。

比如，重庆一中学的一些班级在实际管理中自发诞生了新的班干部——手机管理员。每天早上上课前，这些管理员向登记有手机的同学收取手机，交到班主任的办公室，下午放学再从老师那里统一领回手机，发还给同学们。

在云南昆明，有一个叫吴轶娜的初中老师，则在她的班上搞了一个"手机及上网公约"，其中列出了手机及互联网的一些弊端，为学生合理安排使用手机的时间提出了建议，并让家长和孩子都认可签字，孩子使用手机完全处在可以控制和监督的范围内。这份班级内部的公约出台后，基本上没有出现孩子上课玩手机或者课下无限制上网的情况。

手机对于中小学生并不是什么洪水猛兽，在电子产品泛滥、网络信息发达的大社会环境下，使用手机是每个人都很难改变的习惯，不可能逃避。当务之急是我们学校及其教育者应该与时俱进，以积极的开放与包容态度，以更加科学有效的管理方式，引导孩子们使用手机，因势利导地帮助他们运用好手机。当然，这考量着我们教育者对待孩子的情感，对待教育的智慧！

该反思"逃离"的原因

据报道，11 年前，9 岁的泸州女孩李婧磁被父亲李铁军以"娃娃到学校学不到东西"为由从学校领回了家，开始接受父亲为自己设计的家庭教育，面对女儿母亲向法院提起的诉讼，李铁军表示"宁肯坐牢也不送女儿到学校念书"。11 年过去了，尽管李婧磁坦陈，自己连初中试卷都考不及格，但李铁军却坚持认为自己的教育是非常成功的。

面对当下愈演愈烈的分数教育、应试教育乃至非人的教育，有的人一味迎合，助纣为虐，有的人出于无奈，选择妥协。然而李父却由于"护犊心切"，做出和学校教育"一刀两断"的"任性"选择，带领孩子义无反顾地"逃离"学校，扛起了以家庭教育取代学校教育的大旗。

在逃离学校的背后，有可能充斥的是人们的莫名猜测和无端指责，有可能弥漫着的是自己的不尽心酸和泪水的往肚里咽，然而此举折射出的却是对现行学校教育的极端的不信任，是对当下"唯分数至上"的应试教育的有力抨击，是对优质教育、个性化教育的热切向往与追求，是对教育本真回归的殷殷呼唤与渴盼。

其实，我们可以怀疑如李父这样的家长们的教育认知与水平，可以担忧他们的教育选择能否为孩子带来更加美好的未来，甚至可以笑话他们所采取的一些非常态、超常规的做法，但是我们不能不敬佩他们挑战教育弊端的果敢与勇气。他们以这种常人难以理解，甚至还不乏诟病的方式，给我们的教育敲响了警钟。大凡一个有良知的教育者，都不得不思考学校教育所呈现的乱象丛生与今后的何去何从。

20世纪90年代，"童话大王"郑渊洁，因为学校教育对孩子个性、创造性的不尊重，忽视对孩子真正意义上的"人的教育"，毅然决然地让儿子离开学校，开始用自己撰写的童话教材，让孩子"在家上学"，引起了当时广泛的关注。而近些年在北京、上海、深圳、成都、重庆、株洲等地悄然兴起的"现代私塾""家庭学校"，尽管一直争论不断，依然不断冲破现有体制的束缚，冲击着当下的学校教育，影响不容小觑。

教育首先是人的教育，这是教育的原点。教育，不是人人得高分，也不是个个考清华北大，按照作家六六所说"教育是植入骨髓的高贵，是危急时刻的镇定，是对社会乃至人类的关怀"。学校教育作为孩子从家庭走向社会的桥梁，首要的作用在于让孩子成为一个社会的"人"，成为一个具有健康体魄与心理、基本知识与技能、丰富情感与完整人格的人。"学校即社会"，从家庭进入学校，就是进入了小的"社会"，学生在这个小的社会环境中不断增加人生必备的生活常识、生存技能、生产知识，不断增强适应社会、改造社会的能力，为进入更大、更真实的"社会"准备着。而当学校教育忘记了"成人"的初心，被"升学"所绑架而剩下的只有"分数"，已不足以担负起"为进入社会而准备"的教育使命时，必然失去社会的信任与尊重，自然也在不少家长的眼里变得可有可无。

不管是郑渊洁用童话教育孩子，"现代私塾"里用国学熏陶孩子，还是李氏父女的"课程"安排，无不寄托了他们对孩子"全面而健康地发展"的殷切期望。单看李婧磁的日程安排，最亮眼的，是其中的体育训练与家务劳动，而这些恰恰是学校教育的短板。"短板"带来的，是我们的教育离学生健康的身体越来越远，离学生真实的生活越来越远，离学生的个性本真越来越远。

其实，教育可以有多种选择。从来没有绝对的适合孩子的教育模式，学校更不是唯一的教育场所。当下教育的家庭化，其本身就是社会开放、教育多元的具体体现。如果我们的家庭教育，遵循了教育的基本常识，具有了学科的专业知识，也许，他们更能为孩子的个性化成长，提供适宜的环境与空间，从而成为学校教育的有益补充。

　　"在家上学"能不能成为一种新的教育方式，家庭教育能不能取代学校教育，如何在法律与情感、理想与现实之间寻找到学生个性化发展的最佳途径，把孩子成长中的不利因素降到更低，这都需要实践与时间的检验。

教育其实很简单

有一天，一农村学校校长对我说：校园有点空地，想投入一些资金搞校园绿化。

我问：怎样绿化？

校长说：找绿化公司栽植一些名贵树。

我又问：为什么要绿化，为什么一定要栽植名贵树？

校长答：校园有了绿化，校园就靓丽些，就会多些生机，校园能栽植些名贵树，校园就显得高大上，就有了品位。

我说：校园的品位，不一定要有高楼大厦，不一定要有宽阔的塑胶运动场，也不一定要有名贵树，只要我们有好的办学思想和理念，好的教师队伍，好的管理团队。我们的乡村学校，都置身于大山环抱之中，四周花草掩映，树木葱茏，层林尽染，绿树成荫，大自然天造地设的这一切，不就是我们乡村校园最宝贵、不花一分钱就拥有的天然绿化吗？我们所处的环境不就是一个天然氧吧吗？还用得着花钱去搞校园绿化，去栽植名贵树吗？岂不是多此一举？

当我谈了这些，校长似乎有所悟！

我接着反问：校园有这么好的一块空地，为何不利用它搞一个种植园，交给孩子们种植呢？

校长眼神略带异样，似乎还不明白，为什么不绿化，而非要去弄一个种植园。

我对校长说，搞绿化，对于校园，只是一种点缀和装饰，一种展示与呈现。而种植，对于孩子，却是一种参与，一种尝试，一种养成，一种学习。尽管绿化可以让校园变得靓一些，美一些，但它毕竟缺乏了孩子们的参与，没有他们心血和智慧的付出，那些形式上的东西缺乏教育的意义，不是真正的教育。

然而搞一些种植园，让孩子们参与其中，动手劳作，亲自实践，既能够让他们学到劳动知识，养成从小爱劳动的品行和习惯，懂得劳动的艰辛和劳动创造一切的美好，珍惜劳动成果的来之不易，又能够培育他们对生于斯、长于斯的这方土地，以及在这方土地上日夜耕作、繁衍生息的我们的祖祖辈辈的热爱之情，敬畏之感，而且更重要的是种植更多地体现了一种生长过程，孩子们能够从这些农作物的嗞嗞拔节中感受到自己同农作物一起生长，领略到自己的不断向上成长。

而且我还谈到，有了种植园，孩子们从教室来到田间地头，从书本走向动手实践，这不仅是一般意义上的劳动，而是生动的教材，是活的教育。校长眼睛一亮，似乎茅塞顿开。

对于这种活的教育，我当时还向这个校长讲了陶行知对活的教育的一个很形象的说法，陶行知说：鱼在岸上，你若把它放下水去，它的尾和鳍，都能得其所哉，行动不已。鸟关在笼里，你若把它放到树林里去，它一定会尽其所能，前进不已。活的教育，正像鱼到水里鸟到树林里一样。活的教育，好像在春光之下，受了滋养似的，一天新似一天。

几个月之后，再去这个学校，校园里已经有了孩子们喜欢的植物园。校长给我讲，一到了劳动时间，孩子们就像从岸边游入到水中的鱼儿，从鸟笼里飞到树林中的鸟儿，他们尽情嬉戏，尽兴鸣叫，种植园荡漾着欢快的笑声，让校园随时都弥漫着一种快乐和幸福……

对于学校，校园文化的确很重要，校园里任何一件不起眼的东西，只要给它烙上文化的印记，就会远远超出其本身的价值，任何一所学校，哪怕是不起眼的小学校，校园有了自己的文化基因，有了自己的文化符号，有了自己的文化"味道",学校就会焕发出蓬勃的生命力。

但是做校园文化不能为了文化而文化,更不能为了文化去劳民伤财,去搞一些商业文化、匠人文化、形式文化。

这些年,我们一直反对商业文化、匠人文化、形式文化,那种一说到做校园文化,就靠烧钱的方式,请匠人、邀文化广告公司去打造包装,虽然最后看上去很博眼球,但那不是真正的文化。

在校园文化建设上,我们一直主张师生动手。其实,让师生动手的过程,就是提升发展我们的素养和能力的过程,就是让我们的身心及灵魂受到熏陶、浸润和改变的过程,就是在其乐融融的氛围中,师生相互认知了解,构建良好师生关系的过程,当然那更是节省资金,用较少的钱做出更实用、更实在的文化的过程。

当然,有可能我们靠自己动手的文化还很稚嫩,还不成熟,甚至还留有遗憾,但她毕竟是我们自己付出的心血与智慧。这就像我们自己做的一碗面条,虽然味道不是最好的,但它毕竟是我们自己动手的成果,这更像我们自己的孩子一样,虽然不是最聪明、最漂亮的,但他应该是最可爱的,我们会投入更多欣赏的眼光和爱的关注!

就是基于这样的认识,一点一点地探索,一步一步地走来,如今,许许多多的校园少了一些高大上的绿化,多了一些生机盎然的种植园、种植墙、庄稼地,少了一些商业、匠人气息的文化,多了一些接地气的师生动手的成果,少了一些仅仅体现、呈现和展示的虚无的形式,多了一些充满灵动的校园感动和真实,少了一些空洞干瘪无味的形而上的说教,多了一种自然式的、过程式的、参与式的、浸润式、生活化的教育。

其实,教育很简单,做教育并不复杂。教育很多东西并不深奥,也并不神秘。有效的教育往往就在身边,鲜活的教育往往就在眼前,美好的教育往往就在日常的生活里,最生动的教育往往就在师生动手的实践与创造中。

涿鹿课改带给我们的启示

网上疯传的河北省涿鹿县教科局局长郝金伦的辞职演说以及悲情结局，在全国上下引起轰动，并引发了教育内外的热议。郝金伦局长担任教育局长三年来，面对传统课堂的种种弊端和教育质量提升难的瓶颈，在全县中小学推进了"三疑三探"的课堂教学模式改革。

从郝局长的辞职演讲中，我们能够强烈地感受到郝金伦局长浓浓的教育情怀，热切的改革愿望，以及一个教育人应有的教育良知。为推动区域课改的有效进行，他孤军深入，大刀阔斧，坚定不移，赴汤蹈火，在所不惜，舍弃名利追求，置个人得失而不顾，其改变教育之精神，感天动地，其发展教育之拳拳心，日月可鉴。

尽管郝局长他有"虽千万人吾往矣"的气度，有"俯首甘为孺子牛，横眉冷对千夫指"的豪情，然而他这一切的用心与努力，一切的执着与坚守，却是以家长上街拉横幅并上访提出罢免局长而登场，以县委县政府研究决定，全面停止这种模式而告终，以自己的辞职和激情演讲而画上了一个值得思考的感叹号。

满腔热血搞课改，为什么却得不到人们的认可与支持？敢于拿政治前途赌课改，为什么结局竟是如此的悲情与壮烈？甘愿做出牺牲为让教育换新天，为什么还遭受如此多的质疑与否定？

一方面说明改革是漫长而艰辛、复杂而险恶的，改革是会经历分娩般的阵痛的，改革甚至是会付出流泪且流血般的代价的。因为改革是对传统东西的抛弃，是对固有观念的破除，是对旧有势力的挑战，是对既得利益的摧毁。为什么很多人习惯于因循守旧，安于现状，不求变化？为什么不少人在改革面前畏首畏尾，瞻前顾后，惧怕改革？为什么任何一项改革都会遇到空前的阻力，都会招致一些是是非非，说长道短？其原因就在这里。

其他改革如此，教育改革亦然。面对当下教育上的墨守成规、生硬灌输，面对老师板起面孔的空洞说教以及挥舞教鞭体现的无上的权威，面对孩子们的双手靠背、正襟危坐以及无条件的接受和战战兢兢的服从，面对课堂上的静若寒蝉、死气沉沉、毫无生机，河北涿鹿郝金伦局长毅然决然推进课堂改革，然而这场改革从最初发动到所经历的种种曲折艰辛，以致最终的流产，就能越发感受到改革到底有多难！

另一方面说明改革不仅需要良知、需要担当、需要胆魄，改革作为一条看不见的战线，还需要常识、需要方法、需要智慧！

首先课堂改革需要常识的回归。教育是人的事业，是慢的艺术，教育需要春风化雨，无声润物，需要积淀浸润，慢慢生成，需要因势利导、趋利避害，需要先易后难、各个击破，需要稳扎稳打、步步为营。课堂改革绝对不能急躁冒进，绝对不能急于求成，绝对不能搞成轰轰烈烈的政治运动。

其次课堂改革需要包容的胸怀。学校有学情、班级有班情、老师有师情、学生有生情，更何况教育有其自身的规律性和不确定性，因而课堂也充满着很多变数。再好的鞋子只有适合的脚才能穿，再好的衣服只有合体才合身，再好的饭菜只有合口才合味，再好的教学模式只有适合学情、班情、师情、生情才有效。教无定法。教学模式绝不能搞"一刀切"，在一个区域整齐划一地推进同一种模式肯定不具有普适性。如果不切实际地将教学模式固化，必然导致教师对教学模式的过度依赖，必然束缚和伤害教师在教育教学活动中的主动性和创造性，必然影响到个性化教学的探索以及学生个性化的成长与发展，也必然带来相应的困难和阻力。

教育管理者要推进课改可以引导，可以助力，但是必须具有开明的心态，包容教师、包容课堂、包容创新、包容探索、包容一切有利于孩子和课堂的教学模式。

再者课堂改革需要良好的关系。好的关系胜过好的教育。这里所说的"关系",不是指的世俗意义上的人际关系,而是一种氛围、环境,一种和谐、协调,一种支持、认同,一种关切、关照,教育不是生活在真空里,教育的一切都置于复杂的社会与人际关系中,教育不可能单兵作战,教育需要大家互助同心、结伴同行,需要众人拾柴、抱团取暖。离开了这些,教育发展包括课堂改革将障碍重重、寸步难行。有一句诗"海内存知己,天涯若比邻",首要的前提是"知己"才有"若比邻",根据涿鹿课改情况,让我感觉到"知己"的确甚少。正如郝金伦局长所言,他"感觉就像大漠追杀匈奴,回头一看,援兵没了,粮草切断,孤军深入!"

区域教育改革和发展是一项系统工程,涉及与社会经济之间的关系,涉及与党委政府之间的关系,涉及与家长学生之间的关系,涉及与校长教师之间的关系,教育局长需要做的就是通过深入沟通、充分协调,对方方面面、上上下下施以积极影响,改变其对教育的态度,达成对教育的共识,消除对教育的误解和误读,减少教育改革和发展中的一些无序冲突,从而形成教育发展的合力。

在这样的一个功利与浮躁的时代,如果没有教育发展良好氛围的营建,没有一个良好关系的平衡与构建,你再有美好的愿望,你照样会成为又一个堂吉诃德。就像马云说的:今天很残酷,明天更残酷,后天会很美好,但绝大多数人都死在明天晚上。

课堂改革需要专业的引领。课堂改革固然需要行政推动,因为局长、校长手中掌握着很多资源,可以说课改离开了局长、校长的推动,就没有真正的课改。然而课堂改革如果没有理念引领,教师不能从观念上得到转变,思想上受到教益;如果没有典型引领,让教师不知所措,无所适从;如果没有专家引领,不能让事实说话,不能让教师对课改有深度的获得感,不能让教师从真真切切的课堂教学效果和教育成果中吸引他们自主参与,自发投入;如果课堂改革仅完全依靠行政手段和方式生硬地推动，今天一个会议，明天一个文件，后天一个通报，外后天一个处分，这样的课改绝对搞不下去，最后只会因带来众多的反感而适得其反、浅尝辄止、半途而废。

同为教育局长，我首先应该为郝金伦局长的改革勇气和改革精神点赞，这一点，我等自叹不如。但是为了更好地推进教育改革包括课堂改革，对涿鹿这场以失败而结束的改革我们完全可以作一些反思和探讨，因为我们一是作为旁观者，很多东西容易看得清，所谓"旁观者清，当局者迷"。二是作为教育变革的参与和见证者，个中滋味更深有体会。同时，在这个岗位上干得长一点，其自身经历的教训也相对多一些。

有感而发，一吐为快，愿就教于大方之家，也愿教育改革变得更为平坦、顺畅而有效！

最好的关爱是爱的教育

近年来，随着经济的发展，进城务工人员逐渐增多。与此同时，农村留守儿童的学习、生活、心理等问题也成为社会关注的重点。为促进留守儿童健康成长，继国家出台的《关于加强农村留守儿童关爱保护工作的意见》于今年 2月发布之后，截至目前，已有山东、福建、浙江、云南、吉林、宁夏、安徽等26 个省份出台实施意见，并结合当地实际情况提出了具体措施。

从具体的举措来看，不管是不让不满 16 周岁儿童单独居住也好，还是为农民工家庭提供更多帮扶支持，引导扶持更多农民工返乡创业就业也好，不管是对农村留守儿童受教育情况实施全程动态管理也好，还是建立农村留守儿童档案和联系卡制度也好，不管是加快孵化培育社会工作专业服务机构、公益慈善类社会组织也好，还是通过政府购买服务等方式开展为农村留守儿童监护专业服务也好，我以为，这些虽然对关爱留守儿童会起到一定的积极作用，但这些都还仅仅是治标之举，要从根本上做好农村留守儿童的关爱保护工作，还必须下力气办好乡村每一所学校，让乡村每一个留守儿童能够真正享受到爱的教育。

其实从我们很多人的成长经历来看，较之物质及其他方面，爱的缺乏对孩子的心智发育和心理健康影响最大。现在的留守儿童，有家庭经济条件的好转，有国家资助政策的保障，还有目前精准扶贫的推进，在生活及温饱上应该不成问题，而他们最缺少的是爱。

当然这种爱的源泉首先当然是孩子的父母，但既然打工是中西部地区众多为人父母者迫不得已的选择，而且这在较短时间内不能消除，甚至在整个社会转型时期都是必须面对的一种现实必然，那么我们的乡村学校就应该义不容辞地担当起对留守儿童"爱"的责任。虽然这个担子好沉，但是职责所在，使命所然，尽管这个担子任重道远，但是挑与不挑大不一样。

一方面，我们应该本着教育人的责任与担当、良知与使命，建好每一所乡村学校，让乡村学校校舍优美，条件齐备，设施充足，功能完善，环境舒适，实现学校的全面上档升级。"让每一所乡村学校都不能薄弱"。

另一方面，坚持乡村教育体现乡土本色，充满乡土气息，办出乡村味道，让乡村孩子对乡村有着一份特殊的情感；坚持立德树人，深化教育教学改革，不断规范办学行为，开齐上好每门课程，切实减轻课业负担；坚持不唯分数、不唯升学率，既对孩子当下负责，又为他们未来幸福人生奠基；坚持多一把尺子，多一种标准，多一些期待，多一份可能。"让每一所乡村学校都内涵起来"。

同时，应该让校园弥漫着温馨和爱，"让每一个孩子都不被落下"。留守儿童大多家境不很好，自身学习条件也不优越，他们来到学校不仅是来这里学习的，更是来这里生活的，他们不仅需要得到文化知识的掌握，更需要得到饮食起居的照料，得到师情友情的慰藉，得到亲情父母情的补偿，他们不仅需要得到应有的分数和成绩，更需要得到兴趣爱好的培养，得到希望梦想的放飞，得到个性的张扬和精神的成长。

没有爱就没有教育。没有对留守儿童的爱，便没有真正的教育。这就要求我们的学校更应该给留守儿童多一些阳光雨露，多一些爱的滋润，多一些心的呵护，多一些精神层面的关照。

比如，尽力配齐心理健康教师，建立专业心理辅导员队伍，让所有留守儿童都能接受心理辅导；建好乡村少年宫，让每个留守儿童有各种各样的社团活动可以参与，让他们在丰富多彩的活动中既爱上学校，爱上学习，又能找到志同道合的伙伴，既迸发他们的智慧与活力，又让每一个留守儿童都变得阳光与自信，都能在校园里抬起头来；建好"留守儿童之家"，让留守儿童有条件与父母在网络见面与交流，让每个留守儿童不再孤单，不再无助，在这里找到家的温暖和感觉；对留守儿童还要经常家访，了解他们的情况，还要给他们的监护人传授正确的家教方法，让这些父母没在身边的儿童也能享受到良好的家庭教育，从而收到与学校教育同步的效果。

"希望上天给笨孩子一个矮树枝"，这"矮树枝"就是爱，只要教育有爱，让每一个留守儿童都有枝可依，他们就会在自己的春天里绽放出美丽而迷人的花朵！

没有惩罚就没有教育

没有爱就没有教育，同样，没有惩罚也没有教育。惩罚作为一种必要的让孩子产生敬畏之心的教育方法，不同于体罚，也不等于对孩子的挖苦讽刺、谩骂侮辱、人身攻击。

苏联教育家马卡连柯有过这样的著名论断：合理的惩罚制度不仅是合法的，而且也是必要的……适当的惩罚，不仅是一个教育者的权利，也是一个教育者的义务。

夏丏尊在春晖中学时，和匡互生、朱自清、丰子恺、刘薰宇、朱光潜等一起实行"爱的教育"。一次学生宿舍发生赌博，事情不大，影响极坏，夏丏尊、匡互生、刘薰宇等老师立即组织调查，弄清真相。东窗事发，涉事学生已感到惶惶不可终日，被老师叫去询问时流下了悔恨的眼泪，老师抱着治病救人的诚意和他们一起流泪，师生心灵相碰撞，感情相交流，应该说达到了让学生认识错误并改正错误的教育目的，但是为了让学生吸取深刻教训，同时为了警醒其他学生不重蹈覆辙，几位老师又经过认真讨论决定对他们如何惩罚，最后达成一致意见"交学生协治会自行解决，而要求校务会议的容纳"。协治会根据情节轻重将十个当事人的处罚分成两类：为首的两人，两个月内每天写一寸见方大字 96 个，并倾倒宿舍楼的垃圾和痰盂；另外 8 人，每礼拜三打扫教室一次，为时一个月。校务会议容纳了这一意见，事情就这样既得到了妥善处理，又收到了很好的教育效果。

北京十一学校，其办学定位是培养中国栋梁，世界精英，应该代表着当下中国基础教育的发展方向，我们去学校考察，学校设有两间惩罚室，陪同的人员给我们介绍，学生中有犯错误的，同样必须到这里接受处罚。

然而在教育界中一度将惩罚与体罚混为一谈，教师对学生必要的惩罚还纳入讨论的范畴，学生犯了错，究竟该不该惩罚，有的把教师对犯错学生所进行的必要惩罚，竟视作师德师风问题，对教师进行批评问责，以至于教师对犯错误的学生不敢大胆管，不能及时进行处罚，让这些学生因缺乏敬畏意识而恶习不改，得寸进尺，明目张胆，为所欲为，在错误的道路上越走越远。近些年，校园欺凌事件层出不穷，愈演愈烈，愚以为，与对问题学生的容忍与放纵，对他们失去应有的及时的惩罚不无关系。

日前，教育部等九部门印发《关于防治中小学生欺凌和暴力的指导意见》。意见强调，对实施欺凌和暴力的学生必须依法依规采取适当矫治措施予以教育惩戒。对犯罪性质和情节恶劣、手段残忍、后果严重的，必须坚决依法惩处。这给广大教育者吃了一个定心丸。

当然，在惩罚教育和体罚之间，应该有着明确的尺度和界限，这个尺度和界限就是马卡连柯所强调的合理性和适当性，也就是要让学生在接受惩罚的过程中不能损及学生的身心健康，学生不能受到身体的伤害和精神上的屈辱，而且又能够触动学生的灵魂，让学生受到深刻的教育，能够达成教育目的。

很多人对美国前总统林肯在幼年时所受到的惩罚教育赞叹不已，林肯十二岁时曾打碎别人家的玻璃，他的老师杰克对林肯的行为不是听之任之，也不是简单地指责，而是借他15美元赔偿受害者，并要求林肯一年之内一定还他钱。林肯为偿还老师的债，拼命地打工，最终还清了债。杰克老师对小林肯的惩罚非常高明，他让小林肯在不知不觉中学会了承担，懂得了对自己的过错负责。

还有英国解剖学家麦克劳德在小的时候所受到的校长让他"画狗体解剖图"的惩罚，更是巧妙绝伦。一天，几位淘气的学生为了看一看动物的内脏，把校长的狗给杀了。校长非常气愤，处理方式却让人意想不到：罚学生画一幅狗的骨骼图和一幅血液循环图。闯了大祸的学生只得认真地画好了两张图交给校长。校长见学生认错态度较好，图形画得仔细，便免去了对他们的处分。没有料到的是，校长的惩罚竟然激发了学生对解剖学的极大兴趣。那位带头杀狗的"坏学生"就是后来获得诺贝尔奖的英国解剖学家麦克劳德。

然而，我们的一些所谓的惩罚教育行为，其实就是粗暴的体罚或者变相的体罚。比如，学生作业没做完，让学生站在讲台面向全班同学下跪，并打自己的耳光，学生因被子未叠好，在中午烈日下，让学生头顶棉被做深蹲、俯卧撑、蛙跳等。

这种对学生带有体罚性质的惩罚，不仅有辱师德，更重要的是这种教育方法让学生始终觉得他们的老师"很可怕"，不利于学生自身潜力的发掘和快乐成长，同时对学生身心健康会带来严重的伤害，甚至还会给学生未来人生留下永远的伤痛和阴影。

教育与简单粗暴从来是不相容的，但只要把握好惩罚教育的度，并巧妙地运用惩罚来教育学生，惩罚便是一种教育的手段，也是一门教育的艺术，甚至更是一种有效管用的教育资源。

生活化的教育更有意义

据报道，在重庆市巴蜀小学 6 年级 11 班，37 个孩子，个个是大厨。前两天，田冰冰老师让孩子们梳理的"美食备忘录"中，每个孩子都会 20 个左右的拿手菜。而这门"手艺"得益于他们从 2 年级就开始的一项家庭作业。初学做饭时，是先放油还是先放菜孩子们都搞不清，有孩子将菜炒弄成了一锅汤，还有孩子刚开始切番茄，不知道该切多大块儿，更有孩子做菜根本就不记得还要在菜里加盐。

田冰冰老师说，会做菜看似一个普通的活动，在坚持中督促学生回到生活实践中去，热爱生活，懂得生活，通过生活小事的锻炼，能够自食其力，用行动来服务于家人，共同热爱生活，享受生活。"把普普通通的活动反复做，强化做，形成班级传统保留项目。日积月累，才有可能去改变学生的习惯，内化于心外化于行，形成伴随学生终生的基本素养。"

这种让生活走进教育、走进课堂，把生活与教育与课堂紧密结合的做法，确实值得点赞和推崇！

教育即生活，生活即教育，生活是教育的海洋。教育是为了生活，为了当下孩子的学习生活，为了孩子走出校园之后的漫长的人生生活。教育与生活应该是唇齿相依，是一个有机的整体，教育不能脱离生活，生活应该贯穿于教育的始终。如果教育远离了生活，教育就会成为无根之草，无本之木，教育就会失去其应有的本真，这样的教育是空洞的，是枯燥乏味的，是没有持续力和生命力的。

陶行知在 20 世纪那样白色恐怖的年代，都极力主张生活教育，他认为远离生活的教育不是真教育，不是好教育，脱离实践的知识是虚的，不实用的。他曾指出，"生活教育与生俱来，与生同去。出世便是破蒙；进棺材才算毕业"，他还指出，"到处是生活即到处是教育，整个社会是生活的场所，即教育之场所"。

记得小时候，学校经常组织我们学生到田间地头参加农业劳动，挖地、拾粪、播种、锄草、收割……就是在读师范时，劳动也是必修课，大家在一起，积极参与，背挖挑担，各尽所能，协作配合，笑声不断，其乐融融，哪怕当时觉得有点苦累，但是学习了技能，懂得了稼穑，强健了体魄，增进了友谊，锤炼了意志，也明白了生活需要更加热爱和珍惜的道理，现在想起来，仍有一种快乐和幸福的感觉。

然而现在一些地方的教育在功利与势利的驱使下，完全被应试化，应试教育仿佛是一个看不见的紧箍咒，把孩子紧紧地箍进考试升学的小圈子里，在他们的世界里，只有分数和成绩，只有反复的考练，只有题海战术，只有耗尽时间和体力一味接受知识的"灌输"，教育远离了生活，完全去生活化，孩子们除了能够被强行掌握一些书本知识，能够被考试、被应试之外，对外界不了解，对一些生活常识一概不知，教育所培养出来的"手不能提篮、肩不能担担"，"四体不勤、五谷不分"，"饭来张口，衣来伸手"的书呆子越来越多，甭说城里的学生，就连农村的孩子，不辨菽麦的也大有人在。

古诗云："谁知盘中餐，粒粒皆辛苦。"试想，如今的孩子，连小麦、韭菜都分不清楚，连水稻、玉米都不知道长啥样，从小就没接触过农活儿，从来就没有帮助父母干过家务，不知晓我们祖祖辈辈在这块土地上繁衍生息，一路走来的艰辛，不知道吃穿用的从何而来，他们怎么能爱惜粮食，体味出"粒粒皆辛苦"的真正含义？他们怎么能勤劳节俭，具有对劳动人民的朴实情感，从小养成热爱劳动的习惯呢？他们又怎么能对这片土地、对我们的祖先、对养育自己的父母心生敬畏呢？他们还会有爱心、有孝心，有好的品行吗？他们没有和大自然的接触，连大自然的花花草草、虫鸟鱼虾都不能识别，连美丽的大自然都没有时间走进和体验，他们还会热爱大自然，爱护我们的生存环境吗？他们没有接触生活的机会，不懂得什么是生活，也不知道怎样生活，他们又凭什么能自信而洒脱地面对自己未来还很漫长的人生生活呢？他们会拥有一个快乐而幸福的人生吗？

教育的最终落脚点是"人"，是全面发展的人，是将来的社会人，是未来能够独立生活的人，是各行各业的合格公民，因此，孩子当下的生活和将来的生活状态应当是教育所必须关注的。

一方面学科教学要善于挖掘学科知识背后所蕴含的那一段段或深或浅、或宽或窄的生活因子，站在这种因子之上去组织教学，教学才会有生命的活力，学生也才会有学习的动力与兴趣。学校教育绝不能只是仅仅停留于知识层面的传授，更不能只是仅仅停留于狭隘地让孩子背诵一些语段篇章，机械地记下一些公式定律，或者仅一味地为了会解答多少试题。

另一方面应该本着从对孩子未来人生及生活做准备的角度，针对孩子未来的生活中什么是他们需要的人文素养，什么是他们必备的生存技能、生活能力，在教育教学中做好对接，注重孩子日常生活习惯的养成，面对未来生存技能、生活能力的培养，当然也包括他们良好性格和优秀品格的练就，这些比单方面的知识掌握更重要。

同时引导孩子将学到的东西应用到生活实践中去，可以去解决生活中的问题，可以去攻克生活中遭遇的一些难题，或者可以去探寻自己未曾涉足领域的一些课题，一旦孩子们运用所学知识能够解决一些问题、攻克一些难题、探寻一些课题时，则会更加调动和迸发出他们的学习热情。

除此之外，还应该开放教育，开放课堂，让教育及课堂走进大自然、走进现实生活，或者让大自然中的美妙与奥妙，现实生活中的一些素材与教材走进校园、走进课堂。人有什么样的生活经历，就会获得什么样的生活体验。人生很多重要财富的获取主要不是依靠说教，而是源于生活体验。因此，我们应当在教育中创造各种机会，让学生接触更加真实的社会，放眼更加广阔的世界，体验更加丰富多彩的生活，以促进其健康人格的形成，促使其更加深刻地体悟生活和生命的意义。

把教育的一切融入生活中，让教育走进生活，贴近生活，这样的学校才是好学校，这样的教育才是真教育。

"无用"的教育让教育更温馨美好

记得我写过一篇教育的"有用"和"无用"的文章，曾发表于《中小学管理》，而且收录于拙著《回归教育常识》中。

又是一年一度的高考和中考了，于是同样想到了这一话题。在冲刺高考、中考最关键的时刻，在我们的中学校园，可以想象，那是一幅幅多么"气势恢宏"与"磅礴壮观"的画面呀！"眼睛一睁，开始竞争""只要学不死，就往死里学""生前何必多睡，死后自然长眠""我们是狼，一群吃肉的狼，狭路相逢勇者胜，我们，必胜！"这便是真实的写照。孩子所有的时空，被各种各样的强化训练、诊断考试所淹没和充塞，甚至他们的一呼一吸，一举一止，一言一行，都在为了"有用"的分数而赤膊上阵，这也是不容质疑的事实。

好好复习，准备应考，然后考一个好分数，上一个好学校，这本无可厚非，但我要说的是，如果一切都是冲着"有用"，把很多看似"无用"的东西完全忽视了，这就不正常了。

其实，学习的效率，人的生活质量，人类真正的幸福，恰恰是那些我们看似"无用"的东西带来的。你说，音乐有用吗？美术有用吗？诗歌有用吗？文学有用吗？从果腹、蔽体乃至仅仅为了一息之生存的角度来看，这些都没有用。可是，假如这个世界上没有了歌声，没有了绘画，没有了诗歌，没有了文学，人类又将是一个什么情况？人们的生活又是一个什么状况？

学习人类史，我们都知道，人类从远古走到今天，一直没有停止对美与艺术这些看似"无用"的东西的向往与追求，就即使在半坡时代，当时人还是处于原始人阶段，在那样一个阶段，可以说是衣不蔽体，食不果腹，但那个时候的人都懂得在他们住的洞穴里的墙壁上画上一些画，在土墙上粘贴一些树叶花草，也就是现在的壁画、粘贴画，人类从远古一路走来，因为一直有了美与艺术的陪伴，还有对美与艺术的探寻与创造，才一步步走到今天，也才有了现在人类的美好时代和幸福生活。假如人类社会在这样的一个进化过程中，只有对为了一息尚存的一些"有用"的东西的追求，而失去了那些许许多多看似"无用"的创造与陪伴，人类社会还能够走到今天吗？

在我们身边有一些人，他们尽管没有读过多少书，有的甚至是文盲，但是他们有对美的最朴素的理解，有对艺术的一些朦朦胧胧的表达，他们在过年的时候，要在门上贴年画，有的还要请人写春联，把柱子、门楣贴得满满的，一家人在吉祥与喜庆中过春节度元宵。有的在劳作间歇，唱唱山歌，对对民歌，有的还要在田间地头、高山之巅，放开嗓子吼上几句川剧秦腔，把每一个劳动日子乃至劳苦的日子过得有滋有味。

我的祖父祖母，他们不识字，没有文化，但他们脑子里却装着很多传说故事，小的时候，在有星星的夜晚，在那寂静的山村小院，家族里的一群娃都会赖着祖父祖母给我们讲传说、讲故事，可以说，我的童年是泡在他们一个个生动而有趣的传说故事中度过与成长的。

就是这些"无用"，有了人类的发展，有了社会的进步，有了文明的薪火传承，同时也把普通的日子、平凡的生活点缀得多姿多彩，让大千众生有了幸福的滋味与感觉。

如果我们的教育完全功利到只有分数，只有考试，只有升学，而没有了音乐、诗歌、绘画、舞蹈、体育，没有了艺术的情趣，没有了美的欣赏，没有视听的享受，没有身心的愉悦，没有灵魂的共鸣，我们所培养出的学生听到蛙叫鸟鸣，听到流水潺潺，听到天籁之音，看到美丽的大自然，看到盛开的鲜花，看到日出日落，看到身边的一切美好，他们僵化木讷，机械呆板，没有一点反应，没有任何表情，也就是说，我们所培养的是只会考试的机器，他们没有美的感觉，没有审美的情趣，没有艺术的眼光，没有对美与艺术的认知和追求，没有对美好生活和艺术的期待与冲动，这样的教育还能叫"教育"吗？这样的教育能够培养出正常而懂生活的健全人吗？

就即或现实的教育能够让他们获得一个高分，能够上一个好大学，然而有一天他们从象牙塔走出，去面对生活与人生时，他们的生活会是一种什么状态呢？他们的未来人生又会是一个什么情形呀？

一个从小没有享受过自由与闲暇，一个让学习与补习、让考试与训练把生命填得满满的，一个只接受"有用"教育，而从未接受"无用"教育的孩子，长大之后一定不要指望他会产生什么思想与智慧，生成什么个性与情趣了，当然更不要奢望他会有什么爱心与孝心，责任与担当！

资中筠先生曾经大声疾呼，如果应试教育不改，中国人种都会退化。这绝非危言耸听，很多学生除了分数，眼里什么东西都没有。既没有民族大义，也没有人情伦理，一些学生甚至连异性都不感兴趣了。这不是人种退化是什么？

想一想，这就是"有用"教育所带来的恶果！

人成其为人，最本质的东西是什么？不是一时的分数，不是一学就会的技术，而是人文，是美，是艺术，是心灵的舒展，是灵魂的皈依，是精神的成长。朱光潜说，求知、想好、爱美是人类的天性，教育的功用就是顺应人类的这些天性，使一个人在这三个方面得到最大限度的调和和发展，以达到完美的生活。

我们的孩子，在这节骨眼，在这紧张的复习应考之余，如果能够学会调节与放松，如果我们的学校能够给孩子们松松绑，能够提供一些"无用"的教育，能够营造一种温馨与宽松的氛围，如果我们的老师能留一些时间让孩子去做一些"无用"的事，比如，听听音乐、喝喝咖啡、打打球、翻翻闲书、看看电视，甚至散散步、同学之间唠一些嗑，绝对会比一味拼"有用"效率高、效果好。或许，在高考、中考之后，再去作总结，就会少很多很多的"假如""如果"……

藏传佛教大师宗萨仁波切曾说：在日本，我看到六个工人在修路，其中四个人在马路边给行人道歉,两个人在修路。从经济和效率的角度看,四个人道歉,两个人修路,这成本太高了。但是,正是这样看似对修路"无用"的行为,让世道行人变得温暖。

近日看到"杂交水稻之父"袁隆平的口述,他抗战后期就读于重庆博学中学,这是从汉口迁来的一所教会中学,为英国基督教伦敦会所办,校址是在重庆郊区的一个叫南岸黄角垭背风铺的地方,虽然校舍简陋,除了一栋半砖瓦半黄泥的学生宿舍,其余都是竹片黄泥房,却有一片风景美丽的山林,四季都是鸟语花香。尽管七十多年过去了,在岁月流逝与淘洗中,停留在老人记忆深处的却是那些与教育看似无关乃至"无用"的美丽山林,还有鸟语花香。

台湾心理学家游桂乾先生在回忆他的童年时代时说,他的童年生活充满了爬树、游泳、垂钓、摸蚬……全是些无用之事,"可是这样的小学生活,却是我活至现在为止最美的时光,我常常在夜阑人静时想起这一段,嘴角仍会泛出一抹浅浅的笑"。

如果我们的教育有一天能够多一些"无用"的行为和"无用"的东西,教育就会从那一天开始,将会变得更加温馨而美好!

"发钱减压"无异于掩耳盗铃

据网络报道，江苏扬州，随着 2017 年高考临近，扬州市蒋王中学为每位备战高考的高三学生发放了两张 5 元崭新连号人民币留作纪念，通过发"喜钱"的方式，帮助学生释放紧张情绪，以平和、乐观心态迎接高考。而且在教室前面挂着"金榜题名马到成功"的红色灯笼。

其实，这并不是多新鲜的事，早在两年前，河北衡水二中就这样做了。一到了高考季，类似这样的奇招减压、奇葩祈祷祝福很多，而且轮番上演，"撕书狂欢"，"烧书发泄"，校长带领高三老师和学生集体烧香拜佛，妈妈群体穿旗袍寓示"旗开得胜"，高三陪读家长争相抢着拜"神树"差点引发火灾，这些良苦用心，为的是舒解考生的情绪，释放考生的压力，祈祷自己带的学生或者孩子高考能有个好"收成"。

且不说这样的另类作为，是科学还是迷信，但最起码的一点，无不折射出了当下家长、学校乃至社会对高考的集体焦虑，还有教育方向的迷失。

高考，说到底，就是一场考试，它虽是我们人生重要的一步，却不是人生唯一的出路，也不是人生的决定之门。赢得高考，不一定赢得人生，输在高考，并不一定就输掉自己未来。

然而"一考定终身"的高考制度与单一僵化的教育考核评价机制，还有单位用人上的陈旧观念和种种设限，让人心浮躁功利，让学校唯升学率是从，让学生压力山大，让全社会陷入为高考不断层层加码、集体恐慌不堪的怪圈。

发钱就真的能为孩子减压吗？我以为，孩子或许本来对高考能够从容淡定，冷静应对，没有什么负担，但是有了学校这样的"恩赐""提示"和"强化"，似乎"抽刀断水水更流""借酒消愁愁更愁"，由此让孩子在考场内外不得不在"惦记"与"牵挂"中给自己不断施压：一定要考好啊，千万不能失败呀！如果考砸了，且不说对不起老师、父母，单就学校这样的良苦用心，还有那种说不出来的"祝福"，怎么对得起呀！这样相反会给考生制造和带来莫大的压力。

"养兵千日，用兵一时"，学校在这个时候，最应该的是以一种平常的心态迎接高考，学校的平常心态将影响和决定着考生究竟以一个什么样的心态去面对高考。学校又是发钱，又是挂红色灯笼图吉利，这说明什么呢？只能表明对取胜高考已完全缺乏一种"自信"，还未临场便心虚，乱了阵脚，以借此给自己壮胆和自我安慰。

高考是一份社会大试卷，不仅考的是学生，对教育者也是一场大考。作为学校，与其临时抱佛脚，使用这种极具功利化的安抚之策，倒不如把功夫用在平时，树立正确的育人观，主动引入科学的多元评价体系，尊重教育规律和孩子的身心成长规律，为孩子营造自由健康的成长空间，让教育回归常识和本真，让孩子在拥有更多快乐的时光中接受知识，全面发展，而且引导孩子正确对待、平和冷静地参与高考。

唯如此，"发钱减压"这样的掩耳盗铃之举便不复存在矣！

将"课堂革命"进行到底

记得在我的《回归教育常识》一书中，我也讲过"不拉马的士兵"这个故事。

一位年轻炮兵军官上任不久，到下属部队视察操练情况。他发现：在操练的时候，总有一名士兵自始至终站在大炮的炮管下面纹丝不动。军官不解，究其原因，得到的答案是：操练条例就是这样写的。军官回去反复查阅军事文献，终于发现，长期以来炮兵操练条例一直沿用这一规则，站在炮管下的士兵任务是负责拉住马的缰绳。

在那个年代，大炮是由马车运载到前线的，这个士兵的任务是负责拉住马的缰绳以便大炮发射后调整由于后坐力产生的距离偏差，减少再次瞄准所需的时间。现在大炮的自动化和机械化程度很高，条件和情况的变化已经不再需要这样一个角色了，但操练条例没有及时地调整，因此便出现了"不拉马的士兵"。军官的发现使他获得了国防部的嘉奖。

按理说，客观条件已经发生了变化，我们的工作流程和工作方式也应随之发生变化，而僵化的思想，因循守旧的观念，却让我们没有意识到这一点，因而出现了众多的"不拉马的士兵"。

由此想到我们的课堂，传统的课堂教学模式是工业时代的产物，这种课堂教学，忽视了学生的课堂主体性，教学方法单一，枯燥，容易使学生失去学习兴趣，然而随着社会的不断发展，现在已经进入了大数据乃至人工智能时代，然而我们的课堂在有的学校，还是传统模式，还是"满堂灌""一言堂"，老师还是站在讲台上口若悬河、苦口婆心地讲，学生还是背着手、正襟危坐、一丝不苟、规规矩矩地坐在那儿听。

其实早在 20 世纪 80 年代就提出了课程、课堂教学改革，主张学生是学习的主体，要把课堂还给学生，要让学生进入自主学习的状态，要让课堂活跃起来，反对让学生背着手听课，那样会压抑学生的个性化发展。

如今三、四十年过去了，为什么我们的课堂还没有根本性改变，为什么许多教师依然满足于"经验型"，停留在"辛苦型"层面，为什么"一言堂""满堂灌""重复练习""机械训练""题海战术"还是我们的"杀手锏"，为什么我们很多人就没有变革的勇气和行动呢？

于是我想到了"猴子想变成人"的故事。说猴子想变成人，它知道要变成人必须砍掉尾巴，于是决定砍掉自己的尾巴。但是在动手的时候，它却被三件事困住了：

第一，砍尾巴的时候会不会很疼呢——说明改变是有一定痛苦的；

第二，砍了尾巴以后，身体还能不能有灵活性——说明改变注定会有一定风险；

第三，活了这么久，一直以来就跟老伴在一起，跟了许多年了，不忍心抛弃它——说明改变在情感上会有些难受。

我们发现，猴子直到今天也没有变成人。

因为变革需要经历分娩般的阵痛，而且要成就一些事就必须舍弃另一些事，舍不得你所拥有的，当然就得不到更好的。再加之那些传统"法宝"毕竟已经伴随我们许多年了，如果要割舍，在情感上的确有些过不去。这应该就是传统课堂仍然大行其道，变革传统课堂难上加难的原因所在吧！

当然，有的还会为自己的课堂不变革，找出很多貌似冠冕堂皇的理由，诸如观念落后、条件有限、师资力量紧缺、自身水平不够、社会有可能不认同、家长不会支持，等等。

其实，这些都不可能成为阻碍我们课堂变革的理由，改革过程中最大的阻力来自于我们的内心。如果我们首先觉得不能改，那再好的条件、再强的师资、再广泛的认同与支持，也不能让改变自然发生。如果我们认定当下的课堂必须改，哪怕是一所山沟沟里的乡村学校，哪怕面对的条件再差、困难再多、压力再大，也同样都可以进行课堂改革。

必须要承认的是，条件不同的学校实施改革会有不一样的效果，但只要有行动一定会比原来的效果好，只要付出就有收获，只要坚持就一定会产生奇迹。

我以为，当下教育最大的问题，还是课堂上的问题。变革传统课堂，让课堂变得有效、变得高效，让学生从被教育、被学习中解救出来，让学生愉快地学习，这既是对学生的成全，也是对教师专业发展的成就，我们没有理由抵制，也没有理由不去变革。

请记住：你所站立的地方，就是你的课堂；你是什么，教育便是什么；你怎么样，教育便怎么样；你有变革课堂的意识，我们的学校、我们的班级便充满活力，你有变革课堂的向往，我们的教育便充满希望，你有变革课堂的行动，教育的状态教育的生态就会产生立竿见影之效。

因此，我们应该主动开展课堂革命，树立"得课堂者得天下""赢得课堂者赢得先机"的意识，要有"识时务者为俊杰""先知先觉主动，后知后觉被动"的觉悟，要有"咬定青山不放松""不达目的不罢休"的行动，要有"为伊消得人憔悴，衣带渐宽终不悔"的坚守，努力在课堂教学改革中做出新的成绩。

一流学校，创造变化；二流学校，顺应变化；三流学校，被动变化；末流学校，顽固不化。

一流教师，引领课改；二流教师，主动课改；三流教师，被动课改；末流教师，执迷不改。

愿君对号入座，我们是属于哪一类呢？

教育离生活还有多远

众所周知，教育即生活，教育不能脱离于生活，教育应该与生活紧密相连，这应该是最基本的常识。

然而现实的教育是一个什么情况呢？我真的觉得在很多地方是把学校仅仅当成了一个传授知识、学习课业的场所，一切都是为了知识而教，为了应对考试而教，学生也仅仅是为知识而学，为了应付考试而学。

当然，这并不是不对，学校与教育的一个重要使命就是传授科学文化知识，学生到了学校，主要任务也是接受科学文化知识教育。然而让人们值得忧虑和担心的是，一些学校把学生禁锢在校园里面，采用机械的驯兽法，施以苛刻而精细的工厂化、军事化管理，让学生"两耳不闻窗外事，一心只读圣贤书"，教育没有融入生活，生活也没有贯穿于教育，教育完全与生活脱离、学校完全与社会脱离、书本完全与实际脱离，教育不能成为学生的生活经验的一部分，也没有为学生未来的生活做准备。

这样的教育所培养的学生，有可能知识点背得滚瓜烂熟，解题技巧也是十分娴熟，升学考试科目能够得高分甚至得满分，然而相当部分学生有可能在道德人格、情感沟通、心理素养、自理能力、对生活的向往与态度、对人生的意义与目标方面，大打折扣，严重缺失。有的乃至走上社会，内心是空白的，精神是颓废的，对社会没有了解，对自我没有定位，对生活没有热情，对人生失去方向，甚至有的对生活还不能自理，对生命也不懂得善待与珍惜，这种情况下他们稍有不适便容易放弃生命，也更容易践踏他人的生命。

可以想象，如此下去即便他们上了名牌大学，也很难像一个合格公民那样富有爱心，充满热情，直立行走，正常生活，很难于有责任担当，有良知使命感，有创新创造精神，更很难于为人类文化、社会进步、民族振兴、国家富强做贡献了。

我过去常说，有的孩子在学校里考试不啥样，没有得过高分，没有读过名校，但是他勤劳，有爱心，有好品性，有健康的身体，有阳光的心理，他热爱生活，他向往美好的生活，这样的孩子就是摆一个地摊，就是擦皮鞋，就是做一个打工仔，他也能够自食其力，养家糊口，乐观自信，过上幸福的生活，而且还会深得大家的喜爱和认可。

之所以当下教育完全去生活化，完全是因为考核的标准化、目标的功利化、行为的短期化和手段的工具化，让教育完全进入了一种应试模式，唯分数至上，以分数论英雄，让一些老师和所有的教育教学行为都习惯围着"分数指挥棒"转，就因为学生将来要面对的生活难题，面对的社会现实，面对的人生困惑，面对的人格尊严，面对的与周遭和大自然的和谐相处，这些都不在考试中，都不在分数里。与生活有关的孩子所应有的活泼、浪漫、情趣、自信、毅力、合作、感动、开心、强健，统统让位于考试，让位于分数。

君不见，由于学校的盲目追求分数，音乐、体育、美术课不上了，生活化课程、劳动课程不开设了，还有考虑安全因素，学校的秋游、春游活动被取消了，更多的孩子失去了走进大自然接受自然教育的机会，为了安全起见，有的学校竟然规定课间休息，除了上厕所外，其余孩子在教室里不准走动，这就更不用说孩子们喜欢的课外活动的正常开展了；寒暑假正是孩子们走进社区、走进厂矿、走进社会参加社会实践活动的时候，但是越来越多的孩子被送进了补习班、特长兴趣培训班，寒暑假堂而皇之成了孩子的第三、第四学期；在学习之余，孩子可以为父母做做家务，参加力所能及的劳动，然而爷爷、奶奶、父母的溺爱让孩子的生活"饭来张口，衣来伸手"。如此远离生活的畸形教育，只能造成孩子畸形的人生。

17岁的魏永康当年以总分第二的成绩考进中国科学院高能物理所，成为硕博连读研究生，然而他对生活完全没有自理能力，脱离了母亲的照顾后，完全无法安排自己的学习和生活，热了不知道脱衣服，大冬天不知道加衣服，房间不会打扫，脏袜子脏衣服到处乱扔，最后不得不被学校劝退。

杜威说："学校必须呈现现在的生活——即对于儿童来说是真实而生气勃勃的生活，像他在家庭里、在邻里间、在运动场上所经历的生活那样。不通过各种生活形式或者不通过那些本身就值得生活的生活形式来实现的教育，对于真正的现实总是贫乏的代替物，结果形成呆板而死气沉沉。"

什么是好的教育？好的教育必然是以生活为本位的教育，是应该呈现真实而生气勃勃的生活的教育，是一定与生活联系紧密，让教育回归生活的教育。想想教育的初衷是什么？教育的初衷绝对不是培养书呆子，也不是培养训练有素的考试机器，如果是这样，咱们生产智能机器人就行，何必还要费钱费力去做教育呢？

很显然，教育是要人去面对生活，去适应生活，是为了孩子们当下学习生活的快乐，也是为了他们今后能过上幸福的生活。因此，教育不能脱离生活，教育要通过生活来进行，无论教育的内容还是教育的方法，都要根据生活的需要去应对和确定。

现在教育上许多方面的失败，都是由于教书死，死教书，书教死，教育重书本，轻实践，重考试，轻运用，重分数，轻能力，教育脱离实际，远离生活，忽视手脑结合、手脑并用、知行合一，违背了人的全面发展规律和因材施教的原则，也就是完全忽视了把学校作为社会生活的一种形式这一基本原则。

伟大的人民教育家陶行知先生一直践行生活教育，他主张"生活即教育"，"用生活来教育"，他说："教育的根本意义是生活之变化。生活无时不变即生活无时不含有教育的意义。"在他的论著中，多次指出，忽略生活的教育"消灭学生的生活力，创造力，它不是教学生动手，用脑，在教室里只许老师讲，不许学生问。一个人从小学到大学，十年读书结果，与一个吸食海洛因的家伙无异。他们肩不能挑，手不能提，面黄肌瘦，弱不禁风，再加以要经过那些月考，学期考，毕业考，升学考等考试，到了一个大学毕业出来，足也瘫了，手也瘫了，脑子也用坏了，身体健康也没有了。大学毕业，就进棺材，这叫死读书"。

生活教育如此重要，生活教育不能忽视。但是对生活教育的理解却容易产生偏差，有些学校把生活教育理解成就是教学生学会洗碗、做饭、扫地、削水果、穿衣服、系鞋带，就是让学生能够种庄稼、能够做工、能够劳动，能够生活自理，他们认为生活教育只是为学生生活常识的掌握、生活能力的培养而进行的教育，当然这些也包含其中，是生活教育的应有之义，但绝对不是生活教育的全部。

其实，生活教育的内涵及外延很宽泛，生活教育相对于只为考试而进行的教育，它是一种活的教育、一种真的教育、一种民主的教育、一种有用的教育、一种大众化的教育，它也是一种来自生活的教育，一种依据生活的教育，一种为生活做准备的教育，一种为生活的向善、向好、向上的教育，当然更是一种关注灵魂、关注生命，让未来的人生变得多姿而美好的教育。

无时无刻不生活，生活处处有教育，只要我们在场，所有的场都是教育，只要我们应景，所有的景都是教育的契机。当我们走进大自然，花草树木、虫叫鸟鸣、流水潺潺、松涛阵阵、远山剪影、天高云淡，便是最好的生活教育。当我们走进社区、走进社会，风土人情、大千万象、众生百态、世事冷暖、沧桑变迁、时政热点，也是很好的生活教育。对于家长和教师而言，我们娓娓道来是生活教育，站在那里，树起标杆，身教示范，潜移默化，同样是难得的生活教育。

教育的价值与作用，就在于把外在世界的这一切转换成个体的生活世界，让其进教育、进校园、进课堂，成为鲜活的教育内容，让教育建构起与世界、与社会、与现实的活泼生动的联系，改善教育的品质，提升教育者的素养，浸润受教育者的身心。只有如此，教育才会变得美好而有意义。

全国上下推进的高考制度改革，就是以立德树人为核心，加强社会主义核心价值体系教育，增强学生社会责任感、创新精神、实践能力，这就促使我们的教育必须与生活紧密结合，必须针对当下的社会现实，必须针对教学实际和学生的认知能力，引导学生思考身边的社会现象和生活中遇到的实际问题，探究其原因，提出解决之办法，增强现实感和时代感，以培养热爱生活、善于思考的可造之才。那种只是训练，只是考试，只是补习，只是灌输，只是教死书、读死书，完全与生活脱节的教育已经没有了立锥之地。

可以这样讲，没有教育与生活的紧密联系，教育的生态就不会有改变，什么时候教育回归了生活，什么时候中国教育的生态就会真正好起来。我相信，这一天，为时不会太远了！

"我实践故我在"

近日，教育部公布《中小学综合实践活动课程指导纲要》（以下简称《纲要》），要求今后综合实践活动课要作为中小学必修课，进校园，进课堂，所有学生都要参加，以提升中小学生综合素质，激发创造力。中小学生参与活动的档案并将作为招生录取中综合评价的重要参考。

在举国上下正掀起学习贯彻党的十九大精神热潮之际，教育部及时公布《纲要》，正是对党的十九报告中所提出的"要全面贯彻党的教育方针，落实立德树人根本任务，发展素质教育，推进教育公平，培养德智体美全面发展的社会主义建设者和接班人"这一要求的及时贯彻和落实。

众所周知，过去教育单维度的考试评价，让应试成了教育的全部，让分数主宰了教育的一切，基础教育领域仍然大量弥漫的是"唯分数论"，唯分数至上，从而直接导致我国中小学生文化基础知识掌握扎实，而创新精神和综合实践水平、探究能力相对薄弱，这已是不争的事实。

而综合实践活动课则注重教育与生产劳动、与社会实践、与动手创造相结合，并从学生的真实生活和发展需要出发，从生活情境中发现问题，以此转化为活动主题，通过探究、服务、制作、体验等方式，以培养学生分析和解决现实问题的能力，提升其跨学科实践性综合素质，这对于补上当下基础教育实践水平与探究能力弱化之短板，定会产生立竿见影的效果。

当然，科学的决策，更需要有效的行动，才能将决策很好地落地。综合实践活动课作为新一轮课程改革中最引人关注的一门新型课程，可以说是课程改革中一道最亮丽的风景线，然而，在具体的实施过程中，如果我们把握不当，就完全可能流于形式，甚至还会适得其反。

我以为，在将综合实践活动课作为中小学必修课时，以下几个方面值得研究。

一方面，要注重学生兴趣和情感的培养。综合实践活动课是一种学生本位课程，它要求我们必须具有学生立场，必须尊重学生的兴趣，必须关注学生的爱好和需要，必须调动学生的内在情感。在课程的设计上应该体现趣味性，应该在全面掌握学生的生活经验、操作能力以及相关认知的基础上，适时开展一些学生感兴趣而且能够"玩有所乐""玩有所悟""玩有所获"的实践活动。

另一方面，要体现学生对活动的参与和实践。综合实践活动课突破了教材、时间、空间，不拘泥于课堂和知识点，不局限于某一学科，它是各类知识的综合和融通，其核心是培养学生的观察、实践、发现问题、解决问题的能力，关键是不能用"上课"的方式去"教"学生，也不能一味在乎学生最终呈现的"作品"和"成果"怎样，而应该关注的是学生实践了没有，参与了没有，他们收获了什么体验，发现了什么问题，寻求到了什么解决之道，是否有了个性化、创造性的表现，是怎样与他人交往和合作的。

只有在参与和实践中，学生们才能理解学习的过程、认识学习的价值，才能培养探索未知、追求真理的精神，他们也才能发现在教科书中难以发现的无数生动的事件，经历在学科课程学习中难以遭遇的无数现实场景，获得在常规课堂教学中几乎不能获得的真实体验和感悟。

同时在综合实践活动课中应突出研究性学习。综合实践活动课除了必需的信息教育技术运用、生活教育与劳动实践、职业生涯规划、社区服务开展、社会调查调研外，还应该在学生的研究性学习上着力。

研究性学习是基于自身兴趣和对知识的主动获取，强调学生通过实践，增强探究和创新意识，发展综合运用知识的能力，形成一种积极、生动、自主合作探究的学习方式。像清华附小学生用大数据研究苏轼就是一种探究性学习，我们对武侠小说进入中学语文课本的利弊分析、对获得诺贝尔文学奖作品的解析，这同样是一种探究性学习。学生具有了研究性学习的能力，不仅能够应对当下的学习和考试，而且还会成为陪伴其未来人生并使其受益终身的一笔宝贵财富。

《纲要》的附件虽然分类型、分学段向学校推荐了 152 个活动主题，但这只是提供的基本活动示例，对于综合实践活动课内容的充实与完善，各个地方和学校应该因地制宜，本着生活化、本地化、乡土化、大众化的原则，自主开发，自主设计，以不断丰富综合实践活动课内容。比如，在阆中，之前我们开设的劳动综合实践课程，使许多农村学校把老百姓的撂荒土地租用过来作为劳动实践基地，就体现了乡土气息和乡村味道，学生们在参加劳动实践和体验农耕生活中，既学到了劳动生产知识，又养成了爱劳动的习惯，还培育了对劳动人民、对乡村的情感，更有了对祖先、对这片土地的敬畏意识。

对综合实践活动课的实施与组织，不一定非要万事俱备，完全可以顺势而为，创造条件，主动作为。暂时没有教师，我们可以一师多用，暂时没有多功能室，我们可以一室多用，暂时没有齐全的设施设备，我们同样可以因陋就简，就地取材，变废为宝，综合实践活动课也不一定"高大上"，只要能达到参与和实践的教育效果就行。

"我实践故我在"，综合实践活动课在给每一个学生的个性发展，创造一份自由的空间的同时，更能够给中国教育的发展与改变，带去一份生机与活力，一丝曙光和转机。

第四辑　重新定义学校和教育

我们需要美好的乡村教育

区域教育均衡发展，是实现教育公平的必然选择。当前，全国各地在推动区域均衡发展方面，涌现出不少好的做法和成功经验。其中，部分区域通过中学"进城"，特别是让初中集体"进城"的办法，实现区域教育均衡发展。或许在部分区域发展的现实中，这样的做法确实有助于整体教育质量提升和均衡发展，但从另外一个角度来考量，让更多学校"进城"的做法，却值得商榷。

法国思想家、教育家卢梭的自然主义教育思想认为，儿童在 15 岁之前，如果能远离城市喧嚣归于自然，在农村接受最纯朴、最简单的教育，不仅有助于保护孩子的好奇心、想象力，而且对于保持人的单纯乃至善良天性都很有好处。

确实，在广袤的农村，那些 12 岁至 15 岁的初中学生，如若能在农村上学，即使学校条件差些，师资水平低些，但那充满乡土气息的环境，本身就是最鲜活的教材，也是青少年成长的沃土。淳朴的乡风、民风会给孩子们良好的浸润和影响，美好的亲情、友情会给孩子们浓郁的人文情怀。美丽的大自然无疑是一所美好的学校，沉浸在其中的孩子，能闻到花香，听到鸟鸣，喝到山泉，尝到野果，各种感官都很灵敏，对新鲜事物充满好奇，也无疑为孩子的成长营造了一个亲近自然、了解自然的环境。

那些孩子通过自然化的教育，一方面让他们留下乡音，记住乡愁，从小就在他们的骨子里烙下对乡村那种血浓于水的朴素情感。另一方面有可能会让孩子们更加开朗乐观、阳光自信、活泼可爱，有着更加丰富的想象力和创新品质。即使孩子们在农村上学，或许不能获得万人同"城"学习那样的高分，但这一切，却是他们有一天步入社会，成为一个合格公民最重要的东西，更是他们直立行走于社会让自己拥有幸福人生最宝贵的财富。

如果我们的孩子在他们生命成长的岁月里，没有更多的机会感受大自然所恩赐的资源，没有更多的机会享受大自然的免费馈赠，没有更多的机会体会大自然的美好，如果我们的孩子在他们那样的美妙时光里，外在的因素让他们远离大自然，远离真实而丰富的乡村生活，远离乡村那种独具特色而且魅力无穷的乡村文化，远离生于斯长于斯的祖祖辈辈繁衍生息的土地，远离弥漫着浓浓亲情友情而且有着清新淳朴的一方乡土民风，这何尝不是一种教育的缺失，对于他们来说，又何尝不是一种人生的缺憾？

乡村教育的功能，当然不仅是培养乡村孩子，让乡村孩子得以快乐而幸福的成长，它还有一个重要功能，那就是改变乡村。

乡村活力的迸发，在于乡村教育；乡村面貌的焕然一新，在于乡村教育；乡村的美好未来与希望，还在于乡村教育；当下举国上下推进的精准扶贫，更在于乡村教育。初中浩浩荡荡集体进城，抽空了乡村，撂荒了乡村教育，丢下了根，看似繁荣，景象万千，然而在广袤的农村，如果琅琅书声渐弱乃至逐渐消逝，乡村的精神就会渐渐消弭，乡村的情感就会渐渐消失，乡村的文化也会渐渐消却，乡村明天的一切将会逐渐消灭！

初中集体进城，在整齐划一和特别光鲜的背后，在所谓教育高度均衡和"壮观的教育生态"的另一面，我以为，除了会让卢梭所主张的自然教育缺失之外，更为严重的是以掏空乡村让乡村更加苍凉与凋敝，以抽血乡村教育让乡村教育日益萎缩和破败作为沉重的代价。

还有万人同"城"学习，尽管依然划分为不同学校，在管理和运行上可以相对独立，但整体上会造成学校发展模式单一，很难形成百花齐放、各具特色的办学局面。特别是学校规模越大，管理难度就会越大，对于世界观、价值观正处于懵懂的初中学生，往往更容易出现厌学等各种青春期问题。

　　教育需要质量，但需要的不是只有分数的质量；教育需要均衡，但需要的不是整体迁移、大规模同"城"学习那样的均衡。或许有的区域可以做好中学集体进城这个命题，但这一定不是教育均衡发展常态。

　　教育是良心活儿，教育上很多东西，不能仅从单方面的得失去考量，而应该从社会发展的整体架构去思考，做到这一点，可能很多方面就会多一些理性，少一些盲从！

乡村小规模学校发展不可忽视

随着城镇化进程的加快推进，城区学生越来越多、乡村学生越来越少、乡村小规模学校乃至"麻雀学校"不断增多的局面，在当下是不可逆转的现实存在，而且这种存在，既不是一种过渡形态，也不是一时权宜之计，而是会长期存在。

就提升教育教学质量的潜力来说，小规模学校不是一种劣势而是一种优势，就乡村美好的未来，乡村教育的发展，小规模学校不是一种落后形态而是一种现代形态，因为中国的广袤大地在乡村，乡村的希望在教育。一定程度上，没有乡村教育的发展，就没有乡村的美好未来，乡村学校无论规模大小，都承载着教授知识、传承文明、延续"乡愁"的使命。

小规模学校的"小"只是小在规模上，我们不能因为"小"而降低学校的建设标准、放松对教育质量的要求，更不能因为校点分布的"散""远"，而把它们当成教育发展的负担。

当下我们思考的重点，不是对乡村学校日益萎缩的悲悯叹息，更不是对小规模学校存在的埋怨牢骚，而是在于如何适应教育发展新常态，在解决好教育的均衡发展、素质教育的有效推进、教育质量如何大幅提升等教育发展难题的同时，把现有的乡村教育办好，特别是把小规模学校发展好，建成"小而优""小而美"的学校，给每一个农村家庭带去希望，让每一个"留守"的孩子快乐成长。

如何发展乡村小规模学校，我以为，一方面需要宏观层面的政策"兜底"，另一方面需要微观层面的"量身定制"。

基于小规模学校的现实需要，宏观层面的兜底，就是要使学校建设的标准化、信息化——"物"的指标，师资配备——"人"的指标，乡村教师待遇——"财"的指标等方面得到有效保障。

改造薄弱学校，解决"欠账"的问题。乡村小规模学校之所以基础设施普遍薄弱，主要还是因为一些地方长期把发展的重点放在了城市，放在了一些重点校、中心校，放在了一些大规模学校，对于这些，可以说是肥上添膘，锦上添花，而小规模学校却成了"死角""弃儿""另类"，从而造成小规模学校教育资源严重匮乏，现在急需做的就是增加投入，雪中送炭，让小规模学校不再薄弱，达到应有的基本标准。

设立专项资金，解决"兜底"的问题。因为小规模学校的"小""散""远"，其生均办学成本肯定远远高于规模大的学校，学校正常教育教学活动的开展、学校的运转维护、师生的生活与安全保障、边远乡村教师的专项补贴等，都需要得到持续的资金投入。设立乡村小规模学校政府专项资金，可以有效保证教育资金的及时拨付到位而不被随意平调挪用，建立小规模学校公用经费"兜底"保障机制，以确保小规模学校能正常有序地运转。

进行专门规划，解决"发展"的问题。盲目的撤点并校带来了边远乡村孩子的入学难，但"遍地开花"也不是乡村教育发展的理性选择。乡村校点的专门规划，需要与当前的新农村建设与精准扶贫紧密结合，科学预测人口变化趋势，充分考虑当地群众的现实需求，准确定位学校发展方向，宜走读的走读，需寄宿的寄宿，因地制宜，留、建、合、撤，多措并举，在确保农村孩子就近入学的前提下，最大限度地实现发展规划的科学性、实用性、集约化。教育的信息化应纳入发展规划的重要板块，通过信息化全面提高乡村教育的现代化水平，实现优质教育的资源共享，推进教育的真正公平。

提高教师待遇，解决"根本"的问题。教师问题才是乡村教育发展的根本问题。要让乡村教师进得去、留得住、教得好。

"量身定制"的具体举措，除了因校选址、因校建设、因校设岗等因素外，要侧重于综合考量每一所乡村学校的地域特色、历史沿革、文化底蕴，把每一所学校建设成为独一无二的、孩子们喜欢、村民们向往的文化高地。

应该注重立足乡土的校园文化建设。浓郁而朴素的校园文化既装点了校园、美化了环境，又是一种最重要的教育资源，成为一门生动的课程、一张亮丽的名片，乡土气息、乡村味道会在这里得到充分的体现，乡村文化、乡村文明更会在这里得到延续与传承。

应该用阅读去开阔乡村孩子的视野。阅读能够成就不一样的孩子、成就不一样的老师、成就不一样的校园。强力推进书香校园建设，用书香唤醒孩子们生命沉睡的潜能，用书香滋养乡村孩子的精神发育与教师的专业成长，用书香促进乡村教育的生态改善。

应该用多彩的课程与活动去丰富乡村孩子的教育生活。做适合乡村孩子们的教育，就必须有适合他们成长的课程。可以研发与生产劳动紧密结合的"劳动文化课程"，去唤醒每个孩子的乡土记忆，让孩子们记住"被遗忘的乡愁"；可以研发立足于乡村民俗文化的"乡土文化课程"，为民俗文化的传承奠定坚实的基础；还有"经典诵读课程""传统节庆课程""手工制作课程""民间艺术、体育课程"，让这些课程为孩子们心灵，精神洗礼，也为他们播下动手创造、科学探究的种子。

丰富多彩的社团活动，更是乡村孩子放飞梦想、收获快乐的广阔天地。让学生在社团活动中动起来，让学生有身心成长的空间，有发展兴趣特长的舞台。

阆中这些年发展"朴素而幸福的乡村教育"，一方面通过动态改造薄弱学校、项目倾斜边远学校、小规模学校办公经费保底拨付（对生源不足300人的农村小规模学校，公用经费一律按每年20万元的标准保底拨付）、乡村师资保障等策略，确保乡村学校尤其是小规模学校发展的硬指标"兜底"，另一方面坚持乡村学校的内涵发展，通过校园文化、书香校园、课程研发、课堂改革、社团活动、评价撬动、教师发展等途径，"量身打造"每一所学校，让每一所乡村学校都充满魅力、与众不同，被中国陶行知研究会会长朱小蔓誉为"陶行知生活教育、平民教育在今天的一个示范与样板"。

这可以作为我们今天思考小规模乡村学校发展的一个借鉴和参考。

一百人以下的学校就办不好吗？

对于马云，作为我们这些凡夫俗子就只有仰慕的份，他不仅是具有家国情怀的企业大家，而且是一个极富教育和悲悯情结的大慈善家，他每年都要拿出许多钱来设立"马云乡村教师奖""乡村校长计划"，奖励资助乡村教师和校长，可以说对推动中国乡村教育事业的发展起到了很大的促进作用。

然而 2018 年 1 月 21 日，他在三亚乡村教师颁奖会上提出的"从我的经验来讲，一百人以下的学校是办不好的"，因为"学校人数过少，一方面不能吸引优秀师资，另一方面学生也不能受到良好教学"，于是马云主张"学生规模在一百人以内的乡村学校，原则都应该裁撤合并"，而且号召"大家共同来推进中国的拆校并校机制"。对这样的观点，笔者却不敢苟同。

一百人以下的学校怎么就办不好呢？我以为，相对于那些超大规模学校和那些超大班级，对于小班小校，不管是校长还是教师，更会有更多的时间和精力去管理教学，管理学生，去做细备、讲、批、辅、差的每一个环节，去做精教育教学活动中的每一个细节，而且能够最大限度地去关注每一个学生，实行个性化教学，真正体现学生的个性化发展。从这个意义上讲，小班小校应该是实现高质量教育的一种很好的常态，也是获取高质量教育的一种基本追求。

在阆中，这些年的教育实践，我们很有一些学生不足一百人的乡村小规模学校，有的学校甚至只有几十个学生，但是这些学校除了日常课程教学，师生还一起动手创设校园文化，校园变得十分温馨，他们在校园里弄一些书壁、书橱、书架、流动式书车，把图书室里的书"请"出来，让校园飘逸着浓浓的书香，学生们一有时间就拿起书读，他们读书的倩影成了校园里最靓丽的一道道风景。而且这些学校都常规开展丰富多彩的社团活动，文学、剪纸、绘画、音乐、器乐、棋艺、球类、科技发明、手工制作等等，学生们根据自己的兴趣爱好选择参加。这些学校还建有劳动实践基地，学生们分班参加劳动，种植生态农产品，饲养禽畜，并且开展劳动对歌、劳动比赛，他们在"开心农场"里既学到了劳动知识，又分享到了劳动的喜悦。

就是在这样的不足百人的小规模学校里，校长们办出了学生们喜欢的学校，老师们做出了学生们向往而且适合每个学生的教育，师生们可以说是过上了一种快乐而幸福的教育生活。21 世纪教育研究院院长杨东平走进这些学校，看到我们师生的状态，评价这些学校是真正的"小而优""小而美"，中国陶行知研究会会长朱小蔓看了这些学校，看了师生的精气神，说"这是陶行知生活教育在当今的一个样板与示范"。

不仅在阆中，我所去的四川南江、黑龙江绥滨、贵州赤水、江西弋阳、重庆彭水等地，也有很多人数不足百人的小规模学校，其中有不少小规模学校同样办出了特色，办出了品位，校园不仅是学生们的学园，而且还成了他们的乐园、家园乃至美好的田园，师生们生活在里面其乐融融，无上幸福。

当然，必须要承认的是，当下不少乡村小规模学校的确存在着许多问题，也面临着办好小规模学校的诸多困境，其中就包括马云所谈到的。譬如乡村小规模学校地理位置偏远、交通不便、难以吸引和留住好老师；再譬如小规模学校布局分散、规模过小，难以产生规模效益和开发出丰富课程，学生不能受到良好教育；还譬如小规模学校在组织教育教学上，往往容易停留于应试模式，最终带来校园死气沉沉，缺乏生机。

但我以为出现这些问题和困境，与学校的大小，人数的多少没有关系，绝不是马云所说的那样"学校人数过少，一方面不能吸引优秀师资，另一方面学生也不能受到良好教学"，乡村小规模学校有可能有这些问题，那些乡村人数多的学校包括乡镇中心校、乡镇寄宿制学校，同样也可能存在这样的问题。其实解决这些问题，关键在于怎样在投入上增加，怎样在政策上倾斜，怎样在待遇上落实，怎样让我们的校长和老师有着好的教育思想和理念，从而让乡村学校发展得更好，让乡村教师能够体面而又有尊严地活着，他们能够在乡村扎下根，愿意为师，乐于从教，让乡村孩子一个都不被落下，都能接受到好的教育。

如果对乡村教育，我们不能找准症结，从根本上去解决问题，只一味从学校大小和学生人数上去归因，以至于拿乡村小规模学校来说事，在乡村小规模学校上动刀，像马云所给出的方子"学生规模在一百人以内的乡村学校，原则上都应该裁撤合并"，那不仅无助于问题的解决，而且只会为乡村教育的发展带来更大的问题甚至是灾难。

众所周知，乡村学校不仅是乡村孩子的未来，乡村教育的希望，更是整个乡村的梦想。我以为，现实中存在的乡村学校，哪怕只有一个学生，依然可以有它存在的价值，依然可以成为点亮乡村的"庠序灯光"。

时下正热映的李军林导演的电影《一个人的课堂》，通过对一个老师和一个学生的课堂的轻描淡写的展示，却给我们揭示了一个宏大的主题，那就是，乡村的美丽，不能没有村小，乡村的未来更不能没有村小，村小里哪怕只有一个学生存在，这个村小就是活的，就是充满着无限生机与希望的。

如果我们因乡村小规模学校人数不足一百人，就人为地裁撤合并，更会以抽空乡村作为一种沉重代价，让本来已经荒芜的乡村雪上加霜，更加没落凋敝，这无论对于新农村建设，还是推进精准扶贫，乃至做有根有魂的乡村教育，都是一个很大的败笔和影响。

除此之外，如果盲目裁撤合并乡村小规模学校，农村学生即或有学上，但却会面临上学远、上学难、上学贵、上学不安全等问题。学生的厌学辍学，更多"冰花男孩"的出现、交通事故的频发、孩子情感的疏远、各种心理问题的产生，便是必然。

鉴于此，针对从 20 世纪 90 年代末，所采取的由政府主导的、带有运动色彩的撤并乡村小学校而引发的一系列问题，2012 年 9 月，国务院办公厅下发了《关于规范农村义务教育学校布局调整的意见》，《意见》提出"坚决制止盲目撤并农村义务教育学校"，叫停"撤点并校"。

至于马云所希望的让中国乡村的孩子们都能够读上条件完善的寄宿制学校，当然这应该是教育努力的方向。然而现在有的乡村学校虽然实行了完全的寄宿制，但是大都学校条件简陋，设施简单，卫生环境差，学校没有专职生活教师，寄宿生的管理只能由班主任和任课教师兼任，既增加了教师的工作负担，又不利于对寄宿生的有效管理。

对于这样的现实，真正实现中国乡村孩子们都能够读上条件完善的寄宿制学校，靠国家财力，这么大的盘子绝不可能一步到位，或许会假以时日，如果全靠马云等具有公益情怀的企业家来给予解决，那也是杯水车薪，有可能心有余而力不足。

随着我国城镇化进程的加快，农村学校的小规模化又是一种必然趋势。现在三五百人的乡村学校包括乡镇中心学校、乡镇寄宿制学校，有可能不久的将来也会成为人数少于一百人的小规模学校。

当务之急，我以为，科学而有效之举，那就是坚持两条腿走路，一方面坚持实施小规模学校公用经费保底，越是乡村小规模学校，越是在项目、资金、师资上高看一眼，厚爱三分，通过办好小规模学校，以提高小规模学校教育教学质量。另一方面，坚持在政府加大投入的基础上，整合各方面力量和资源，建设和完善寄宿制学校，以充分应对接纳个别小规模学校的正常消减并缓冲城镇化进程对乡村教育的冲击。

那种一味靠裁撤合并小规模学校来成就寄宿制学校的发展的做法，则不足以借鉴和推行！

撤并流言凸显乡村学校生存困境

陕西西安户县蔡家坡小学，因为一则"撤校"的流言，家长纷纷为孩子转学，使该校学生突然大量流失，从50多名锐减至3名。家长们担心，"全校只剩3名学生、5名教师，这学校还能办下去吗?"留下的孩子也为同学们一个个转走心神不宁，校长更是在教师节泣不成声，声称"学生、老师都流失，我确实成了蔡家坡小学的'罪人'。"

乡村，我们祖祖辈辈在这里劳作躬耕，繁衍生息，它承载了多少乡音、留下了多少乡愁，在不经意间会勾起人们多少乡绪。乡村学校，是乡村的灵魂、乡村文明的载体，在陶行知先生看来，它不但是"改造社会的中心"，而且是"小的村庄与大的世界沟通的中心"，它更寄托着多少人对乡村的美好愿望与情感，承载着多少人对乡村的温馨回味与记忆!

乡村教育在乡村的经济社会发展中具有基础性、先导性作用，办好乡村教育，愚以为，既是乡村孩子与他们家庭的希望，也是乡村的希望，没有乡村教育的发展，就没有乡村的美好未来。试想一下，在那一片青山环抱之中，能够有一面五星红旗迎风招展；在那一片鸡犬相闻的地方，能够清晰地传来琅琅书声；在那阡陌交错的田间地头，能够邂逅一队队背着书包戴着红领巾的活蹦乱跳的学童，整个乡村或许一下就活了，就有生机了，就有梦想了，就有希望了。

人民日报高级记者李泓冰曾经有一段话，对乡村学校的存在价值做了温情却不失深刻的描述："对遥远的乡村来说，每一个学校，是一堆火；每一个老师，是一盏灯，那灯光虽暗淡，却明明灭灭地闪了几千年，是烛照中国乡村的一线微芒，温暖，踏实。"现实中存在的乡村学校，哪怕只有一个学生，依然有它存在的意义，依然可以成为点亮乡村的"庠序灯光"。

从报道中看得出，陕西户县蔡家坡小学，这是一所有充足理由继续存在的乡村学校。开学报名时还有 50 多名学生，学校的设备设施与周边环境都不错，关键是，这里有负责任的老师，还有一个在教师节见学生一个个转走而"泣不成声"的负责任的校长，更有这么多对学校充满信任的学生和家长。然而一则来路不明的流言，却让本已十分脆弱的乡村学校遭受折腾，甚至几乎毁了一所有其存在必然的乡村学校。

认真分析新闻报道的内容，从"开学后，蔡家坡小学部分老师接到调令，分流到其他学校"，以及"9 月 6 日前转走家长不用管学籍，之后就得家长自己负责学籍了"来看，蔡家坡小学的"撤校"流言其实并不是空穴来风，家长的质疑与担忧也不仅仅是无中生有，事件背后我以为难免存在一些部门和当事人的疏言疏行，难免有一些不能自圆其说之处。当然，"流言"已成流水，一流而过，我们无意去揣度，而对其所折射出的一些东西，却值得思考。

随着城镇化进程的加快推进，城市教育的迅猛发展，乡村教育在日渐衰落，甚至有的地方已经走向破败，这既给乡村带来了荒凉与凋敝，又给学生带来了大量教育机会的流失，还给教育带来了诸多的危机与危害。东北师范大学农村教育研究所发布的《中国农村教育发展报告 2015》显示，我国义务教育城镇化率从 2009 年的 51.04％快速攀升到 2014 年的 72.55％，增长 21.5 个百分点，随之而来的，是我国乡村小学在校生减少了 2605 万人。这一方面是因为城镇化自然形成的学龄人口迁移，另一方面却是因为乡村学校的撤并所造成的学生流失。

大批乡村学校的撤并，大批孩子逃离乡村，让我们所培养的乡村孩子缺乏对乡村的认同感，他们一个个都看不起乡村，这是很可怕的。钱理群先生曾谈道："我忧虑的不是大家离开本土，忧虑的是年轻一代对养育自己的土地和这片土地上的文化，以及土地上的人民产生了认识上的陌生感，情感和心理上的疏离感。"

固然乡村学校的生存会面临很多困境，诸如生源逐年递减、教师队伍难以稳定、办学经费捉襟见肘、学校发展动力不足……这些，只能成为我们改变与发展乡村教育的责任与压力，绝不能作为乡村教育就可以被忽视、被冷落，甚至被遗忘、被撤并的理由。

乡村学校的去留，需要综合考虑各方面的因素，但确保乡村孩子的就近入学，确保"让每一个乡村孩子都不被落下"，确保乡村文化的薪火相传，确保乡村的梦依然在，永远是首要考虑的因素。在这方面的态度与作为，它不仅考量的是执政者对教育的情怀和对乡村的情感，而且考量的是他们的良心良知，还有他们的执政智慧！

圈"优质生源"能圈出发展吗？

近日，"优质生源基地"成了广州教育的热词。继 4 月 1 日广外外校成为广东外语外贸大学优质生源基地之后，4 月 25 日广州市铁一中学成为广州医科大学优质生源基地，4 月 29 日北大附中为明广州实验学校成为华南理工大学优质生源基地。天河外国语学校，更是在短短的几个月时间里，先后与广外、华工、暨大、华师等知名高校共建优质生源基地。

被大学圈定为"优质生源基地"，这是不少中学梦寐以求的。在他们看来，这一闪亮招牌，不仅向社会昭示着学校的办学水平，而且会赢得学校发展更多的资源要素，还会带来更加稳定、不断攀升的升学率。

但在我看来，这种"共建生源基地"的背后，却有着与时代发展相悖的隐忧。我们需要追问的是，这些所谓的"优质生源基地"到底是一种怎样的"优质"？

是在区域教育的资源配置中占有了历史的、现实的绝对优势而铸就了"一枝独秀"，还是基于学校的普遍均衡、相对公平的前提下实现了一定区域内的共同优质？如果不是区域内学校普遍的优质，而是仅凭高校与极少数"优质学校"的"一厢情愿""一拍即合"，则会诱导更多的优质资源向这些中学聚集，最终必将拉大校际间的发展差距，从而带来教育发展的更加不公以及学生接受高等教育机会的更加不均。

是仅依靠分数的"优质"，还是立足于质量的绿色、和谐、整体和学生的全面发展、个性发展的"优质"？如果将"优质"仅定义为分数优,"以分数论英雄",唯分数至上,一些高校为了抢占招生先机,"掐到更多的尖子",急于结对建设所谓的"优质生源基地",也许会把更多的高中学校逼上创建"优质生源基地"的战车,从而深陷应试教育的泥沼,这无疑会为当下愈演愈烈的应试教育火上浇油。

如此"优质生源基地"的命名,无异于高校招生中的"圈地运动",也无异于这之前名校上演的各种高考状元争夺战。

高等教育质量广受诟病,提高质量必须让教育回归理性,回归常识,必须让高校练好内功,增强内力。如果不做到这些,而仅靠对"优质生源"的把持与控制,确乃缘木求鱼,舍本逐末,必将偏离高校应有的发展方向。即使今日抢到了大量的"优质学生",又如何保证学生毕业时"出口"的"优质",又如何确保大学形象品牌的塑造和大学的持续健康发展？

高校纷纷命名"优质生源基地",应该是他们打的"自由拳",目前很难找到国家层面的政策支撑。虽然教育的供给侧改革鼓励高校拥有更多的办学自主权,但这种"自主"不应仅停留在招生上,更不应仅局限于对"高考状元""优质生源"的追捧上,而应该把办学自主的重心放在学校的内涵发展上,放在学生的品行、专业、能力、情感的全面培育上,放在学校浓厚的学术氛围的建设上,放在优质课程、优质学科的研发上。

特别是把招生的自主更多地用在对广大学生的关注上,比如上海将自主招生相当大的比重放在了高职高专的招生上,而不是只专注于"985""211"等重点高校,从而为高中学校加强对学生综合素质的培养以及对学生个性发展的重视,起到了积极的导向作用。

我还以为,高中学校尽管面对许许多多像"优质生源基地"这样的"金字招牌"的诱惑,但我们还是必须本着教育人的良知与使命,责任与担当,随时保持一份应有的清醒和冷静。无论面临多大的压力,面对多大的诱惑,我们一切的努力与取向,必须把学生的"成人"永远放在第一位,把学生的全面发展永远放在第一位,把为学生未来幸福人生奠基永远放在第一位。如果我们不保持教育人应有的定力，一味地迎合这种所谓的"招生利好"，就将失去教育的本真与教育人的初心。

当然，如能像报道中的执信中学的"元培班"那样，通过"优质生源基地"的创建，从高校引进更多的优质教育资源，丰富学校的特色课程，为学生提供更多选择的机会，将"优质生源"的"优质"放在对学生的特色发展、个性化发展的追求上，并与对应的高校、对应的专业相对接，把对学生的人生发展规划纳入高中教育，倒不失为一个具有探索意义的行为，或许应值得肯定。

高考是社会当下的晴雨表，但立德树人才是千秋的大业。远离社会的喧嚣与浮躁，把每一所学校发展好，实现最大限度的教育均衡，让更多的学校变得"优质"起来，让更多的孩子有机会进入适合自己的学校，这才符合"协调""绿色""共享"的发展理念，这也才是我们永恒的价值取向和行动方向。

"东施效颦"的学习方式不可取

传统的中小学课室里，学生的座位都固定在一间教室，每天在这间课室上课。而禅城一民办学校从这学期起却采用学科教室的办法，让学生每天根据课表，到不同的课室上课。另一方面，老师的办公地点也从传统的办公室搬到了学科教室中"长驻"。该校透露，从下学期起学生还可以选择喜欢的学科老师上课，制定个性化的课表。

一个班级的学生，上课时必须背着书包进同一间教室，直至毕业，学习必须在一间被规定的教室里，你不可以有别的选择，更不可以随便走动，这是多年沿袭。然而北京十一学校，在 2010 年首开的走班教学的先河，挑战了千年教学传统，成为我国基础教育领域走班教学改革的一个蓝本，也是第一个敢吃螃蟹的人。

"走班选课"完全打破了原来班级的结构，一方面充分尊重了学生学习的自由，给学生提供了最大限度的自由选择的机会和途径，体现了学生和教师在人格上的相互呼应和感应。另一方面，"走班选课"包涵着课程改革的所有元素，在其背后，是教师对学生的充分关注，是对课堂的深度研究，是对课程的有效开发。

这场被教育部新闻发言人称为"悄无声息"而又"惊心动魄"的教育改革，在十一学校，就是一场教育观念的凤凰涅槃，就是一场教育实践的风生水起，义无反顾。其间所经历的，那绝不是教室、黑板、桌椅、孩子坐姿的简单改变，也绝不是"学生每天根据课表，到不同的教室上课"或者老师"长驻"学科教室那么容易，它是校长办学理念的大积淀、大升华，教师观念的大碰撞、大转变，也是对教育本质的一个大探索与大回归，更是实现了国家课程与学生需求的大融洽与大契合。

当然，走班制的开展也需要有一定的条件，首先是软件。走班教学必须建立完备的课程体系。课程体现的是国家意志，必须给予尊重，但这不影响根据学生发展差异对课程的整合和分层设计。只有根据学生的差异发展与个性需求，通过国家课程的优化组合、学科课程的分层细化、校本课程的有效补充，建立立体完备的课程体系，才能为学生走班选课提供必要的空间与可能。没有完善的课程体系作为支撑，而让学生从原来的行政班到现在的学科教室上课，仅仅是上课地点的流动与变化，则只能是流于形式，换汤不换药。

北京十一学校主要产品是课程：4174名学生形成了1430个教学班，每人一张与众不同的课表，全校265门学科课程，另有30门综合实践课程、75门职业考察课程，这些枯燥的数字对应的是"分层、分类、综合、特需"的课程体系，从而为实现真正意义上的走班选课奠定了坚实的基础。

走班教学必须要有充分的师资保障。每一个课程的开发和运用，并不是一个、两个教师能够完成，而是一个高水平的科研团队。走班教学要求教师的教育观念、角色定位、知识储备、行为方式都得与走班教学保持相同的方向，大家分工更细，职责更明，教学的针对性更强，自我成长的要求更高，因而既要有充分的师资力量，又要有高素质的师资队伍。

走班教学必须要有与之配套的教育评价。评价是一种导向，也是一种激励。有什么样的教育评价，就有什么样的教育行为和结果。只有建立与走班教学相适应的评价机制，才能确保走班改革不跑偏不变调。那种把教师只是从办公室搬到学科教室"长驻"的做法，仅触及到了走班教学的皮毛，完全不可能保障真正的走班教学的有效实施。

走班教学必须有对学生发展基础的充分了解。走班的目的是帮助学生找到真正适合自己的学习内容和学习方式，没有对学生发展基础的深度了解，没有据此设定学生的基础目标与发展目标，没有在此基础上的选课指导，任由学生跟着感觉走，走班选课只会变成没有约束的放羊式教学，学校也就成了没有规矩的自由市场。

实行走班选课，除了这些必备的软件外，那就是硬件，各种各样的教学设施设备要齐全，而且学科教室的小班化是必要的条件。

学习十一学校，首先是要学习校长的教育思想与理念，如何变革传统教学，如何做到以学生为中心，如何调动和激发学生的学习主动性。其次是学习学校的组织管理和文化氛围。再次是学习教师的责任担当、敬业精神、创新品质、坚守情怀。

然而禅城一民办学校大胆尝试的采用学科教室的举动，让学生每天根据课表，到不同的课室上课的做法，还有老师的办公地点也从传统的办公室搬到学科教室"长驻"的办法，其勇气的确可嘉，然而如果没有足够的理念支持、没有相应的制度支撑、没有可靠的师资满足、没有必不可少的硬件条件的保障，只是从形式上的简单地模仿移植，从空间上的机械地变化转换，从跟风上的人云亦云，亦步亦趋，"走班"完全可能走偏，"选课"完全可能异化，说不定还会因"水土不服"而伤了学生、伤了教师、伤了教育。

教育是理想的事业，更是理智与智慧的事业。理智要求我们不能忘了教育的基本规律，不能忘了对学生的发展负责，不能忘了反复求证的制度设计。智慧告诉我们教育改革需要有效的理念引领，需要有效的教育实践，需要有效的深刻反思。只有改革的勇气没有深度的思考近乎鲁莽，只有照抄照搬而不立足于当地的教育实际更近乎愚顽，只有一味模仿而仅凭一时兴起、一时冲动，则无异于东施效颦。

走班选课体现了李希贵校长一贯的教育思想，这就是"学生第一"。然而我们在学习中不盲从，不赶时髦，做到科学地借鉴与运用，则更是为了"学生第一"。

这是张扬、显摆、炫耀吗？

近日，上海浦东某外国语小学一年级某班的几位家长，为了能竞选进入家委会，纷纷晒出"神履历""神学历"的微信截图在朋友圈里霸屏了。

于是有网友热议，这是选家委会，还是选 CEO？名校家委会成"拼爹拼妈会"？还有一些网友对此冷嘲热讽，认为家长们是在炫自己的成就、名誉与地位，将好端端的家委会组织变成了名利场，弄得乌烟瘴气。更有媒体认为这既有悖于组建家委会的初衷，不利于形成健康的家校合作关系，又会给幼小的孩子带来心理冲击，还有可能对孩子们输出不良价值影响。

对这些观点，我却不敢苟同。我以为，学校和班级选举家委会，不看家长的背景、学历、职位高低，不看学生成绩好坏，没有以"势"以"利"以"身份"而单向定论，这当中更没有潜规则，没有暗箱操作，没有主观臆断，而是自觉坚持民主集中制的原则，通过家长自荐和他荐，在集体酝酿的基础上，以表决选举的方式产生，这样的选举方式，充分尊重家长意见，让家长行使自己的权利和义务，体现了公正、公平、公开，对学校和班级这样的民主意识和开明的工作作风，应该给予充分肯定。

而且对于家长来说，他们在接到通知后纷纷参与，在班级微信群进行主动而积极的自荐，没有无动于衷，袖手旁观，也没有以自己在职场事务多、工作忙为借口而放弃，这也说明这些家长充分认识到了家庭教育和家校合作的重要性，也反映了对孩子教育的十分重视，对学校教育教学工作的了解和参与的积极性比较高昂，对学校工作以最大限度给予支持与配合。

想到当下的不少家长把孩子送到学校，便一了百了，万事无忧，万事大吉，似乎与自己不搭边，认为孩子的一切包括学习、生活、成长的所有问题，那就是学校的事，是老师的事，从不与学校、与教师沟通，对学校的教育从不配合和参与，相比之下，这样的家长确实难得，值得点赞！

我估计，这些小学一年级家长，年纪应该在 80 后与 90 后之间，应该属于比较年轻的一代，这一代年轻人出生于改革开放之后，成长于社会经济快速发展的时期，作为时代的幸运儿，大多接受了良好的教育，也有优越的家庭条件，更有令人羡慕的工作，还有舒适的生活，名校学历、海归背景、高管职位、豪车大房，完全可能应有尽有，他们在竞选中晒出这些，我以为，不是张扬，不是显摆，不是炫耀，而是亮出自己的优势，旨在言明时间上如何有弹性，场地上如何有空间，资源上如何有保障，以此赢得更多家长的支持和信任，最终能够进入家委会，有为大家服务和为班级、为学校做事的机会。

在我们的干部选拔制度中，公开选拔领导干部是其中一种重要的选拔任用方式，在面试环节，参与竞争者除了谈自己的施政理念和主张外，往往同样会打出自己的学历、工作岗位、人生阅历、家庭环境等优势牌，其目的是能够为自己"加分"，以在竞争中脱颖而出，不被淘汰，这难道也是一种"名利秀"，一种"炫耀资本"？

更何况家委会它只是一个联络学校与家长的服务组织，而不是一个什么利益机构，能够愿意参与其中的，不是为了追名逐利，而是为了尽到作家长的一些责任，为了发挥自己在家校沟通上的一些作用。主动担当这一工作的，是要有一定的服务意识和奉献精神的。

据一些权威机构调查发布显示，目前有六成家长居然不知有家长委员会，也有相当部分家长不愿意参与其中。在这种背景下，有家长愿意站出来竞选，而且绞尽脑汁尽可能选上，这是一件好事。让那些更有时间、更有条件和意愿的家长入选，能够为其他家长和学校、班级提供更多、更好的服务，则更是一件好事。

　　社会需要一些宽容，凡事我们在挑剔与计较的同时，能够多一些善意的包容，多一份积极的情绪，多一种敞亮的胸怀，有可能又是另外的一片天地。

究竟什么是"人民满意的教育"

关于教育，常常被人们说在嘴上，挂在墙上的一句话，那就是"办人民满意的教育"，就是这一句话，常常成了用以捆绑教育的一个紧箍咒，甚至是让教育越来越畸形扭曲的一个枷锁。

教育不是一个普通的消费业，大凡到宾馆住店、到餐馆吃饭，到小摊擦皮鞋，进超市购物，只要顾客掏钱，只要商家秉承"顾客第一""顾客就是上帝"的理念，用心服务，热情周到，态度和蔼，质量保证，顾客就能够很直接地感受到"满意"还是"不满意"，而教育则不同，它不是一般服务性行业，也不是一般的消费行为，更不能简单地把教育等同于一种商业供需关系。

教育作为一种"传道授业解惑"的特殊事业，它是人的艺术，这就决定了教育教学行为是专业性很强的工作，教育必须遵循教育本真，必须遵守孩子的身心成长规律，必须深谙教育教学方法，必须懂得教育教学艺术，教育做得如何，不是由"人民"一个"满意"或者"不满意"就能够说清楚的，当然更无法据此就做出概括与定论。

教育究竟做得如何，它的评价是一个系统工程，应该由更多的教育专业人士参与，而且按照教育自身的评价标准，并在深入了解论证的基础上，才能够做出相关的定性与定量的诠释，岂是一个"跟着感觉走"的"满意"与"不满意"了得？

更何况，"办人民满意的教育"中的"人民"，究竟指的是谁呢？要回答这个问题，首先应弄清楚"人民"的内涵与外延。

"人民"一词古已有之。在中国古籍中，人民一般泛指人，如《管子·七法》："人民鸟兽草木之生物"；也指平民、庶民、百姓，如《周礼·官记·大司徒》："掌建邦之生地之图，與其人民之数"。而现在，人民是一个政治概念，相对于敌人而言，现阶段人民是指全体社会主义劳动者、社会主义事业的建设者、拥护中国共产党和中国特色社会主义的爱国者和拥护祖国统一的爱国者。鉴于此，人民应该很广泛，它包括除了人民的敌人之外的社会各阶层以及社会各界的所有人士，当然也必然包括家长、广大教师、教育工作者和学生了。

我们通常所说的"人民满意"，恰恰在很多时候一方面片面指的是家长满不满意。在相当部分家长的眼中，什么是满意的教育，那就是孩子送到学校后，不管自己的孩子天赋如何，不管学校采取什么手段，自己的孩子平时要得满分，要考第一，可是一个班第一名只有一个，他的孩子得了 99 分，屈居第二，你说家长会满意吗？十二年下来，要上重本，要读清华北大。这又可能吗？每个孩子作为独特的生命个体，都有自己的发展方向，教育只能为他的发展提供可能，而不是"一定"和"必然"。更何况我们的教育不只是教给他们知识，不只是让他们获得分数，除了掌握必要的知识，获得相应的分数之外，更重要的是让他们养成好习惯，练就好品质，历练一种好情操，具有一种强大而乐观的心理，也就是让孩子学会做人，今后能够成为一个合格公民，拥有一个幸福而阳光自信的人生，这其实比什么都重要。

我曾经讲过，如果把人人考高分，人人上重本，人人读清华北大，作为家长对教育"满意"的标准，即使每个孩子都考上了，那么我们的教育还是永远不可能让家长这样的"人民"达到人人满意，因为就是人人上重本、上清华北大了，还存在着专业好坏与冷热上的差别，如果一个孩子挑了好专业，一个炙手可热的专业，而自己的孩子却读了一个比较差的专业，你说当家长的心理平衡不？满意不？

而在另一方面，则把"人民满意"往往异化并窄化成了领导是否满意，领导不是全才，即或是一个优秀的领导者，他不一定是教育专家，领导的满意与不满意其实并不能完全代表教育的满意与不满意。更何况，如果遇到那种浮躁功利、盲目追求政绩的领导，他的眼中或许就只有分数和升学率，就只有重本和清华北大，就只有所谓的名校和超大规模学校的坐大坐强，如果仅仅为了迎合领导满意，这样的教育做下去岂不让应试教育愈演愈烈，岂不在反教育的路上走得越来越远？

一县长履新，到某示范高中视察，校长与县长见面握手后，便如数家珍地汇报学校的办学特色，素质教育、书香校园、社团活动、新课程改革……县长哪有心思听这些，便急切地问，学校考了多少重本，有几个清华北大，校长如实回答，估计离县长"满意"的要求相差甚远，县长便很语重心长地对校长说："看来，离办人民满意的教育，还任重道远呀！"我在想，这位校长如若没有一点教育良知，如果仅迎合县长的"满意"，便放弃教育的本真，也不顾学生死活，转向于死整蛮干，拼死拼活，一味应试，而且加压加码，层层传递，学生岂不遭殃，好端端的教育岂不乱套？

如果仅让家长和领导满意的教育，其实并不一定是好教育。在很多时候，我们应该听听教师的心声，了解一下学生的想法，看他们对我们的教育是否"满意"，他们毕竟也属于"人民"的范畴。

比如问问教师，他们对教师职业是个什么态度？他们工作生活的环境怎么样，满不满意？当地的教育生态如何？他们的教育生活幸福吗？他们让学生们进入了主动学习状态没有？他们对学生有什么期待和希望？比如问问学生，他们喜欢什么样的教育？喜欢什么样的学校？喜欢什么样的教学方式？喜欢什么样的课堂？喜欢什么样的老师？这或许能够让我们更真实地掌握教育的现状和满意度。

其实，真正的"人民满意的教育"，应该更多地体现在教育的均衡与教育的公平，应该更多地体现在我们的每一个孩子"有学上"和"有好学上"，应该更多地体现在我们提供的教育能够让每一个孩子在同一片蓝天下，接受平等的教育，让每一个孩子都不被落下，让每一个孩子都快乐而幸福地成长。

其实，教育有自己的标准，我们虽然办不出全体人民满意的教育，但是我们完全可以让教育回归本真，回归自然，回归人性，回归常识，完全可以办出孩子们喜欢的学校，完全可以做出孩子们向往的教育，完全可以做出适合每个孩子的教育。

当我们的教育仅是为了"满意"而"满意"，当我们的教育甚至教学行为被"满意"牵着鼻子走的时候，当我们的教育缺少个性气节而多了奴性的色彩后，教育就已一步步陷入无法自拔的深渊，教育的乱象与悲哀就不可挽救了！

换种角度看教育

近日，中国青少年研究中心在北京发布《中美日韩四国高中生学习意识与状况调查报告》。报告通过对比 2009 年和 2016 年两次调查的数据，解析《国家中长期教育改革和发展规划纲要（2010—2020 年）》发布以来我国高中教育的变化趋势。

改革开放以来，中国的教育同社会经济一样，都得到了快速发展，这不容质疑！当然在发展中也的确显现并暴露出了一些不容忽视的现象和问题，特别是高考指挥棒所带来的一考定终生，以分数论英雄，分数的意义被无限拔高，学校和家长、老师乃至整个社会因为对分数的膜拜与焦虑，因而似乎都按考试内容去塑造学生，完全有可能淡化了育人与立德树人，忽视了学生的个性化发展和对学生核心素养的培养。

这些年，不管是业内还是业外，不管是专家学者还是民间大众，人人都在诟病中国教育，有的动辄就讲外国的教育如何，好像外国的月亮都是圆的，有的把对现实的一些牢骚统统衍变成了对教育的不满，恣意发泄，大加指责，随性谩骂，有的甚至夸大其词，把当下的教育说得昏天黑地，暗无天日，一塌糊涂。这样一来，大家似乎都以为，中国教育的问题果真很多、很大，政府、社会、学校、家长和学生，舆论都在一边倒地反省、检讨。然而所发出的这种廉价的批判，又有多少价值呢？既不利于解决任何问题，又往往颠倒黑白，混淆视听，带来悲观情绪，让人们丧失对教育发展的底气与信心。

其实，尽管美国，也包括日本、韩国在内的所有国家的教育，在理念上、方法上，或许都有值得推崇的东西，都有值得汲取的地方，但是世界上没有一种教育制度与理念是完美的，日本、韩国等其他国家如此，美国也同样。比如，在美国，因为家长不满意教育理念的原因，有大约260万学生是在家上学的。在美国前10名大学中，有7%来自此类学生。家长们都在以自己的力量去做调整，以尽力修正对美国教育的不满。

据这次调查所发布的报告，中国、日本、韩国高中生的学习压力均呈现下降趋势，而美国却呈现上升趋势，上升了8.8个百分点，中国高中生对学习成绩的满意度有了较大提升，而美国、日本高中生对学习成绩的满意度均呈现下降趋势，分别下降了4.3和7.2个百分点，这也充分印证了这一点。

而对于中国教育，随着这些年课程改革的全面落地，又特别是高考制度改革的渐次发力和有序推进，合作学习、自主学习逐渐取代了满堂灌，体验式教学在注重对学生的亲身参与和情感的融洽中，为学生的选择提供了更多可能，为学生的个性成长铺就了多条道路，为学生的实践能力、创新能力的提升搭建了平台。

报告通过翔实的数据分析与比较，中国教育在"以学生为中心"的教学方式上越来越多地采用，中国高中学生网络应用大幅增加，学习习惯越来越好，学习压力感下降。这充分说明，中国的教育在不懈的改革和努力中，其教育水平在不断提升，教育生态在逐渐改良和好转。这确实让人们值得兴奋和欣慰！

然而，中国高中生不想去学校、想逃课、想摔砸东西、想骂人喊叫、对生活绝望的比例却均有所上升。面对这样的一些负面情况，我们当然不应该回避，敢于面对，加以重视，好好反思，为什么这样的情绪不降反升？是不是现在的社会风气带给了学生们一些不好的影响？是不是我们还没有办出学生们喜欢的学校，做出适合每一个学生的教育？在这些方面，我们应该怎样付出主动？怎样去大有可为？

"不识庐山真面目，只缘身在此山中"，之前，由于缺乏对中国教育系统而全面的了解，为此有了不少不应该有的误解误读，甚至人云亦云，这份报告的出炉，让我们在纵横比较中，既对中国学生的学习负担及学习能力情况有了全面的认知，又对我国教育目前所处的状态以及自身存在的优缺点有了清醒判断、理性把握，从而为今后教育教学改革的行径弄清了方向。同时，修正了一些对教育有失公允的片面认识，进一步增强了我们对教育发展的自信与自觉。

"毕竟，满地都是六便士，他们却抬头看到了月亮"，只要方向对了，就不要怕路途的遥远。教育的发展与改变，虽然任重而道远，但是曙光初现，只要我们坚信与坚守，就一定能够冲云破雾，收获教育的满园春色和美好明天！

教育发展应多些理性思维

　　"要想社会发展好，还是 GDP 少不了"，这句话，在过去经常可以听到。然而大家是否已经注意到，这次党的十九大报告中不管是社会的发展，还是两步走的战略安排都没有再提 GDP 翻番类目标。这主要考虑的是，我国社会主要矛盾已经发生变化，我国经济发展已转向高质量发展阶段，不再是高速度增长的阶段了。在这一阶段，重要的不再是增长速度了，也就是不再是量的问题了，而是质的问题，作为党和国家将通过质量、效率、动力"三个变革"来实现，着力解决不平衡不充分的发展问题。不提 GDP 翻番目标，是为了更好贯彻落实新发展理念，推动党和国家事业持续全面健康发展。

　　再联想到中国的体育事业，很长一段时间以来，中国的竞技体育是以金牌论英雄，金牌的"指挥棒"让中国体育误入歧途，陷入无序竞争，进入一个尴尬的境地。竞技体育强化了，群众体育弱化了；金牌数量上升了，国民体质下降了。特别是为了金牌的年龄造假、兴奋剂使用，以及出现的"黑金现象""黑哨现象"，更是违背体育精神、体育道德。近些年来，体育竞技逐渐淡化金牌意识，不再唯金牌是从，让体育精神又回归到了本源。

　　然而让人不可思议的是，以培养人为使命的教育，本应该注重人的全面发展、人的差异发展、人的个性发展，本应该注重对人的核心素养的培养、对人的创造力和创新精神及品质的塑造，然而我们的教育领域却仍然看着的是分数，整个教育天地里充斥的是分数，在校园里血腥大战的是分数，人们带血的双眼紧盯的是分数，一切教育的指向也完全是分数。

在分数指挥棒的挥舞之下，人的教育被工具化，神圣的传道授业解惑完全被异化成对分数的不择手段的单向攫取。在一些地方，党政要的是值得标榜的教育政绩，社会要的是辉映一方的高升学率，校长要的是能够贴金的名校，家长要的是能够光宗耀祖的成绩，教师要的是能够给自己带来效益的名次，于是乎一座座应试加工厂便应运而生。

在这样的隆隆轰鸣的应试加工厂里，孩子们就是我们批量生产的一台台只会应试的机器，至于他们是否真实，是否善良，是否健康，是否快乐，是否有积极的心态，是否有良好的品质，是否有人性，是否有天理良心，是否有好的行为习惯，是否能够在未来人生直立行走，是否能够成为一个合格公民，没有人去想，也没有谁去管。

我在想，最需要看见"人"的地方，却最看不见"人"了，最需要体现"人性"的群体，却最没有人性了，最需要"以人为本"的领域，却最不拿人当人！这难道不令人奇怪吗？

教育的终极目的到底是什么呢？教育的终极目的绝对不是获得一个一时的高分，获取一个单一的名校敲门砖，教育的终极目的应该是使学生在学校里掌握相应文化知识的同时，能够收获健全的人格、健美的身体、健康的心态，特别是要有一颗平常的、善良的、富有责任、充满爱的心，在他们面对未来的生活，能够自信人生、阔步前行，能够活得快乐洒脱，活得有质量尊严。

想一想，当下为什么有那么多孩子厌学逃学，为什么有那么多孩子视书本为仇敌，为什么有那么多孩子把学习当作一种牢狱之灾，为什么有那么多孩子身体不堪一击，为什么有那么多孩子人情淡薄，缺乏责任感，为什么有那么多孩子情感脆弱，抗挫能力差，动不动就出走自杀，为什么有那么多孩子对老师不尊重，常常用辱骂、暴打、群殴老师，甚至用杀害老师的手段来进行反抗，为什么孩子间纯真的友谊日渐消却，发生在校园内的欺凌事件接二连三、屡禁不止，为什么中国创新人才、创造人才那么缺乏，这么大的国家与诺贝尔奖竟一次次失之交臂，其实，这些都是由分数主导的功利主义教育所带来的最大的恶果和危害，为此也就不足为怪了！

对于 GDP，党和国家都已开始理性地对待了，不再以 GDP 论英雄，也不再盲目追求 GDP，对于竞技体育，整个社会也能够冷静地对待金牌了，也不再把金牌数量作为炫耀的一种资本和一种唯一的追求了。那么，作为人学的教育，则更应该坚持教育的新常态，树立教育新常态思维。

可喜的是，一方面，作为教育高层已经充分意识到了这一点，在今年教师节前夕，国家教育部部长在视察北京十一学校时指出，教育成功不成功，在小学、初中要看学生是否开心快乐；在高中，则要看学生心活了没有，学生在高中阶段是否接收到了对他们终生有影响的教育。在教育系统学习贯彻党的十九大精神时，陈宝生部长又谈到，要注重培养支撑学生终身发展、适应时代要求的关键能力，强化学生认知能力、合作能力、创新能力和职业能力。要建立促进学生身心健康、全面发展的长效机制，全面加强德育、智育、体育、美育和劳动教育。这让我们看到了教育持续而良性发展的曙光。

另一方面，作为国家层面，已经开始有序地推进高考制度的综合改革和配套改革。2014 年 9 月，国务院发布《国务院关于深化考试招生制度改革的实施意见》拉开了高考改革大幕。根据《意见》，上海市、浙江省进行了全国高考综合改革试点，到 2020 年我国将全面建立起新的高考制度。多元的教育质量评价体系的建立，将打破单一的评价模式，这是让基础教育摆脱应试教育的关键所在，也是淡化分数至上观的治本之举。

同时，作为一些地方的教育主管部门也在开始拿出一些切实可行的措施，着手治理为应试教育推波助澜的一些顽疾。比如，控制超级中学的坐大坐强，严控超级中学乱挖生源、违规办学，杜绝对高考状元的肆意炒作，对高考的排位、排名。像今年四川禁止对高考状元的炒作宣传，过去高考成绩一揭晓，对状元的炒作铺天盖地，虽有令而不行，有禁而不止，熟视无睹，一切相安无事，而今年动真格，斗真硬，收到了预期效果。

更值得欣慰的是，面对未来已来的新时代，不少教育有识之士便已主动拥抱新时代，迈向新"未来"。一些学校开始更加重视人文教育，更加重视课程的设计和课堂的变革，更加重视对学生社会实践能力的培养，更加重视对学生能够适应终身发展和社会发展需要的必备品格和核心素养的培养。

很多教师也积极变革自己的教学观念和学生的"学习方式"，教育的定位从过去教学生解题，转变为教学生解决问题，最终帮助学生激发其内生力，唤醒其巨大的潜能，从过去教师主宰课堂和学生的一切，最终转变成为学生学习活动的设计者、解决困难的帮助者，人生成长的引路者，学生共同学习的合作者。

今天的教育，就是这个国家明天的经济、社会的未来，教育的发展，如果多一些理性思维，少一些盲从，孩子们当下就会多一些快乐，未来人生就会多一些幸福！

最好的教育在家庭

与贵州省毕节市七星关区几十位校长交流，闲聊中谈到当下的家庭教育，大家深有同感，认为当今中国教育所面临的一个最大问题，那就是家庭教育的缺失。

教育最大的缺失是家庭教育的缺失

的确，现在家庭教育面临一个很尴尬的现状，就是不少年轻人没经过培训，就稀里糊涂当了家长，就为人父母了，很多年轻父母既缺乏一些教育常识，更谈不上正确的家庭教育理念，又不重视对孩子的家庭教育。孩子到了入学年龄，把孩子往学校一送，便是学校和老师的事，孩子有什么差错闪失，责怪的是学校，抨击的是教育，谴责的是老师，根本就没有反思自己，也没有意识到自己的角色和责任。

有的家长，攀比心比较重，自己的孩子考了 98 分，见到别人家的孩子考满分了，心里就不平衡，就不高兴，甚至对孩子大加呵斥，大打出手，有的喜欢给孩子灌输一些弱肉强食、你死我亡的道理，喜欢计较一些可量化的外部得失。如会背的唐诗比别人多几首，是否会心算，是否上了重点学校，是否考级过了关，成绩排名如何，获得了多少种证书等等。不仅引导孩子和他人比，更助推孩子和自己较劲，根本不顾及孩子内心的成长和内在的感受。

有的一谈到家教，就把孩子送到各种形形色色的补习班、兴趣班、特长班，中国家长在孩子的教育上很舍得花钱，不惜砸锅卖铁，却忘记了自己的身体力行，不知道自己对孩子的教育应该做些什么。更有甚者，一些权贵和富有人群，用金钱换责任，用金钱过早割断亲情，在孩子很小的时候，就花巨资把孩子送出去，包括送到国外读书，表面上为孩子着想，在规划孩子未来人生，实则是放弃对孩子的教育责任。

当然还有一类家长更不可思议，家庭教育和学校教育本应形成合力，家长和老师应该经常交流和沟通，然而一些家长不仅不交流沟通，有的孩子在学校读了几年书，连校长、老师的名字都不清楚，这且不说，还常常因为老师对孩子的严格要求，或者孩子在校园里有一点小擦挂、小纠纷，管他学校及老师有没有责任，而大闹校园，辱骂老师，有的家长竟然还扇教师耳光，逼教师下跪。比如，前不久发生的河南省信阳市某高中老师，因批评学生上课带手机，被学生家长殴打致右耳膜穿孔。

教育永远处于发展中，教育永远在实践中不断完善。我在想，当我们的家长在埋怨我们的应试教育时，自己却在用分数去绑架自己的孩子，我们是否在反思自己也是应试教育的一个推波助澜者？当我们在指责当下教育缺位，德育弱化，德不树人，道理沦丧、社会混乱、长幼无序时，我们是否给孩子做出了表率？当我们在对中国教育指手画脚、品头论足、发泄不满时，我们是否补上了家庭教育这一课，是否重视家庭教育，是否有着良好的家庭教育，是否通过自己的努力在尽微薄之力完善修正弥补当下教育之缺陷与不足？

最好的教育是家庭教育

其实，家长是孩子的第一任老师，也是最重要的老师，更是孩子最长久的老师，实际上是孩子终身的老师。家庭是孩子人生最重要的场所，也是他们人生真正的摇篮，他们的人生是从家庭开始的，孩子的行为习惯、个性特点、认知风格、品质态度、心理健康等，都是在家庭中初步形成的。

父母亲对孩子的成长具有非常关键的作用。他带给孩子什么，往往就决定孩子会成为什么。说到家庭教育是什么？我理解的家庭教育，除了指在家庭中的教育，是父母和其他家庭成员对于孩子的教育，也包括家庭参与学校教育生活的一些活动，当然家庭教育还包括家长及家庭成员对孩子的言传身教，率先垂范，往往更多地体现在非智力因素方面。比如孩子的勤俭、勤劳、勤奋、诚实、守信、体谅、善良、懂得感恩、尊重别人、敬畏之心等等，这些往往决定着孩子将来能够成为一个什么样的人，能不能成为一个合格的有责任有担当的社会人。而这些，孩子们通常是在家庭成员及父母身上获得的，可以说，孩子今后成为一个什么样的人，能不能成为一个合格的有责任有担当的社会人，在某种程度上讲，首先取决于家庭成员和父母，取决于家庭教育。

由此可见，家庭教育是最好的教育，也是不可或缺的教育，没有好的家庭教育，就没有好的教育。即或有暂不好的教育，但是有了好的家庭教育，孩子同样能够幸福健康成长，而且这种好的家庭教育会波及影响到当下的教育，让教育也逐渐好起来。

改变教育最应该从家庭教育改变着手

大家对当下学校教育不满，主要体现在哪里？一方面是孩子做人的问题。现在的孩子有的自私自利，嫉妒心强，缺乏合作品质，有的生性孤傲，目中无人，有的意志脆弱，经受不起打击，动辄离家出走，或者轻生，有的孩子从小娇生惯养，自理能力差，没有养成良好的生活习性，有的孩子以自我为中心，不懂得感恩，不懂得尊重别人，凡此等等，这些归根到底还是做人的问题，很多人最终把它归咎于我们学校教育的问题。

面对这些问题，其实我们应该想一想，我们的家风如何，我们给了孩子什么样的家庭教育，我们当父母的是怎样做的，是不是对孩子给予了积极的影响，在孩子面前是不是言传身教，起好了示范作用。比如前面提及的一些家长动辄对学校、对老师的无理取闹、胡搅蛮缠，长此以往会给孩子以什么样的潜移默化呢？

对于父母来说，家庭教育不像学校教育，孩子教育的开始和结束都没有一个固定的时间点，随时都在发生。傅国亮在一次家庭教育高峰论坛的演讲中指出，"家庭教育是'与生俱来'的。婴儿的'社会化'进程是从模仿双亲开始的。这是人类成长的规律。因此，在家庭里，不存在家庭教育'有'或者'无'的区别，因为家庭中的'不教'也是'教'"。

另一方面是孩子的成才问题。对于学校教育来说，本应该遵循教育规律，捍卫教育底线，顺从孩子天性，注重孩子全面发展，但是毋庸置疑，由于受社会环境的影响，我们的学校教育在一些地方有可能忽视孩子的个性禀赋，缺乏对教育规律最起码的尊重，教育或许还仅停留于简单的应试层面。

我以为，不管当下我们学校教育秉持一个什么理念，不管坚持怎样一个办学方向，作为家庭教育更应从孩子的长远发展出发，关注孩子的身心健康，不能因孩子眼前短期的所谓成功而拔苗助长，要引导孩子做最好的自己，不能拿孩子与他人攀比，要尊重孩子的独立人格，而不是包办代替孩子的一切。

学校教育还有一个最大的问题就是最应该读书的孩子不读书，如果说读书，孩子读的仅是课本和习题集。阅读让孩子知识丰富，心灵充实，心智成熟，精神富有，思维活跃，眼界开阔。而阅读能力、阅读兴趣、阅读习惯的培养是从家庭开始的，阅读的优良种子是在家庭播下的。《朗读手册》引用了一首诗："你或许拥有无限的财富，一箱箱的珠宝与一柜柜的黄金。但是你永远不会比我富有，我有读书给我听的妈妈。"

如果说我们的学校教育，目前还缺乏一种最有效的阅读教学，那么我们完全可以让阅读走进家庭，走进父母，让阅读成为我们的生活方式，让阅读成为教育的主要内容。我以为，如果有一天当我们的父母都拿起书来读，父母拿起书与孩子一起来读时，我们就有了最好的教育。我还以为，没有父母对于阅读的示范与热爱，就很难点燃孩子们的阅读热情，没有真正的父子共读、母子共读，父母与孩子就很难拥有共同的精神家园。

面对庞大复杂的中国教育体系，我们不能寄希望于一夜之间来一个根本性的改变，这是完全不可能的，但是我们的家庭、我们的父母，若真爱自己的孩子，我们完全可以发挥自己的勇气，利用自己的智慧，我们完全可以选择从自己做起，选择从现在开始保护孩子，免于目前教育对孩子的伤害，我们完全可以打破当下绞杀孩子的所存在的还不理想的教育链条，让孩子享受生命，享受学习生活的快乐，那么我们最终会发现，我们收获的并非是平庸，而是孩子个性的张扬，天赋的挖掘，才能潜质的释放，我们所收获的不仅仅是对孩子的改变，而是对当下教育的改变。

我在想，如果我们每个家庭、每个家长面对当下的教育，没有自己的主张，没有自己的行动，没有自己的努力，只在那个地方一味旁观，怨天尤人，甚至火上浇油，助纣为虐，中国的教育会改变吗？我们的教育会好起来吗？

我们在为教育的改变而努力的同时，首要的应该为家长补上家庭教育这一课，让家长都成为教育的智者和明白人，让家长们都懂得如何担当作为，如何奋发有为，如何树立正确的教育观，都懂得如何面对当下的教育，如何理解支持学校和老师，如何引导孩子成长成才，如此，中国的教育问题才会有根本性的改变。

教育改革，首先应当从变革家长入手，改变教育，应该从改变家庭教育着手。

教育的责任和取向

高考成绩揭晓了，人们关注与热议的是多少人上了重本，又特别看重的是有没有清华、北大，似乎只要有上线清华、北大的，这所学校、这个地方教育才能够体现发展，才有形象地位，其教育人才有话语权，也才能挺直腰板，扬眉吐气，更才有一种体面和尊严感。

而且似乎一俊遮百丑，哪怕其他方面再不怎样，比如，教育生态再恶化，其他孩子在陪读中哪怕忍受着一种炼狱般的煎熬，人们都不会去关注和评判，都能包容和接受。甚至这个考上清华、北大学生的背后，学校靠的是一种什么交易，花了多少代价事先把"苗子"挖到手或者买到手的，是用的多么残酷的教育方式把它打磨出来的，大家也不会去计较和深究。

有人把一所学校、一方教育考上清华、北大的学生形象地比喻为一个国家所拥有的核武器，说核武器就代表着国力，有了它，就有了威慑力，至于这个国家怎样不顾国际舆论和压力，怎样劳民伤财，怎样搞核扩张，这些一概不管，只要把它弄出来，哪怕社会混乱，经济落后，民不聊生，似乎这一切都无所谓。

为此，我再次想到我们中小学教育的责任和取向究竟是什么，是以培养上清华与北大的"精英"和"栋梁"为首要任务，还是以培养"真正的人"为根本目标？回答这个问题，就必须弄清楚教育的本质是什么。

教育，不是人人考重本，也不是人人考清华北大，更不是人人成为全省状元，如果教育果真有这样的作用，有这样的神奇，其实并不是好事，这个社会那是要乱套的。正如有人所说，这个世界，没有美国，也许要乱套，如果每个国家都成了美国，那更要乱套。

社会是一个庞杂的系统，它的分工很细，既需要脑力劳动者，也需要体力劳动者，既需要搞研究的，也需要做工的、务农的、扫街的、掏粪的，包括洗碗的、擦皮鞋的。只有如此，社会才成其为社会，社会才是和谐的，也才能有序运转。

其实，每个孩子都是上帝的宠儿，都是不可复制的孤本，每个人都有他的人生发展方向，或者说每个人都接受了上帝的安排，来到这个世界都承担着不同的使命。在上帝的眼中，不管做什么，干什么，都是平等而光荣的。

教育不是无所不能，千万不要夸大教育的作用。"没有教不好的学生，只有教不好的老师"，那是对教育和老师的无情绑架。天才终究是天才，精英终究是精英，栋梁终究是栋梁，能够考清华、北大的孩子，他们的智商都很高，无论在哪儿接受教育，他们都出类拔萃，不管在哪儿读书，一般情况下他们都能上清华、北大。没有相应的天赋，不说一般老师把他教不出来，就是教育圣人孔子也没办法，哪怕集中一个军团的教授也不一定把他培养得出来。

莫言只读了小学五年级，获得了诺贝尔文学奖。童话大王郑渊洁的儿子在学校写命题作文"早起的鸟儿有虫吃"，因反弹琵琶立意，被老师开除，郑渊洁干脆在家里自编教材教儿子，同样成了"小童话大王"。像中国的钱学森、钱三强、巴金、鲁迅，还有外国的牛顿、爱因斯坦、霍金，他们超常的天赋、卓越的人生成就，确实与学校教育关系不大。

那教育是不是就没有作用，是不是就没有意义，是不是就可以取消学校教育？当然不是！

大家知道，老农种庄稼，他们只要为种子提供适宜的土壤、气候、空气、阳光、水分、养料，种子就会从板结坚硬的土壤里破土而出，发芽开花，自然生长。教育的作用和意义，就像老农对待种子一样，在于给孩子提供良好的成长环境，给以个性化的教育，激发他们的学习兴趣，教会他们做人，让他们形成好的人生观，养成一些好的习惯。

所谓"种瓜得瓜，种豆得豆"，瓜、豆，包括一切庄稼禾苗，都是靠种子的内生力，老农能够代替吗？老农能够要求种下去的瓜，一定要长成豆吗？让撒下去的豆一定要结出瓜吗？让插下的柳一定要开出木棉花吗？让播下的稻一定要抽出麦穗吗？当然老农更不可能为了有一个好收成，为了赶时间，去对种子、禾苗进行一番乱折腾，去人为地拔苗助长。

恰恰在这一点上，我们目前的教育却出现了问题。在很多地方，常常是以一种近乎功利的状态，以一种恨铁不成钢的心理，以一种成人的眼光，以一种世俗的价值取向和游戏规则，把教育的生存之道，把教育的残酷竞争，把教育人所谓的颜面与尊严，还有一些幼稚想法，包括自己没有实现的梦想，全部压在一个个瘦弱的孩子肩上，一些学校甚至把所有的心思和精力完全放在对分数和升学率的追逐上，把所有的方法和手段完全用在对所谓的"精英""栋梁"的造就与培养上。

于是，不考试的科目不上了，正常的教育活动不开展了，教育的规律不要了，学生的身心健康不顾了，成绩差的学生不管了，要求学生必须遵循一些固定的行为方式，必须遵从一些残酷的甚至荒唐的清规戒律，必须承担与他们实际年龄不符的课业负担。

一次到一所中学去，恰逢学校搞高三百日誓师，几千名高三学生一起诵读誓词，声音响彻云霄："人们常说狼走千里吃肉，狗走千里吃屎，我们是一群狼，一群人挡杀人，佛挡杀佛的血狼，在我们的道路上，别无选择，只有进攻，前进。再进攻，再前进。这就是我们的精神。所以我们必须呐喊：我们是狼，一群吃肉的狼，狭路相逢勇者胜，我们，必胜！"

即使再应试，再竞争，我们也不能变成吃肉、吃人的狼，而且"是一群人挡杀人，佛挡杀佛的血狼"，这也太恐怖、太可怕，太充斥着血腥味儿了。经过万亿年的进化，猩猩变成了人，而在高度发达的文明社会，我们的孩子却最终要通过残忍的教育再变回野兽，简直太不可思议了！

可以想象，当下我们的教育在有违本真的路上，在反常识、反人性，甚至在"反教育"的路上走得有多么的远。

原苏联著名教育家苏霍姆林斯基就曾明确地告诫:"请记住,远不是你所有的学生都会成为工程师、医生、科学家和艺术家,可是所有的人都要成为父亲和母亲、丈夫和妻子。假如学校按照重要程度提出一项教育任务的话,那么放在首位的是培养人,培养丈夫、妻子、母亲、父亲,而放在第二位的,才是培养未来的工程师或医生。"

好的教育是看不到分数的,好的教育不会只认成绩,只认升学率,好的教育不会只冲着上大学,考清华北大,好的教育当然也不仅是培养"精英"和"栋梁"了。好的教育充分关注的是人,是人的健康成长,是人的快乐幸福,是人的个性化发展,是让人成人,让人成为他应该成为的他那样的人,让人成为一个有爱心、有担当、会感恩,能够服务于社会,而且能够自食其力的人。这便是教育的本质之所在。

当然,教育为国家输送人才,为国家培养"精英"和"栋梁"之才,这也是教育义不容辞的责任,但是我们绝不能仅仅为了这个目标而不择手段,绝不能仅仅为了极少数而疏忽抛下绝大多数,绝不能仅仅为了我们的功利与迎合而把整个教育搞乱了套。

本来很多学生,我们只要对他们多一把尺子,多一份标准,多一些期待,多一些关爱,多一些平和心态,给他们提供适合的教育,提供遵循常识和规律的教育,完全可以在他的天赋禀性基础上,在他的发展方向上,成长得更好些,在未来的人生路上,直立行走的更自信些。然而往往却因为我们的急于求成,因为我们的"美好愿望",因为我们的以"爱"的名义所施加的伤害,将他们好端端的人生被活活地葬送了,这样的教育,我以为是在"作孽"。

再来看看,这种畸形的教育所刻意造就的"精英""栋梁",又是一个什么状态呢?

李镇西校长曾讲过一件真实的事,一所重点中学靠重金买来未来北大、清华的苗子,果不出所望,三年后,这个苗子考上了清华,而且学校按事先约定还给了这个学生7万元的奖励。八月份,这所重点中学的高三学生提前到校上课。学校打算请这名考上清华的"优生"回母校给学弟学妹们讲讲学习方法，介绍介绍学习经验，便通过班主任给他打电话。那位"优生"接到电话，第一反应便反问："给多少钱？"班主任一下子就蒙了，于是在电话里给这位"优生"讲"学校培养你不容易""要懂得感恩"之类的话。该"优生"又反问了一句："我考上清华关学校什么事？"

其实这还不算什么！诸如马加爵、药家鑫、林森浩、吴谢宇，等等，这样的"精英""栋梁"，他们不但没有造福家庭和社会，相反还成了祸害，走上了人生不归路，这更值得我们唾弃和深思。

还有许许多多我们用心培养的"精英""栋梁"，只不过是成了经我们亲手打磨的一台台能考高分的机器，只有分数的教育扼杀了他们的天性和创造性，销蚀了他们的激情和创新品质，他们差不多也都泯然众人矣。

好在国家已在全力推进课程改革和高考制度改革，但是如果我们再不改变人才观、教育观以及教育方法，如果全社会不能理性地对待高考，不能科学全面地认识教育、评价教育，如果普天下的家长还一直沉迷于过度焦虑与浮躁的怪圈，要让教育回到应有的路上去，也许还要假以许多时日。

该是到了好好反思我们教育行为的时候了，当然，更到了我们必须拿出行动，从自我、从眼下做出改变的时候了！

第五辑　从变与不变中突围

破解人才外流要在"软环境"上下功夫

《中国青年报》刊发的《怎样使落后地区优秀教师不外流》一文中提到，某县在新学期开始时，有三位省级名师、两位省级教学能手，还有多名教学骨干，作为人才被"高薪"引进到经济发达地区任职或任教，以至于人才流失，学校的校长无法安排正常教学任务，临阵"抓瞎"，十分狼狈。

经济薄弱地区优秀教师，因为经济发达地区更优厚的待遇，不断"外流"，这样的现象日益突出，而且在全国各地并不少见，"人往高处走，水往低处流"，对优秀教师个体而言，其实也无可厚非。

但我们必须正视的是，优秀教师从落后地区向发达地区的"另谋高就"，使本来教育就相对落后的经济薄弱地区更加落后，雪上加霜，最终弱化的是落后地区的教学质量，最终受伤的是落后地区那些无辜的孩子们，最终影响的是落后地区的社会经济发展，也为当下全面推进的精准扶贫带来了巨大的压力和难度。

要消除落后地区优秀教师人才"外流"，文章作者所提出的两条建议尽管很好，但是"国家要出台相关法律法规，对经济发达地区向经济薄弱地区挖人才的做法在政策或法律上给予某种限制"，以此来阻止优秀教师的外流，这样的做法有可能"合法"，但不一定"合情"，因为人才的正常流动是社会发展的大势所趋。要全面落实"扩大省级政府教育统筹权"，我以为还有一个过程，还必须假以时日，同时要从根本上改变不同区域间特别是发达地区同落后地区的发展差距、待遇差异那绝对不是一朝一夕的事。

我还以为落后地区要真正留住教师,除了尽最大努力保证和落实好教师的各种经济待遇外,最重要的一个方面,那就是让教师感受到职业的尊严和幸福。根据我从事多年区域教育管理的经验来看,一个教师安不安心在一个地方从教,从某种角度来说,并不在于报酬的高低,待遇的多少,而在于能否收获作为一个教师应有的职业尊严和幸福。

为此各级政府,特别是教育主管部门和学校,一方面要具有教师立场。应该建立美国耶鲁大学政治学教授詹姆斯·C·斯科特在《国家的视角》中所提倡的"从参与者的角度去思考"的思维路径,也就是要以心换心,将心比心,学会换位思考,体现同理心理,凡事多从教师角度去考虑,甚至很多时候要带着情感和责任站在教师这一边去掂量。日本小说家村上春树有一句经典名言,应该给我们以启示,"假如一边是坚固高墙,一边是一撞就碎的鸡蛋,我愿意永远站在鸡蛋的一边。"这样我们的所有决策和安排既能带着我们最美好的"初衷"落地,又能让教师们感受到作为一个教师应有的尊严和幸福。

另一方面要坚持人性关照和人文尊重。教育只能抵达只有人性的光辉才能抵达的地方,你把教师当人,他就会把自己当牛;你把教师当牛,他就会把自己当人。优秀教师都有一定的个性和思想,他们都期望能保持一份独立的人格,他们希望能以自己的能力在获得一份较为体面的薪酬的同时,能获得一份尊重。如果我们有意无意地把教师看成了"打工者",把我们视作"老板"和"监工",教师的独立意识与主体地位得不到尊重,他们就完全有可能离你而去,"择良木而栖"。教师是否真心实意地对工作投入情感,是否不计待遇得失,能够无怨无悔地坚守,关键取决于我们是俯视教师还是仰视教师。对教师最起码的人性关照和人文尊重是教师拥有职业尊严和幸福的基础。

同时要助力教师专业成长。首先解放教师,给教师松绑,让教师的精力不被形式性的东西所消耗,让教师身心不被一些瞎折腾所束缚,能够轻装前行、静心成长。其次力求从教师的学术素养、职业精神、专业品质、教学业绩等层面探索综合的、多维的教师评价方式,让每一个教师的潜能得到充分的发挥。

再次让教师带着情怀教学，带着问题思考，带着责任研究，促使他们在工作状态下研究，在研究状态下工作。此外我们要全力搭建各种平台，让教师在展示自我的过程中快速成长，拥有专业尊严。

教师有什么样的理念，就会有什么样的教育教学行为，就会有什么样的精神面貌和职业状态。用分数主导一切，让应试教育铺天盖地，学生等同于应试机器，教师犹如一个简单的程序操作工，机械与重复会使教师过早产生对人生的麻木与对职业的倦怠。而遵循教育的基本规律，让教育回归常识，用教育的朴素与本真去支撑教育的实践，教师就会在孩子的生动成长、在教育教学生活的美好中，收获教师职业的尊严与幸福。作为经济落后地区，经济的落后情况可能暂时改变不了，但是我们完全可以穷则思变，变革教育理念，用科学而先进的理念引领教育，让教师过上一种比发达地区教师还幸福的教育生活，在这一点上，通过我们的努力，是完全可以实现的。

阆中，属国家贫困县，这些年我们把做朴素而幸福的教育的教育理念融入到校园的日常生活里，呈现在学校的一草一木，甚至每一个课堂、每一个活动中，让我们的教育理念成为教师内在的一种精神追求，化为外在的一种无声的行动，这样，教师从丰富多彩的校园生活和孩子的快乐阳光中，感悟到了生命的成长，感触到了教育的意义，感受到了教师这个职业的美好，因而阆中的教师包括我们的乡村教师都能够扎根学校，不为其他一切所动。

我以为，在"硬环境"还没有完全形成之时，我们能够从"软环境"着手去作一些力所能及的改善，或许是更现实之举，这既体现了每一个有良知的教育人面对教育现实问题能够从当下做起的一种责任和担当，又或许能够让落后地区的优秀老师们面对"高薪"的驱动力，会因为这片土地、这方教育、这些人和事而流连忘返，依依不舍，有一种定力，然后带着满腔热情，把岁月和智慧，奉献给那些更需要温暖、更需要改变、更需要优质教育的落后地区的孩子们！

去行政化不等于去行政

一直以来，学校行政级别捆绑着学校，大学有厅级、副部级，就连中小学也有股级、科级、处级，相应的校长也就有了相对应的不同级别。学校有了行政级别，上级行政主管部门就很自然地把学校当作一级下属的行政部门来看待，来发号施令进行管理，导致学校管理的行政化；校长有了行政级别，尽管并没有按行政级别享受相应的待遇，但更多的校长会把自己当成一个官员，而不会认为自己是老师，是老师中的老师。

其实，学校"去行政化"早已列入"国策"。2010 年 6 月印发的《国家中长期人才发展规划纲要（2010—2020 年）》明确指出，克服人才管理中存在的行政化、"官本位"倾向，取消科研院所、学校、医院等事业单位实际存在的行政级别和行政化管理模式；2013 年 11 月发布的《中共中央关于全面深化改革若干重大问题的决定》中也提出，推动公办事业单位与主管部门理顺关系和去行政化，创造条件，逐步取消学校、科研院所、医院等单位的行政级别。

山东济南五部门近日联合发布《关于推行中小学校长职级制度改革的实施意见》，从 2017 年开始取消中小学校干部行政级别，实行校长职级制。山东济南带头摘掉校长的"官帽"，开启了校长去行政化的"破冰之举"。

取消中小学校及其干部行政级别，是推进政校分开、管办分离改革的重要环节和突破口，其本质在于通过去行政化，鼓励学校创新管理体制与办学模式。实行校长职级制，则是让校长退出行政序列，走上职业化、专业化的道路；让校长对自己的身份认同发生根本的转变，从"长官"变成教师中的"首席"，从"官员"变成真正的"教育家"；让校长对自己的责任与使命有一种真正的担当，回归常识，回归宁静，回归本真，回归本业，回归到学生和课堂中，静下心来思教育，沉下心来做教育。

但我们必须清醒的是，实行校长的职级制管理，取消的仅仅是学校和校长的行政级别，而不是行政。"去行政化"不等于消弭和废除整个行政管理体系本身，而更重要的是使得行政管理行为这一庞大而复杂的主体迅速"瘦身"，让学校管理变得更加精锐、灵活和有效，让校长拥有更多的办学自主权和更强的开拓进取、创新创造精神。如若不认识到这一点，"去行政化"很有可能"去掉"对学校和校长的有效管理。

一方面，尽管校长职级制淡化了学校的行政化色彩，但党管干部、党管人才的原则不能丢。去行政化"去"的是上级部门对学校过多过繁的管理，"去"的是影响校长自主管理的"文山会海"，体现的是对教育行业特殊性的重视，对教育规律、教育常识的尊重，但选人、用人的基本原则不能丢。把那些人格高尚、业务精良、组织纪律性强、长于管理的好老师培养成为一名好校长，把一名好校长选用到更加需要、更加适合的岗位上，依然离不开党的领导，离不开上级组织的选拔与培养。

另一方面，校长职级制尽管打破了校长的任命制与终身制，但上级部门对校长的业务管理不能松。实行校长职级制管理不是削弱了教育主管部门对校长的管理，而是加强了对学校的直接领导与宏观管理，它更体现为一种动态的管理，这其中包括对校长贯彻教育方针情况的督导，对校长管理行为的规范，对校长工作绩效的考核等。

同时，校长职级制尽管削弱了校长的官员化职能，但对校长的专业水平、管理能力将有更高的要求。校长是一所学校的灵魂，可以这样说，校长的思想高度决定了学校的发展高度，校长的教育追求决定了学校的发展品位，校长的审美趣味决定了学校的呈现状态。上级行政干预太多的学校管理，校长们习惯于"上面怎么说，我就怎么做"，很少能有自己的思想与理念，学校就很难形成具有校长个人鲜明印记的办学特色。实行职级制管理后，校长有了更多的办学自主权，对教师的管理，对学校发展的管理，对教育活动的管理等有了更多的话语权，可以有更大施展个人才华的空间。

所不同的是，以前的行政命令式的管理将不再管用，专业的"引领"更加重要，"管理就是服务"将得以真正体现。这就要求校长在履职尽责的过程中必须认真钻研业务，不断自我加压，管一行懂一行，做一行精一行，始终走在老师的前面，引领着老师们不断成长，最终带领整个学校一起成长。那种得过且过的"维持会长"，那种自甘平庸的"好好先生"，那种长于"勾兑"疏于管理的"甩手掌柜"，那种把管理学校变成经营学校的"企业家"，终将被老师们和这个时代所抛弃。

仅仅实行校长职级制，虽然可以让学校去行政化，但并不能与学校去行政化完全画等号，更不等同于完全去行政。进一步理顺政校关系，建立校长负责制下的教师治校模式，更为关键，也更需要不断探索。

老师生娃，家长顶岗？

据报道，河南驻马店第二高级中学一名班主任在开家长会时称，因自己怀了二胎，校方没有教师资源，要求家长代她值班，不来的家长每人要交600块钱，不值班也不交钱的学生，不能在教室里上课。

此举实在令人难以接受。一来家长没有值班的义务，不该值班，二来家长也值不了班，因为家长不是教育工作者，绝大部分家长不懂教育，家长在教室里值班可以说形同虚设，没有任何实际意义，甚至不一定能发挥积极而正面的作用。老师怀孕家长交钱，更是无稽之谈，这个单家长埋得实在太冤。

班主任的做法，看似简单荒唐，有违师德，有辱职业操守，然而，出此之招，也事出有因，无可奈何。高二年级即将面临高考，高考之剑高高地悬在头上，教育教学一点也容不得闪失，早自习晚自习一样都不能落下，怀孕的身体、沉重的负担难以支撑从早7点到晚10点的班级值守工作。那么自己坚持上课，请家长帮忙值班的行为，便由此出现了。

老师怀孕家长交钱、值班，虽是个例，这样的举动，在让人忍俊不禁之余，不得不让人思考因二胎政策放开，女教师密集生育给教育带来的现实问题与突出矛盾。

二胎政策放开，女老师怀育二胎，这既是天经地义，又是落实国策，还有法律保证学校在女老师怀孕期间应当予以特殊照顾，包括提供适当的休息或者调换岗位，以减轻劳动强度。然而这些年各地各校补充的教师，男女比例严重失衡，女性占了绝大多数，怀孕女老师的激增，有限的教师资源让校长心急火燎，焦头烂额，捉襟见肘，难以调剂，于是就出现了"女教师怀孕须排队"等奇葩规定。

不可否认，"二胎"政策的落实，将为社会发展增添新的动力，这不单是家庭的大事，也是全社会的大事，更是国家发展，民族振兴，实现两个百年目标、共筑中国梦的根本之策。

为此，女老师面对自己的双重角色和特殊身份，应该尽量做好"计划"生育，主动考虑怀孕可能对教育教学及工作带来的影响，同时加强孕前、孕中与学校及家长的沟通联系，用自己的良好师德和负责的态度去赢得学校的支持和家长的理解。

学校应该未雨绸缪，主动作为，先行一步，诸如女老师在孕期不能胜任工作时，应该想尽办法，穷尽智慧，整合资源，挖掘潜力，对其工作及时安排和调整，对符合政策的法定假期，应该不折不扣地予以落实，而不应该熟视无睹，不理不睬，把问题完全抛给老师。老师毕竟手段有限，再加之囿于思维局限，她们在无可奈何之下所采取的荒唐之举，最终将会让学校置于舆论的旋涡，最后无论怎样自圆其说，学校都有可能难辞其咎。

政府更应该从宏观层面采取配套措施，增加对女性特殊保护领域的公共投入，特别是对功在千秋的教育，更应该充分考虑女老师怀孕人数急增，对教育教学的影响和由此带来的一系列问题与矛盾，及时增调教师编制，增加教育资源，增强学校对教师及其他资源的可调控性，充分保障怀孕女教师的休息权，减轻职业母亲的生育压力，免除二胎生育女教师的后顾之忧，消除二胎政策给教育发展带来的尴尬与困境。此乃作为解决这一现实问题与矛盾的根本，必须列上各级政府的议事日程。

我以为，对一些不当的行为不论怎样去叫停，怎样去评说，怎样去谴责，乃至谩骂一通，都无济于事，毫无意义，在冷静思考之后找出更加合理而低成本的应对之策，这才最为重要。

用改革消解补习的"囚徒困境"

据中青报报道,西南财经大学经济学院教授贾男作为一名小学生的母亲,和她的博士研究生刘国顺,在国家自然科学基金青年项目的资助下,就孩子补习这个问题展开了研究。他们的研究表明,在生均公用经费最多或最少的地区,家庭校外学习班参加率和支出更多。而在生均公用经费向平均水平趋近的地区,家庭的校外学习班和补习班的参加率和教育支出都是下降的。

在他们的调查中发现,我国义务教育阶段的校外补习现象已非常普遍,校外教育补习服务已不是"奢侈品",而是一种生活必需品。这使得家庭在是否参加校外学习班和补习班的决策上犹如陷入"囚徒困境"——学与不学都是进退两难:学了之后也不知道是否对孩子有好处;不学则是对孩子不负责,毕竟,其他孩子都在学。

尽管不少学校在三令五申下已经取消各种校内补课,但一些校外培训机构举办的各种补习班却大行其道。

客观地说,一些孩子学业差,家长又无能力辅导,还有一些孩子在家无人照料,其家长将孩子送到补习班确实是无奈之举,但有的家长却是出于"抢跑",为了今后的竞争,为了孩子的出人头地,为了门庭的显赫,乃至光宗耀祖,他们不惜一切代价,煞费苦心地为孩子设计着各种补习计划。或上特长班、兴趣班,或上补习班、培优班,一拨接一拨,一茬接一茬。

也有一些家长看到别人家的孩子在上各种特长班、补习班,生怕自己的孩子输在起跑线上，于是盲目攀比，纷纷效仿，让孩子也奔波于各种特长班、补习班，这下家长高兴了，放心了，收获了竞争式的快乐，各种补习机构为此赚得盆满钵满，在利益的驱使下相应的补习机构竟如雨后春笋般，拔地而起。

孩子承载着家长的期望与梦想，教育承载着孩子的未来与明天，望子成龙、望女成凤，可怜天下父母心，这一点大家能够理解。面对现代社会日益增大的竞争压力，家长也充满了焦虑与困惑。那种适当的、有针对性的、因材施教、一对一的点拨式的补习倒也不容质疑，但那种不管三七二十一，对孩子进行的各种"乱补""强补""恶补"，则有点本末倒置。

这些补习，表面上看是"为了孩子"，但实则是对儿童成长的漠视，对儿童身心发展的摧残，对教育规律的违背与践踏。它会侵蚀孩子自由发展的空间，泯灭孩子的学习兴趣，激化孩子的逆反心理，销蚀孩子幸福的童年和快乐的学习生活。

每个孩子都是独一无二的个体，体内都蕴藏着巨大的宝藏，其实，我们的一切教育活动，都应该围绕激活和唤醒孩子体内的巨大宝藏来进行，如果最终没有激活和唤醒这个宝藏，仅靠没完没了的补习，注定这一切教育活动都是失败的。

有人会说，现在高考就是无情的竞争，高一分、两分，往往决定着孩子上线与不上线，上名校还是上一般学校，今天孩子不补，万一今后考砸了咋办，尽管这种担心不无道理，但孩子生命中的所有的时间不能只被各种补习班填满，孩子不能在幼小的年龄便开始你死我活的竞争。学习不是短跑，是漫长的马拉松，如果把漫长的马拉松误作短跑，在一开始就拼死拼活，耗尽气力，试问，他凭什么坚持跑完全程呢？又凭什么在关键的时候作最后的冲刺呢？

中国家庭教育目前最大的一个问题是，父母缺乏对自我身份的认同，缺乏对教育孩子的责任认同，缺乏对孩子培养方法的认同，他们没有把孩子健康成长当成最大、最重要的事情来对待，他们没有把呵护孩子的天性，培育孩子的学习兴趣，激发孩子的好奇心，启迪他们的思维，激活和唤醒他们的生命内力作为教育的重心和着力点。他们更不明白，没有陪伴就没有教育，真正的爱体现在陪伴之中，真正的教育是陪伴，父母能够跟孩子生活在一起，关注孩子的一切，无论什么时候都站在孩子的身后，这比一味让孩子补习重要得多。

健康、快乐、充实是日本社会和公众对中小学生假期生活的共识。日本在假期很少有专门为了升学考试而准备的数理化竞赛性质的活动，相反会有各种各样的"自由研究班"、夏令营、海外交流旅行等活动。在丰富多彩的假期生活中，企业"见学"，即参观企业，是中小学生假期社会实践的一项重要内容。孩子们利用假期参加这类活动，不仅能够增长见识，培养兴趣，甚至对未来职业选择也会受到潜移默化的影响。对于企业，通过接待学生参观扩大社会影响，实现了学生、家长和企业的"多赢"。

其实很多家长都知道，优秀的孩子不是"补"出来的，对孩子进行"强制补习""过度补习"是一种"教育病"，可为什么家长、学校还乐此不疲呢？原因很简单，因为当下的教育评价和考试录取制度还是"一考定终身"，"以分数论英雄"和"唯分数是从"。

要彻底消解"补习"的"囚徒困境"，一方面应该全面改革考试录取制度，建立多元教育评价机制。评价既是一种激励，也是一种导向。有什么样的评价，就有什么样的教育。通过建立多元评价机制，改变那种孩子读死书和要求孩子一心死读书以及"提高一分，干掉千人"的现状，把老师、家长从残酷的应试教育的桎梏中解放出来，把社会、家庭对教育的单方面的评价引导到全面系统科学的评价道路上去。

另一方面社会各责任主体包括家庭、学校、社区、街道等要协同努力，共同营造适宜孩子快乐成长的社会环境，打开应试教育的枷锁，早日摆脱"唯分数论"的绑架。让孩子利用假期，走向社会，走进生活，走入阅读，走到美丽的大自然，领略祖国大好河山，体味生活的美好，享受阅读的快乐，感知社会的发展变化，还有领悟孩子们所拥有的童真童趣，把真实快乐的假期还给孩子，这是全社会应共同冷静思考的课题。

作为各种培训机构，其存在，固然有其合理性和必然性，但也应该坚守道义和良知，不能见利忘义，不能眼中只有补习没有"孩子"，只有分数没有教育，更不能不择手段，唯利是图，应该在相关部门的引导和管理下，既尊重孩子兴趣，又找准孩子薄弱环节进行有的放矢的补习。同时，不失时机地推进素质教育，注重育人，做到"补"之有道，"习"之有门，这才是关键。

筑起校园安全立体化"防火墙"

　　孩子由家庭来到学校，不知承载了整个家庭乃至家族的多少期待与希望。然而近些年来，涉及校园欺凌和暴力伤害的各种安全事故接二连三，一个个如花般绽放的生命要么遭受摧残，要么离我们而远去，着实让人们感到忧虑和痛心，涉及校园安全的保障问题已引起了全社会的广泛关注和诟病。

　　校园安全无小事，校园安全事关全局，事关社会，事关家庭，更关乎着每个孩子鲜活的生命。每个人的生命有且只有一次，去了就不再来，生命不可逆转，生命尤其珍贵。

　　在人的一切价值中，生命的价值是最基本的价值，孩子在校园里最基本的保障是生命的保障，学校最起码的底线是呵护好每一个孩子，让他们健健康康，平平安安。教育的一切价值都是以孩子的生命得到尊重和保障为前提，如果做不到这一点，其他的一切终将失去意义。

　　当然，事关学生生命安危的校园安全，不只是学校的事、教育的事，它牵连到方方面面的环节，涉及各种各样的因素，任何环节的掉链和失职，任何因素的懈怠和疏忽，都可能带来血和泪的代价。特别是在当今社会转型时期，矛盾多发，校园欺凌和暴力伤害、校园安全事故产生的原因很复杂，甚至校园外部的一些社会矛盾和冲突都可能随时波及校园，因此单靠学校的监管很难避免。由于过去缺乏系统的管理防范与综合施治、齐抓共管，校园欺凌和暴力伤害、校园安全事故故很难从根本上缓解。

再回溯过往，一旦校园出现严重欺凌和暴力伤害，或者发生重大校园安全事故，教育部门和地方政府的常规反应和举措大多是迅速发出通知，立即召开会议，再要求下级教育部门和学校进行安全教育，隐患排查，这种脚痛医脚、头痛医头的工作方法，由于缺乏系统的思维与严密的制度保障体系，犹如水中按皮球，顾此失彼，往往声势浩大而收效甚微，这也是校园欺凌和暴力伤害、校园安全事故频发的重要原因。

李克强总理在政府工作报告中指出："从家庭到学校，从政府到社会，都要为孩子们的安全健康、成长成才担起责任，共同托起明天的希望"。

在这样的背景下，国家教育部审时度势，在各地各校不断完善管理制度的基础上，全方位加强校园安全防范体系建设，这应该是费省效宏、功在千秋之举。

有了校园安全防范体系，就有了完善的校园安全保驾护航机制，就有了学校、政府、社会、家长的多方协同联动，就有了对进城务工人员随迁子女、农村留守儿童以及家庭困难和特殊教育学生等这些校园中特殊人群的真切关爱，就有了精准扶贫在教育领域的深度落实，就有了贫困地区义务教育薄弱学校基本办学条件的全面改善和县域内义务教育一体化的统筹推进，也就有了安全防范的"内外兼修，重在平时"，还有安全管理的积极作为，主动出击，环环相扣，步步为营。当然，也就没有了安全管理的真空地带，更没有了安全管理的"谈安色变""步步惊心"。

校园安全事故的发生，在另一个层面恰恰反映出当前学生的自护意识与自救能力低弱，而这其实也是我们片面强调安全和校园缺乏一种安全防范体系所造成的。这似乎是一个悖论，但却是事实。因为我们不想让孩子受到一点点伤害，害怕家长纠缠出现"校闹"，哪怕是小小的磕磕碰碰也不允许，学校为求得自身安宁而很少组织相关的春游、体育等有益孩子身心的活动，甚至一些学校不允许学生在校园内奔跑。前不久的一则报道，有学校为了避免安全事故追责，竟规定课间时段，学生除了出去上厕所之外，不得出教室玩耍。于是整个课间，校园里都是静悄悄的，完全没有了属于孩子的朝气和活力。

或许，有了校园安全防范体系，正常的教育活动就会回到教育的本真与规律上去，这种因噎废食的现象就不复存在了。

这堵守护孩子生命的"防火墙"搭建的系统越完备、越立体、越坚不可摧，众多学子的生命安全就越来越有保障了。

治理校园欺凌须惩戒与教育并重

据法制晚报报道，北京14名女学生皆因校园欺凌被判刑，其中最重的被判处有期徒刑一年十个月，缓刑二年，轻的被施以行政处罚。为了帮助这14名校园"小霸王"们顺利回归校园，通州法院开展了"运河启航计划"之未成年犯少年课堂活动，联合通州某学校，共同对14名罪错少年进行为期一周的法制教育。

校园本是最阳光、最安全、弥漫着美好、令人无限向往的地方，同学情、战友情、师生情也是十分纯真、充满着温馨、永远值得留恋与回味的情谊。然而，近些年来，校园欺凌事件却频发，一些青少年稚气未脱，但欺负起同学来心狠手辣、手段残忍、花样百出，而且暴力倾向日益加剧，并有愈演愈烈、不可阻挡之势。

究其原因，当然有很多方面，比如学校教育一味看重分数成绩，忽视对学生的教育引导，淡化对学生的品格教育和习惯养成；留守儿童、父母离异带来的单亲家庭子女日益增多，家庭教育要么缺失，要么不当；还比如一些不良社会风气及充满着打打杀杀的影视作品、游戏软件对青少年的侵蚀与影响；再加之青少年正处于心理及青春悸动期，在"从众""好奇"等心理诱因下很容易做出暴力举动。

除此之外，我以为校园欺凌事件呈多发态势，不断扩散，而且在向小龄化、女生化蔓延的一个重要原因，那就是对那些欺凌者惩戒不力，他们对自己的欺凌行为所付出的成本很低。

事实上，过去校园里一旦发生欺凌事件，学校、家庭都认为"不打不相识"，"无打不少年"，他们更认为这只不过是学生之间的正常打打闹闹，属于学生在他那个年龄阶段的正常行为，于是大事化小，小事化了，不了了之。有的施害学生甚至已经涉嫌违法犯罪的，由于差不多都是未成年人，现行《刑法》及《未成年人保护法》，对未成年人违法犯罪给予了一定程度的豁免与保护而免于重罚。按理说，其初衷当然是好的。然而，面对这样的良好初衷，一些未成年人并不领情，他们有的更加胆大妄为，为所欲为，任意欺凌同学，有的竟然由欺凌演变成霸凌，胡作非为，有恃无恐。

要知道，那些受尽欺凌的学生同样是未成年人呀！对那些欺凌者的宽容无异于放纵，而旨在对一些未成年人违法犯罪的豁免与保护，恰恰在现实中异化成对另一部分未成年人的严重伤害。一些青少年或许并不是不懂法，也不是没有敬畏意识，而是他们了解到目前的法律设计会对其从轻、减轻乃至免于追究，才有了这样的肆无忌惮。

其实，校园欺凌在世界各国都有。从 20 世纪 90 年代开始，美国学校就对校园欺凌实行"零容忍"政策。之前曾看过一则资料，说的是美国一个 3 岁左右的女童在一家早教中心哭闹不止，打同学、打老师，谁劝都没用。接下来，不可思议的画面出现了，学校竟然打电话叫来了警察，结果女童被带回警察局接受"教育"去了。

北京 14 名女学生因校园欺凌而获刑，我以为，这是对未成年人违法犯罪的有力打击，以此杀一儆百，让那样活跃抑或是隐身于校园的欺凌者汲取教训，警钟长鸣，引以为戒，具有很好的教育及导向意义。

更值得点赞的是，这次处理，既坚持绳之以法，施以积极而严厉的法律干预，又不唯冷冰冰的法律是从，一棍子把人打死，仍然本着惩前毖后、治病救人的方针，着重体现对这些未成年人的教育与挽救。

北京市通州法院在全国首次开展了"运河启航计划"之未成年犯少年课堂活动，整个活动内容丰富，用心良苦，包括军事训练、亲情小屋心理辅导、敬老院义务劳动、法院案件旁听、法制讲座等，通过这些活动的有效开展，其最终目的还是为了帮助这些校园"小霸王"们能够从此远离欺凌，改邪归正，顺利回归校园，做一个合格的社会公民。

教育部门、特别是学校今后对校园欺凌事件怎样处理？由此给我们带来了深刻的启示，那就是力求做到不回避，不遮掩，敢于碰硬，敢于给予及时的惩处。同时也不能简单粗暴，仅仅一个道歉赔款、一个处分乃至开除了事，而应该宽严适度，拿捏得当，把握分寸，做到教育与惩戒并重，挽救与帮教结合。

如何将校园欺凌扼杀在摇篮里，如何完善相关法律制度，如何加强法制教育，如何多管齐下、综合治理，如何使之既能有效保护未成年人权益，又能有力打击未成年人违法犯罪，还能帮助这些未成年人迷途知返、重新做人，对这些问题的完美作答，其实，既考量着我们对所有未成年人的态度与情感，也考量着我们的法律良知与教育智慧！

为这样的中考改革点赞

据报载，绵阳市在深入调研、广泛征求意见、充分论证的基础上，出台了《绵阳市深化高中阶段学校考试招生制度改革实施方案》。"新中考"方案可以概括为："一依据、一参考"——依据学业水平考试成绩，参考综合素质评价。最大的亮点，一是所有科目全覆盖。为促进学生全面发展，方案将《四川省义务教育课程设置方案（2015 年修订）》所设立的 15 门科目全部列入初中学业水平考试范围。二是综合素质全面评价。从 2017 年秋季入学的初中一年级学生起，按照《绵阳市初中学生综合素质评价指导意见》，对学生全面发展状况进行评价，为每位学生建立综合素质评价档案。

无论是高考，还是中考，这之前用单方面的知识维度去评价，导致"为考而教，为考而学，为考而考"，在课堂与校园内弥漫的完全是冰冷的知识，令人生厌的反复考讲练，以致有了主科与"副科""豆芽科"之分。涉及考试科目，课时你抢我夺，分秒必争，"副科""豆芽科"可有可无，可上可不上，排上课表也形同虚设，以致在有的地方竟出现了"阴阳课表"，平时使用的是一种课表，课表上只是考试科目，一旦有检查的时候，则覆上课程齐全的课表，应付完检查之后，又撕下覆上的课表，恢复"庐山真面目"。一些学校的楼道、楼梯上竟贴满了涉及中考、高考科目的知识点，然后就有了"楼层低的同学一定没有楼层高的同学学习好"的网络调侃。

这种仅仅为了九年、十二年之后应付那两天考试的教育，也许能够给孩子们一个好成绩，却不能够给他们好的身体素质；也许能够让孩子们分数考得很高，却让他们失去应有的人文素养；也许能够成全孩子们获得一张录取通知书，但最终他们却会付出牺牲兴趣与爱好、快乐与幸福的代价。这种功利与短视的教育行为，只会让教育在远离本真的路上越走越远。

著名教育家张伯苓说过："作为一个教育者，我们不仅要教会学生知识，教会学生锻炼身体，更重要的是要教会学生如何做人。"教育应该立足人的全面发展、和谐发展，让孩子们在学校里习得相应的文化科学知识，这是教育的应有之义，但绝对不是教育的全部，教育的职责与使命除了传授知识，还应该帮助孩子获得优良的品质、高尚的情操、健康的身体、全面的能力，还应该给孩子未来幸福人生奠基，引导和教会孩子去追求未来的幸福生活和有意义、有价值的人生。

要达成教育的这种取向和目标，就必须变革传统的单维度的教育评价方式。这之前，国家启动的高考制度改革，实际上是变革高考评价方式，破除唯分数至上，以及因一味应试加重学生学习负担，泯灭他们想象力和创造力，影响其全面发展之弊。这场自 1977 年恢复高考以来规模最大、涉及面最广、难度最艰巨的改革，到 2020 年全面实行分类考试、综合评价、多元录取的新的招生模式和考试制度，我们完全有理由相信，一定会带来教育发展的新气象和教育生态的根本性改变。

绵阳及时变革传统中考制度，出台新的中考政策，我认为，这种顺应发展，审时度势，与时俱进之举，既是对国家全面推进高考制度改革的响应与对接，又是对教育规律和孩子身心发展规律的遵循与践行，更是对区域教育良性发展，每一个孩子的全面发展的一种责任与担当。

纵观绵阳此次中考改革，表面上看是考试科目上的变化、分值上的变化、评价方式上的一些变化，本质上却是一场人才培养模式的深层次变革，这一制度的导向性将直接把学校之间的升学竞争引向办学水平的提升。

一方面它会促使学校开齐、开足、开好各门课程，新方案将历史与社会、道德与法治、生物和地理纳入考试科目，将艺术（音乐、美术）、体育与健康、理化生实验技能纳入考察科目，把信息技术、劳动与技术、地方课程、学校课程纳入考核科目，以后学校里将再也没有"小科""副科""豆芽科"等课程，尊重学生的兴趣爱好，尊重学生的特长天赋，鼓励学生全面而有个性地成长，这给学生提供了更多的发展可能性。

另一方面，新方案给予每一门课程以同等程度重视，给这些学科的教师既会带来新的挑战和压力，也会挖掘和开发每一位教师的潜能，充分调动一线每一位学科教师的工作积极性和主动性。今后，每一位教师，无论什么学科，都将有机会、有责任、有义务参与到学科教学和班级管理，尤其是对于过去的所谓"副科""豆芽科"教师而言，他们更会注重自身专业成长，也更会在认真负责的工作中，在用心投入的状态中，在自己专业的不断发展中，收获自己的职业尊严和幸福。

同时，绵阳新中考方案从以分数为本转变为以人为本，从关注单纯的分数到关注人的发展，学校在落实办学理念和育人目标时，就会关注人的发展，就会围绕学生的核心素养构建课程，就会关注学科之间的关联，整合好国家课程和校本课程、班级课程、地方课程，学科课程和跨学科课程、校内课程和校外课程、必修课程和选修课程，这将倒逼学校进行课程改革和教学改革，倒逼学校和教师注重培养学生的探究能力和自主学习能力。

我们完全有理由相信，绵阳的教育随着中考的全面改革及落地，将会迎来教育生态的改变和新一轮教育发展的契机！

责任督学要让"责任"铿锵落地

为进一步加强幼儿园管理工作，近日北京市教委、北京市人民政府教育督导室分别在东城区北京市东华门幼儿园、海淀区北京市六一幼儿园、顺义区顺和花园幼儿园，组织召开北京市幼儿园责任督学挂牌督导工作现场会，进一步推动幼儿园责任督学挂牌督导工作的全面落实。

陆续在网络上所曝出的一件件触目惊心的幼儿安全事故和幼师虐待幼童的事件，已引起了社会各界的广泛关注，而且也的确暴露出当下幼儿园管理中还存在着一些真空地带和疏漏环节，在这样的形态下，北京市各区结合实际，审时度势，通过实施幼儿园责任督学挂牌督导全覆盖，将辖区内所有幼儿园纳入监督监管范围，这向社会昭示了我们的政府及教育主管部门为办好人民满意教育的态度和决心。

责任督学对挂牌督导职责的履行，对经常性督导工作在园所的深入开展，对师德师风建设、安全管理和风险管控、规范办园行为等方面的有效监督监管，对于进一步规范幼儿园办学行为，进一步增强幼儿园管理的开放透明度，进一步提高保育教育水平和质量，将产生积极而深远的影响。

既然如此，责任督学已成为幼儿园的一种标配，责任督学制度也将对幼儿园发展带去一种强大的支持和无形的动力，我以为就不能仅是一阵风，也不能仅仅流于形式，更不能以此博取一些眼球，当务之急，政府层面，就应该研究和制定一些配套措施和政策，让责任督学更好地发挥监督作用。

一方面要严把入口关，责任督学的选聘必须严格条件不降低，坚持标准不走样，本着成熟一个选聘一个、覆盖一个，宁缺毋滥，绝对不能搞"拉郎配"、滥竽充数、将就凑合，要把那些具有责任心和仁爱之心，具有坚定的理想信念和高尚的道德情操，而且懂教育，有教育情怀，敢于坚持原则的教育者选聘为责任督学。

另一方面要加强教育培训。责任挂牌督学，其关键在责任，责任胜于能力，责任大于一切，责任成就事业。因此，必须对广大责任督学进行"责任"意识教育，让他们在责任的担当中让"责任"铿锵落地，把"责任"由过去时化为现在时，化为工作的主动和实实在在的行动，这既是责任挂牌督学的初衷，也最终是"责任"的价值之所在。

当然，光靠责任还是不够的，在要求他们履职尽责的同时，我们还要适时对他们进行党的方针政策、法规法律、课程标准、教育理论的培训教育。除了要求他们集中学、向书本学之外，还要引导责任督学分散自学、向第一线园长学、向有经验的老师们学，不断增强他们担当责任的智慧和能力，不断提高他们承担责任的认知和水平。

同时要切实构建对责任督学的监督机制。在北京市印发实施的《幼儿园责任督学挂牌督导暂行办法》中，明确规定了幼儿园责任督学对幼儿园开展经常性督导的八个方面主要内容，包括依法办园情况、安全管理情况、卫生保健情况、保育教育情况等，其监督监管责任不可谓不重大。那么责任督学在监督过程中如果出现睁只眼闭只眼，失之以职，被利益收买，串通一气，失之以公，甚至还有违法乱纪行为，这种"灯下黑"现象，怎么去消除，责任督学靠谁去监督，怎样去监督，怎么让责任督学不成为"稻草人"，怎么能够保证责任督学在整个监督过程中做到不偏不倚、公正无私，这就有一个阳光督学的问题，有一个让督学取信于学校的问题，有一个健全幼儿园监管长效机制和对责任督学有效再监督的保障机制的问题，不然将有可能让责任挂牌督学制度失去公信力，让政府这一良苦用心和庄严承诺化为子虚乌有。

除此之外，还要制定和落实岗位职责标准、工作流程标准和痕迹管理办法。通过制定《幼儿园责任挂牌督学聘用、管理及考核细则》《幼儿园责任督学挂牌督导工作指南》《幼儿园责任督学挂牌督导工作手册》，真正做到督导工作有章可循，有规可依，有标准可执行，有痕迹可验证考核。

责任督学挂牌全覆盖，让我们看到了幼儿教育发展的一线生机，然而给幼儿教育真正带去曙光和希望的，是如何充分发挥好这些责任挂牌督学的作用。

控辍保学需要政府切实履职

云南省政府办公厅日前下发《关于进一步加强控辍保学提高义务教育巩固水平的通知》，明确加强学生失学辍学情况监测，把农村、边远、贫困、民族地区和流动人口相对集中等地区作为重点监测地区，把建档立卡贫困家庭子女等特殊群体作为重点监测群体，确保 2020 年实现全省九年义务教育巩固率达到 95％。

尽管我国九年义务教育普及水平目前已经超过世界高收入国家的平均水平，但少数农村地区特别是老少边穷及民族地区仍不同程度存在失学辍学现象，这既为实现国家确定的到 2020 年义务教育巩固率达到 95％的目标带来挑战，也对实施精准扶贫以彻底阻断贫困的代际传递带来严峻考验，同时当下一些地方对控辍保学还存在重视不够、职责不清、机制不完善、解决辍学针对性不强的问题。鉴于此，国务院办公厅在今年 7 月份印发了《关于进一步加强控辍保学提高义务教育巩固水平的通知》，云南省此次出台的意见则是在此基础上的进一步细化和明确，特别是将义务教育控辍保学工作纳入各级政府考核体系，作为对各级政府及其主要领导考核的重要指标，这是对"控辍保学"责任边际的进一步厘清和界定，或者说进一步明确了地方政府在"控辍保学"中的主体责任。

农村、边远、贫困、民族地区往往是处于一个物质与精神贫困交织的困境。如何实现义务教育的控辍保学，如果仅仅是简单地依靠权利与义务的逻辑，往往恐怕难以让失学辍学的现象完全消失和杜绝。在这样的情况下将义务教育控辍保学工作纳入各级政府考核体系，以权力之手强力干涉和推进，让各级政府主动担责，切实履职，积极作为，将会保证辖区内适龄孩子及时接受义务教育，那么"控辍保学"这一老大难问题将会变得不再难。

那么各级政府在"控辍保学"中怎样主动担责，切实履职，积极作为呢？

我以为，一方面要加大对教育的投入，按标准建设好乡村学校，按标准切实改善贫困地区义务教育学校办学条件，以消除因条件而辍学；要全面落实教育精准扶贫，突出老少边穷和民族地区，把建档立卡的家庭经济困难学生和非建档立卡的家庭经济困难残疾学生、农村低保家庭学生、农村特困救助供养学生等作为脱贫攻坚的重点对象，尤其要把残疾儿童、残疾人子女、留守儿童、民族地区适龄儿童作为重中之重，优先帮扶，以消除因贫困而辍学；在推进城乡义务教育一体化发展进程中，充分考虑边远贫困地区适龄儿童的入学需求，把寄宿制学校、乡村小规模学校、边远地区的教学点纳入整体规划，合理布局，以消除上学远上学难而辍学。

另一方面要积极探索建立教师"进得来、下得去、用得上、教得好、留得住"的保障机制。在编制管理上引入"班师比"和"科师比"，缓解小规模学校师资总量短缺和乡村学校师资构造性短缺问题；加快教师的本土培养和定向培养，在师范类大学借鉴原来的中师培养教师模式，培养乡村全科教师；落实乡村教师各种津贴、待遇；评优、评先、评职向乡村教师倾斜；建立乡村教师荣誉制度和奖励激励机制，让乡村教师能够在乡村扎下根，把心留下，以消除因教师的素质、工作状态以及短缺原因而造成辍学。

同时各级政府要树立科学的教育管理理念，不盲目追求教育政绩，不简单以分数论英雄，不以升学率高低定成败，为学校和教师松绑，让学校能够静下来做教育，让老师们能够静下心来当老师，让一方教育得到绿色发展，还当地一个良好的教育发展生态。

特别是要督促各级教育行政部门和学校，大力推进素质教育，关注所有学生，注重因材施教，坚持有教无类，开齐开足课程，提供多样化教育、适合的教育和各种可能的教育，办好每一所乡村学校，让校园成为孩子们快乐成长的学园、乐园、家园、花园乃至田园，让学校成为孩子们喜欢并向往的地方，让每一个孩子都阳光自信，都能抬得起头，都不厌学失学，在今后都有人生出彩的机会。

当然，对于个别学习困难的学生，我们的学校和广大教师更要晓之以理，动之以情，帮助他们找到学习困难或厌学的原因，因人而异地采取帮扶措施，使他们增强学习兴趣，改进学习方法，养成良好学习习惯，不断增强学习信心，促进学困生脱困。

当然要做到这一些，还必须运用好考核成果，把考核结果与对政府工作的综合评价挂钩，与对干部的考核奖惩挂钩，与对干部的提拔使用挂钩。同时还要建立责任追究机制，对因担责不力，作为不够，"控辍保学"无效的，应该及时启动问责、追责机制。不然仅仅是"纳入各级政府考核体系，作为对各级政府及其主要领导考核的重要指标"，则有可能不痛不痒，隔靴搔痒，最终在形式上去作一些应付式的控辍与保学，甚至完全可能出现为了一时的控辍而控辍，为了一时的保学而保学，而不能持续且根本性地解决"控辍保学"问题。

让担责和追责能够并驾齐驱，有机统一，"控辍保学"就一定能够动真格，出实招，相信也一定会收到预期的效果。

学区制改革得有新思维

据报道，武汉以学区制改革作为推进全市义务教育优质均衡发展体制机制改革的突破口，将"弱校"与"强校"绑成一个学区，互派校长、教师跨校兼课，整体考核教学质量。目前，参与学区制管理的义务教育学校共 738 所，其中中心城区 422 所，实施学区制管理的比例为 99.53%；远城区实施学区制管理的比例为 68.25%。

面对优质资源稀缺，人民群众对优质教育资源的需求和优质教育资源分配不均衡不充分发展之间的矛盾，武汉的学区制改革，通过创新管理体制、机制，促进区域教育资源统筹、均衡配置和共建共享，旨在从根本上实现教育均衡，从而推动武汉教育的优质均衡发展。

党的十九大报告中明确提出"推进国家治理体系和治理能力现代化"，我以为，武汉推出的学区制改革，应该是教育由管理迈向教育治理现代化的一个重要举措。这之前的北京、山东已经有了尝试，就在前不久，我在重庆綦江区参加了由 21 世纪教育研究院举办的"2030：迈向教育治理现代化系列研讨会"，就綦江的学区制改革中的学校集团化办学作了一些调研，发现其在推进的过程中遇到了一些瓶颈和问题。

一是有的学区中的优质学校的领导和教师认为，实行学区制改革，在某种程度上加重了学校和自身的负担，稀释了自己的资源。二是学区制改革实施的重要内容之一是学区内校际间要实现资源共享，优质学校往往出于自身的考虑，在为薄弱学校提供"共享"时有所顾忌和保留，然后就出现了这样一种情况，虽在一个学区内，优质学校的优质教育资源依然独享，而其他学校却难以分享。三是对于同一个学区，囿于学校间的级别差异和教师编制制约等因素，学校干部很难做到跨校任职，教师也难以做到实质性交流，即或互派校长也是流于形式，教师跨校兼课往往也身在曹营心在汉。四是由于学区权力有限，权责不清，致使学区想管又碍于权责，不敢真心管，其他学校又不愿接受管，以致于统一的资源共享，统一的教学活动、统一的质量监测到最后难以"统一"。

要真正实现学区制改革，一方面必须花力气更新教育观念，特别是要树立教育治理理念，坚决革除陈旧、保守、僵化、没落的思想观念，树立与时俱进，顺应时代的新的教育思维及理念。另一方面对学区赋予相应的人员调动、财物调配权，增大学区管理自主权，让学区能依法依规，主动而创造性地开展工作，实现学区管理体制从单一的行政管理走向多元治理。同时动真格取消学校行政级别，为编制松绑，让学区内的干部和教师真正地有机融入，真正地实现管理互通、干部互用、教师互动、资源共享、发展同步。

除此之外，应该发挥文化的独特优势，营造富有教育特质、具有共同文化品质的学区文化氛围，用文化来引领学区、学校及教师发展，并以此来推动学区制的深度推进和学校间的深度融合，使学区制成为能够充分彰显生命活力的一个朝气蓬勃的联盟。

当然，学区更要制定出切实可行的包括教师、教学、教研、质量等方面内容的评价细则，并将评价结果与干部的提拔，教师的评优晋级晋职、绩效考核挂钩。只有构建了切实可行的评价体系，学区制改革工作才能持续而有效地推进。

我们可以这样预期，通过对学区制改革相关机制的建立和完善，用一些过硬的办法和举措去推动"扬峰填谷""抱团发展"，假以时日，相信武汉教育一定会改变过去所形成的将学校分为三六九等的状态，打破强校与弱校，重点学校和一般学校的界线，也一定会让所有的学校和所有的学生各得其所、各美其美，更一定会促使学校办学体制由封闭走向开放，教育由管理走向治理，广大师生由"学校人"转变到"学区人",最终做大做强做好"教育蛋糕",形成"处处皆名校、处处有名师"的武汉特色。

教育管理如何迈向教育治理现代化

过去我们都讲教育管理，现在提教育治理，"管理"与"治理"一字之差，内涵却大不一样。

"管理"与"治理"，一字之别，却蕴含着深刻的思想、观念创新，也宣示着教育领域在思想观念、管理方法到组织结构、制度机制等各个方面的深刻变革。从"教育管理"走向"教育治理"，对当下的教育提出了诸多全新要求。

首先，由"管理"走向"治理"，学校必须能够实现自主办学。市场的主体是企业，教育的主体是学校，办学是学校的事情。然而长期以来，学校的一切都是大一统管理，一切都要由教育主管部门来管，学校成了局外人。更有甚者，一些地区连学校的教学模式、学习进度、学习方法、老师在课堂上讲多少时间、学生在课堂上讨论多长时间，也要按照教育主管部门统一文件要求来进行，教师的培训学习，本是教师的事，学校的事，有的地方连校长安排教师参加外出培训学习的权利都没有，也必须要由教育局长签字同意，这种大一统的管理体制捆住了校长的手脚，让校长动弹不得，再有能耐的校长都无法施展抱负。

学校自主办学，还有一点就是校长能够安静地办学，教师能够静下心来教书，而现在很多东西捆绑着学校和教育、校长和老师，一切都要进校园、进课堂，不相干的会议、活动校长必须参加，创卫生城市、创文明城市、创绿化城市，等等，学校不仅要全面参与，师生还必须背口号、送鸡毛信，以应付验收。至于所谓的平安校园、校风示范校、电教示范校等名目繁多的创建和达标评比，更是让很多正常的教育教学活动沦为一种劳民伤财的资料堆砌和形式上的作秀。还有精准扶贫，作为学校和教师，最大的扶贫是办好每一所学校，教好每一个孩子，这样才能从根本上阻断贫困的代际传递，但是在一些地方，给学校和教师层层加码，下指标、压任务，据说有学校把学生放了让老师去扶贫，凡此种种，学校不仅不能自主办学，连静下心来一心一意抓教育教学都难以做到。

我在 2005 年担任教育局局长后，便发文取消一切不能给教育、给学校带来实质意义上持续发展的创建，不管是哪一级，不管是何方，不管面对多大压力，一切责任我扛着。还有就是给学校、给校长、给教师松绑，让他们不参加不相干的会议、活动，让他们不承担与教育教学无关的一些分外工作，让校园清静，让校长、教师宁静，一门心思做他们应该做的事，让他们依靠出色的办学业绩赢得更多的信任与尊重。

其次，由"管理"走向"治理"，教育必须要有法制思维。市场经济、互联网时代，不断加速催生新的发展需求，普及和免费后的公办教育面临着供给相对单一与需求日益多样化之间的矛盾，在不得不向社会、向市场寻求答案中"釜底抽薪"式地重构着教育的主体、环境和内容。

在教育外部，民办教育冲击着公办教育，营利性教育冲击着非营利性教育，校外补习冲击着学校教育，各种教育资源公司冲击着学校，这是不容质疑的客观存在；在教育内部，违规收费、挤占课时、题海战术、有偿家教、体罚学生等现象时有发生。

面对这样一些现象和矛盾，一方面，我们应该有一个依法办学、依法治教、依法治校、依法切实维护教师的合法权益、依法保护学生受教育权益等方面的意识，这应该是教育治理、学校治理的一个逻辑起点。

另一方面，我们应该着力于有法办学、有法治教、有法治校、有法切实维护教师的合法权益、有法保护学生受教育权益的构建，解决"有法可依"的问题。在这一点上，除了国家的法律法规及相关的制度政策外，当务之急是，作为学校应该有自己的章程。

学校章程是学校治理的总纲，是学校法治进程的标志。学校应依据《教育法》《义务教育法》《教师法》等一系列教育法规，结合学校和社区等实际，制订学校章程，使学校各项管理和各项工作的推进有章可循，减少治理过程中的随意性。《中华人民共和国教育法》第26条明确规定了办学所必须具备的四个基本条件，其中一个条件就是办学校必须具备学校章程，在依法治校的背景下，严格意义上说，没有章程就是非法办学。2014年岁末，为期一个多月的北京市十一学校教代会闭幕，一百多位教职工代表采取无记名投票，高票通过了《学校章程》，从而开启了北京十一学校依法治校的新纪元。

按照教育部《全面推进依法治校实施纲要》的要求，到2015年，全国要全面形成"一校一章程"的格局。因此，制定好学校的"大法"，应成为当前学校管理者面临学校治理的一项重要而紧迫的任务。岁月的时针已经指向2018年了，"一校一章程"的格局形成了吗？

同时，我们应该重点解决谁来执法的问题。我梳理了一下，很多行业与系统，都有执法专门的机构，比如，在县一级，对于农业，有农业执法大队，对于文化，有文化执法大队，对于卫生，有卫生执法大队，对于城市管理，有城市管理执法大队（现在很多地方都升格为城市管理局了），然而对于教育这个说起来要多重要就有多重要的领域，面对当下教育的多元结构和众多需要治理的问题，却没有自己的执法主体，这的确是一件很被动而又十分尴尬的事。

这些年我们积极探索了科学有效的教育行政执法模式，一方面让教育局人人都成为执法者，我们动员并支持教育局机关人员参加行政执法考试，机关同志差不多都持有"行政执法证"，从而保证了有资格参与行政执法。另一方面教育主动作为，充分整合相关职能部门资源，监察、检察、公安、民政、市场监管等多个部门共同参与协作执法。同时在执法上努力实现从重事后到重事前、重审批到重监管的转变。

再其次，由"管理"走向"治理"，教育者必须力求多元共治。管理是从上而下、一元单向的，而治理是指在社会主义市场经济体制下，市场在资源配置中起决定作用的条件下，多元利益主体围绕共同的目标协调与互动的过程，行为主体的多元化、利益主体的多元化，因而在治理中，必须体现多元共治。

教育与学校治理中的多元共治，也就是说不仅是体现教育者的管理权力，也不仅是体现某一个群体的管理权力，而是我们在管理发挥作用的同时，要充分兼顾其他的力量，包括教师、学生、家长和社会团体，这些都是教育治理不可或缺，而且必须充分依赖的力量。

当前，我国教育管理中存在的突出问题，其中之一就是社会参与不够，教师、学生、家长对于学校管理的民主参与不够，这种状况不利于调动各方主体的积极性。要解决这些问题，多元参与的教育治理可以发挥不可替代的作用。

一方面要让教师参与民主治理。教师是学校的主人，是学校发展的中坚力量，是支撑教育事业的顶梁柱，必须充分发挥教师在学校治理中的作用，倾听他们的意见，感知他们的心声，关心他们的疾苦，顾及他们的尊严，不断增强他们的主人翁意识和责任感。可以这样讲，没有教师参与的学校管理，就永远没有真正的学校治理。

我曾经给大家讲过一则笑话，洞房花烛夜，新娘看到老鼠在偷吃大米，便羞答答地对老公说，看，老鼠在偷吃你家大米。第二天天亮起床，新娘看到老鼠又在偷吃大米，便拿起扫帚打去，并吼道，可恶的老鼠，敢偷吃我家大米。

你看，新娘一旦成了主人，她就有主人翁意识和责任使命感了！

另一方面要让学生参与民主治理。在教育教学中，我们要有学生视野和学生立场，要让学生在参与治理学校的体验中强化公民意识、责任担当。要做到这一点，既要在国家课程校本化实施、研究性课程系列化设置、校本课程特色化开发的过程中充分听取学生的合理化建议，扩大学生对研究性课程、校本课程评价、设置、选择的自主权，又要在学校对教师的教学考评中引入学生评教的权重，激发学生参与教学"民主治理"的热情，进一步增强学校教学治理的生机和活力。

同时让家长参与学校教育治理。办人民满意的教育特别是要办人人满意的教育，我们可能暂时做不到，但是我们可以办人民参与的教育，人人参与的教育。这些年，我们在办教育中，倾注了不少心血和智慧，但是老百姓对教育的满意度仍然不高，为什么？因为他们没有参与。所以要办让老百姓满意的教育，一定要让老百姓参与，否则永远不满意。

江西弋阳，深度推进家校合作，让家长参与学校的教育治理中，最终让家长理解并认可了我们的教育。去年，中国陶行知研究会农村教育实验专业委员会在江西弋阳召开了"以良好的校风影响家风改变民风"为主题的年会，在广袤的农村大地，既扬起了一场新时期乡村教育改造的清风，又掀起了一场新时代学校如何治理的头脑风暴。

在阆中的一些学校，都建有家长委员会，其成员来自社会方方面面，有的学校家长委员会还特别设立一些管理委员会，具体负责学生安全、学术、膳食、校园文化建设和解疑答难，成员们积极献言献策，许多矛盾、困惑和问题迎刃而解。

除此之外，我们还应充分开发与运用好政府及社会团体这一重要资源，充分建构"政府促动、家校互动、师生联动、社会带动"的动力机制，让一切有利于学校发展的源泉充分涌流，最大限度地激发学校作为教育"细胞"的活力，形成自我约束、自我规范的内部管理体制和监督制约机制，实现办学主体从"外控"走向"自治"，进一步提高学校的治理能力与水平。

教育应该闪耀朴素的光辉

在东北师范大学为校长培训班做完讲座，恰逢周末，于是在长春师范大学清溪兄的陪同下，我们参观了长春电影制片厂博物馆。

长春电影制片厂是在 1937 年伪满时期日本"株式会社满洲映画协会"基础上建立的，原名为东北电影制片厂，是新中国第一家电影制片厂，也是新中国电影事业的摇篮。从 1947 年到 1949 年，他们创下了中国电影史的六个第一：第一部木偶片《皇帝梦》，第一部科教片《预防鼠疫》，第一部动画片《瓮中捉鳖》，第一部短故事片《留下他打老蒋》，第一部长故事片《桥》和第一部译制片《普通一兵》。到目前为止，已拍摄了 1100 部电影，其中的《五朵金花》《上甘岭》《英雄儿女》《刘三姐》《白毛女》等一大批优秀作品影响了几代人的成长。

时至今日，很多镜头的确像放电影一样还历历在目，一些片断仍记忆犹新，相信大凡我们这些年代的人，回味到那个时候电影中的某些情节，有的会让你心潮起伏，热血沸腾，无比震撼，有的会让你莞尔一笑，在咀嚼玩味中启迪心智，受到教益，有的更会让你我在内心深处泛起涟漪，唤起无限激情和对美好生活的不尽向往。

而在那样的年代，条件很差，设备简陋，技术落后，字幕靠人工书写，剪辑全靠手工操作，道具也十分简单，没有大投入，没有大制作，没有胡里花哨的东西，黑白片就黑白两种颜色，表达的主题，简洁明了，来源于生活，取材于现实，没有离奇荒诞的东西，也没有一味抢眼球的元素，但是却诞生了一部部传世的精品佳作。

　　然而到后来，设备越来越先进，条件越来越优越，技术越来越精良，投入也越来越巨大，拍一部片子动辄就是斥巨资，演员个个高颜值，使用的全是高科技，运用的都是一些令人头昏目眩的特技、特效，而且追求大场面、大背景、大制作，但却少有有影响的作品问世，至少没有再拍出之前那样能够影响几代人的作品。

　　让人们有这样的感觉和判断，也许与那个时代人们所接触的文化形态较为单一有关，或许也与社会的进步，人们对文化的鉴赏水平的日益增长，对文化作品的要求越来越高有关。但我想更重要的是，这其中蕴含与折射出了一种返璞归真的道理。这个世界上什么东西最美，最时尚，当然是朴素。什么东西最强大、最有影响力、最有魅力，最有生命力，那当然还是朴素。

　　就像我过去经常讲过的，一个人走南闯北，吃尽各种大餐，哪怕是各种山珍海味，但是难以忘怀、吃起来最香的还是小的时候，我们的父母、我们的爷爷、奶奶给我们做的一道菜、一碗饭。一个人不管穿什么品牌衣服、名牌皮鞋，但是穿上最舒服的还是小的时候我们的母亲亲手缝制的一身纯棉衣服，亲手给纳的一双平底布鞋。

　　电影拍摄制作需要朴素，吃饭穿衣也需要朴素，做人做事仍需要朴素，同样，做教育又何尝不应该时时处处闪耀着朴素的光辉呢？

　　比如说，校园建筑，不一定非要把过去的矮房子全部拔掉，也不一定全建那些高楼大厦，清瓦屋房，一经翻新改造维修，不仅实用划算，也别致精巧，更重要的是让学校的文化得以延续传承，从这里走出去的老师、孩子，若干年后回到母校、回到他曾经工作过的学校，哪是他曾经学习的地方，哪是他曾经住过的屋子，一下子就会拉近时空，穿越岁月，回到往昔，一下子就会唤起他多少温馨而美好的回忆。对于乡村学校，那些低矮瓦房，更与周边环境和谐共生，更与地域风貌相协调，因而更具有浓郁的乡村气息。

　　还比如，校园文化也不一定全整那些大屏幕、大雕塑、大喷绘，而是可以由师生共同动手，共同营建，共同参与，共同创作。师生在共同动手，共同营建，共同参与，共同创作的过程，就是师生情感交流，相互认知，构建良好师生关系的过程，就是师生付出心血，不断提升，互为生长，共同发展的过程，就是身心沉浸其中，共同接受文化影响、熏陶、洗礼、教化、改变的过程。

做校园文化，使用的原材料也完全可以就地取材，像装点校园的蛋壳画、砖头画、瓦片画，可以用鸡蛋壳、砖头、瓦片作材料绘制，各种粘贴作品，可以用大豆、大米、火柴棍、毛线粘贴。

这样的文化，有可能稚嫩粗糙，也可能简单残缺，甚至还会留下遗憾，但是是我们自己动手，付出心智的结晶，就像我们自己做的一碗面条，有可能味道不是最好的，却吃起来亲切，就像我们自己的小孩一样，有可能不是最漂亮最聪明的，但却会觉得最可爱。

同样，研发课程囿于我们的条件和师资，或许我们不能开发出一些高大上的课程，但是我们完全可以本着朴素的思想，开发一些符合实际需要而且简单易行的校本课程、班本课程，挖掘并整理相应的地方文化，形成独特的地方课程，当然还可以设计一些微课程。对于乡村学校，清新的空气、灿烂的阳光、潺潺的流水、美丽的大自然、纯朴的民风、纯洁的亲情友情，都完全可以成为朴素的课程。还有农村闲散的土地，校园里的空地，完全可以加以利用，开发出独具特色而且极为适用有效的劳动实践课程。

社团活动的组织与开展，也不一定非要等到万事俱备，应有尽有，没有老师，可以一师多用；没有场地、没有功能用房，可以一室多用；没有齐备的器材，可以因陋就简、自己动手、变废为宝；至于社团活动，大社会，小社团，小平台，大舞台，能够搞一些高雅的，当然很好，如果不能，农村孩子喜闻乐见的斗鸡、滚铁环、打地鼓牛、跳房、走五子棋，还有民间文化艺术，诸如牛灯、打钱棍、舞龙、耍狮子、扎灯笼等，都可以成为极富情趣、弥漫着浓浓的乡土味道的社团活动。

至于我们办学校、做教育，也用不着什么高深而玄乎的理论去支撑，其实，早在两千多年前的孔子，什么"因材施教"、什么"循序渐进"、什么"有教无类"等，还有在七十多年前的陶行知先生，什么"知行做合一"、什么"六大解放"、什么"千教万教教人求真，千学万学学做真人"、什么"捧着一颗心来，不带半根草去"、什么"不是你的金，不是你的银，而是你的心"等等，就都说透了。在教育教学的整个活动中，只要遵循这些，体现这些朴素的思想，不必去标新立意，自立门户，也不必去生搬硬套、乱贴标签，同样能办出孩子们喜欢的学校，做出适合孩子并令他们向往的教育。

校训是一所学校治学、育人的宗旨，也是学校办学思想和理念的彰显。因而校训必须朴素通俗，简明易懂，琅琅上口，易于师生传诵。像清华大学附属小学的校训是"立人为本，成志于学"，成都武侯实验中学的校训是"让人们因我的存在而感到幸福"，语言平实朴素，实在亲切。而有一些中小学校的校训要么对大学的校训诸如"自强不息，厚德载物"，"海纳百川，有容乃大"，"诚朴雄伟，励学敦行"照抄照搬，要么使用一些深奥生僻词汇，造作、空洞，让人费解。

还有我们在进行教育写作时，比如写教育叙事、教育反思，还有写教育随笔、教育杂记，我们完全可以平铺直叙，直抒胸臆，想到了什么，就写什么，发生了什么，就写什么，感悟到了什么，就直接了当，不必引经据典，不必使用华丽的辞藻，也不必挖空脑子整一些晦涩难懂的语句，因为教育本来是平平常常、普普通通的，教育的道理、教育的智慧、教育的表达都应该是朴素的，这样的表达，这样的文字，更鲜活，更有说服力，更受人们喜爱。

就拿老师对学生的爱来讲，也是朴朴素素的，没有惊天动地，没有轰轰烈烈，没有波涛汹涌，就像小溪，静静地流淌，就像阳光，把光芒铺洒在大地，就像母亲对自己的孩子一样，把爱默默地倾注，一个眼神，一声问候，一次抚摸，一个鼓励，一场谈心，看似平平淡淡，却自然而然，在浓浓的爱意中充满着朴实无华的情感，让孩子受益一生，也会成为孩子们记忆深处最美好的东西。

还有，老师对待职业，也不需要惊天动地之举，更不需要黄继光堵机枪眼、董存瑞炸碉堡那样的大勇大义，我们只需要本着朴素的情怀，认认真真备好每一节课，认认真真上好每一堂课，认认真真改好每一本作业，认认真真做好每一次思想工作，认认真真对待每一个日子，认认真真呵护每一个孩子。作为一个称职的老师，这就足够了！

庄子有一句话讲："朴素而天下莫能与之争美。"教育的本色是朴素的，有了朴素的教育情怀，就能够不易素心，不忘初心，就能够去除浮夸、浮华和浮躁之气，就能够做到不急功近利，不好大喜功，就能够耐得住寂寞，带着对孩子、对教育的一种真实的情感，潜下心来，沉稳地做教育，教育也才能达到她应该达到的那个境界，回到她应该回到的那个温馨的"家"！

第六辑　天堂，就是图书馆模样

让图书馆成为校园最"热闹"的地方

据报道，福建宁德市寿宁县竹管垅乡竹管垅村的 60 岁老人刘石江，自 1974 年创办的"刘石江农家图书馆"，至今已走过了 43 个春秋，现在竟成了孩子们放假的时候最热闹的地方，每年假期，他们大部分时间都是在这里度过的。

由此我想到了学校的图书馆、图书室的利用。这些年，随着国家的投入和教育的发展，我们的学校都按生均标准装备了图书，每一所学校都有了自己的图书馆、图书室，然而图书馆、图书室是不是当下校园"最热闹的地方"？

不说是假期，单就在正常的教学时间内，我敢打赌，图书馆、图书室在很多学校都常常被"将军"把着，冷冷清清、门可罗雀，书在里面躺着睡大觉，这绝对不是个例。

书是用来读的，当图书被借阅、被阅读的时候，书才有意义和价值，如果书长期不被阅读，图书馆、图书室长期不被使用，那就仅是一种摆设，也就产生不了任何作用与效益了。

我曾主张，书宁肯被孩子翻烂，不能放烂，书宁肯被孩子拿走，也不能让其躺在图书馆、图书室里睡大觉。于是建议各个学校通过在楼道、在墙面、在围墙，甚至在校园的每一个地方，建书架、书壁、书橱、书柜、书吧，做流动式书车，把图书馆、图书室的书"请"出来，让书能够存放在校园里的每一个地方，让书漂流于校园的每一个角落，让书香弥漫于校园里的每一个空间。

大家知道，即或是图书馆、图书室平常把门大打开着，真正去借书来读的孩子并不多，而书被"请"出来后，就能够做到随手可拿，随地可取，随时可读。人们都有一种从众心理，孩子也不例外，当有孩子利用课余时间从书架、书壁、书橱、书柜中取书读的时候，那些平时不喜欢读书的孩子，也会凑凑热闹，凑上前去跟着拿上一本书翻翻、看看、读读，这样日复一日，受其熏陶和影响，慢慢地也许就会喜爱上读书，慢慢地便会养成一种良好的读书习惯。

我经常讲，良好的读书习惯，是一切习惯之母，孩子们有了好的读书习惯，其他习惯再坏，坏不到哪里去。孩子们有了好的读书习惯，博览群书，博采众长，对于那点课本知识的学习与掌握，绝不在话下，对于应试，那是轻而易举的事，获得一个好分数，那更是对爱读书孩子的额外奖赏，就即或对于有的孩子，其成绩再差，也绝对差不到哪里去。

现在在寒、暑假及其他假期，城市的孩子奔波于各种补习班、奥数班、兴趣班，农村的孩子差不多属于留守，要么沉迷于网络，要么成天泡在电视里，要么四处游荡，无所事事，甚至有的还混迹于社会，沾染一些恶习。

我在想，如果我们的学校图书馆、图书室能够给孩子们开放，让孩子们大部分时间都在图书馆、图书室里度过，让图书馆、图书室成为假期中校园最热闹的地方，那么教育中的很多问题，诸如留守儿童的问题、校外乱补课的问题、孩子们如何拥有一个快乐假期的问题、孩子们的健康成长问题、孩子们的安全问题、孩子们创新品质的培养问题、家校合作的问题、教育的生态问题，这一切也许都会不攻自破，迎刃而解。

人们有可能说，这很难，难于做到，究竟有多难呢？43 年免费开放农家图书馆，让农家图书馆成了最吸引孩子，孩子们放假之后最喜欢去的地方，这个农村老人都做到了。我们把学校图书馆、图书室的书"请"出来，提高书的利用率，发挥图书应有的作用，这一点任何学校都能够做到。

至于假期开放图书馆、图书室，相对而言，有一个假期谁值守的问题，还有一个影响教职工假期正常休假的问题，但只要各级政府、各个学校整合资源，统筹考虑，建立一种包括补偿在内的有效运作机制，在假期中有序开放图书馆、图书室的问题同样会得到很好解决。

这当然，不仅仅是假期开放学校的图书馆、图书室，城市图书馆、社区图书馆、农家书屋等也可以在假期向孩子们开放。

值得欣慰的是，就在前几天，十二届全国人大常委会第三十次会议表决通过了《中华人民共和国公共图书馆法》，这是党的十九大之后出台的第一部文化方面的法律，我们有理由相信，有了相应法律的保障，公共图书馆免费向孩子们开放就会指日可待。

其实，任何事情都不在于难，只要我们对孩子多一份情感，对教育多一份良知，对社会多一份责任，再难的事也许都不是事。

孩子欠下的阅读账，总有一天会暴露

近日读到一篇文章，清华大学附属小学校长窦桂梅讲，清华附小孩子在小学阶段的阅读量超一千万字，当时我就想，我们孩子在小学阶段的阅读量是多少啊，有没有清华附小孩子的十分之一、百分之一，抑或是千分之一呢？

看看我们身边的很多孩子，就知道是怎么回事了，要么是永远做不完的作业，要么是永远也上不完的补习班、特长班、兴趣班，而阅读对于许多孩子来说，那简直成了一件十分奢侈的事情。

一个孩子的内生长力需要激发，就如同种子需要条件才可以发芽生长一样。这个条件我以为不是做不完的作业，也不是在各种补习班、特长班、兴趣班奔波，而是孩子在他的成长季节进行的广泛阅读。只有广泛阅读，博采众长，多方面涉猎百科书籍，智慧才能不断生长，最终才能形成一种强大的发展能力，迸发出一种势不可挡的、蓬勃向上的内生力。

如果一个孩子在他那样的一个美好灿烂的季节，所有的时间全部被功课和作业所占据，整个的身心全部被家长们的焦虑与功利所捆绑，被无休止的这样补习班，那样兴趣班、特长班所折腾，而从没有去读过一本童书，没有去涉猎他当下应该读的一些好书，打个比方，就像一个孩子从生下来就开始吃母乳，后来长成大孩子了还一直吃着母乳，从不吃五谷杂粮等食物，最终带来的只会是严重的营养不良。

一个只是能够考试，而从不阅读的孩子，他只可能见山只是山，见水只是水，见手指所指只是手指，而不能由山由水想到一首诗、一幅画，由手指所指的方向想到未来、想到远方。正如一头牛从一棵梨树下经过，牛碰了一下梨树，梨花纷纷地落在牛背上，这个场景对于只是能够考试的孩子也许什么启发也没有，而对于喜欢读书的孩子来说，会给他带来灵感，他会觉得这个场景是一幅画，一幅非常漂亮的画，是一章散文，一章非常舒雅的散文。

我以为，孩子未来人生的差异，不是做题多少的差异，也不是上补习班、兴趣班、特长班多少的差异，更不是分数高低的差异，而是在他这个年龄阶段读没读书，读了什么书，读了多少书的差异！

很多父母一心想让孩子从上学那天起，就有一个很好的成绩，就必须考一个高分，其实，孩子在小学阶段的成绩具有很大的欺骗性和虚假性，特别是一些孩子通过反复折磨，通过死记硬背，通过反复的考讲练，通过没完没了的补习，看起来一时获得了一个高分哪怕是满分，但是如若孩子在他这个年龄阶段缺失了阅读，甚至从未有过阅读行为，这其实对孩子的未来是一种巨大的损失，那个"高分满分"也是"短命的高分满分"。

人生不是50米、100米短跑，而是一场马拉松，对于马拉松起跑，谁起跑慢点不重要，谁站在一、二排也不重要，甚至跑完了一万米谁跑在前面也不一定是最先达到终点的，而那些赢在最后的往往是那些具有后发优势的运动员。而孩子在当下的广泛阅读、博览群书就会让他们具有"后发优势"。现在很多家长在孩子还是婴幼儿时，就在拼命地"抢跑"，生怕自己的孩子掉队，他们往往不明白这一点。

可以这样断言，孩子在这样的年龄，只要拿起书本，只要喜欢阅读，只要有一个良好的阅读习惯，哪怕暂时分数低点，甚至没有分数，当父母的其实用不着担心，他到了中学阶段乃至这以后便会有很强的后发力，孩子的未来绝对会有一个好的人生。

孩子的阅读很重要，也许一些父母也认识到了这一点，但不少孩子的父母对我讲，他家的孩子就是不喜欢阅读。我告诉他们，最好的教育莫过于示范，最有效的阅读就是父母读给孩子看。我还问他们，你们拿起书本了吗？你们在读书了吗？如果我们在孩子面前，不是喝茶聊天，就是低头刷屏，那么孩子不迷恋于玩游戏机，成天不看电视，那才怪呢！如果有孩子果真还能醉心于阅读，那简直就是奇迹了。

我们的孩子不读书，除了因为父母不读书外，还有就是他们除了课本，除了父母为他们买的习题集外，没有书读，或者说没有适合他当下这个年龄阅读的书。所以当父母埋怨孩子纵情于打游戏、看电视时，首先问一下自己：咱家里都有一些什么样的书？咱家里有多少适合孩子的书可读呢？

我在想，孩子在家里，其实什么都可以没有，只要有一个温馨而安静的读书空间，这个空间不一定要是书房，只要有一张书桌，有一个书柜，有一盏台灯，书桌、书柜放满孩子适合而喜欢读的书，这就够了！

孩子的课业最好在学校里就能完成，然后每天都能够拿起自己喜欢的书读，特别是在节假日里，能够自己安排时间静静地在那里读，在那里思，在书海里遨游，在那个美好的世界里徜徉，与古今先哲相遇，与志士仁人对话，在晨曦和朝霞里，在夕阳的余晖中，在柔和的灯光下，那将是一幅多么美好动人的画面。父母如若在忙碌完了之后，有闲暇陪在孩子身边，或拿起自己喜欢的书，或与孩子同读一本书，那更将是一首扣人心弦、令人拍手称赞的诗。

孩子在这样的环境中一天天长大，在淡淡的书香中一点一滴地浸润成长，当父母的，还用得着担心孩子成天沉迷于手机、IPAD 和游戏机吗？还用得着担心孩子没有一个好的读书习惯和不热爱学习吗？还用得着担心孩子变坏和没有后发力吗？还用得着担心孩子在未来的生活不幸福吗？

那种家长在孩子小学阶段甚至幼儿阶段，便一个劲地焦虑，便助力孩子拼命地"抢跑"，便只看重孩子的成绩，而舍不得给孩子买书，舍不得让孩子花更多的时间读书，舍不得用心血帮助孩子养成良好的阅读习惯的家长，其最终会为孩子的成长和未来人生付出沉重的代价。

相反，孩子在幼儿及小学阶段从容一些，闲适一些，有一个优雅的读书姿态，进入一种闲适的读书状态，才是影响孩子长久，让其受益终生的东西。

"快乐的猪"与"苏格拉底般痛苦的人"

这个标题看似风马牛不相及，还似乎有点乖戾，若叫你作选择，愿意做"快乐的猪"，还是愿意做"苏格拉底般痛苦的人"，你也许不知道作怎样的选择。然而要知道，一个人是满足于做一头快乐的猪，还是宁肯做"苏格拉底般痛苦的人"，则取决于阅读。

也许，唯有圣人才是生而痛苦的，芸芸众生唯有通过阅读才有可能成为幸运的"苏格拉底般痛苦的人"。这种痛苦其实就是生命对于自己生命，灵魂对于自己灵魂有一种深切的不安，并总是渴望让自己的生命有一种延续，灵魂有一种顿悟，让自己的良知有一种觉醒，精神有一种超拔。

"快乐的猪"，说俗一点，吃了睡，睡了吃，没有阅读，没有思考，没有内心的不安，没有精神上的折磨，没有灵魂上的拷问，那当然是优哉游哉乐哉！

书犹如广袤的苍穹，浩瀚无垠，然而我们的阅读，就像一个睿智的哲学家对着黑夜，仰望苍穹，是那样的虔诚和深邃，还不禁地发出追问和呐喊：人从何而来，人要到何方去，人究竟需要什么，生命的意义到底是什么，人生的价值在哪里，人怎样才能成为真正的人……对于这些，我们不断反思，不断地追问，这一连串问题的作答，它会让我们感到"纠结"不安抑或"痛苦"。

然而这种"纠结"不安抑或"痛苦"，它是短暂的，在转眼间就会逝去的，也是快乐的，更是幸福的。

因为要回答这些问题，那是一时找不到答案的，它会促使我们不断地阅读与自我对话，不断地叩问与自我反思，不断地呐喊和自我皈依，就是在这样的一个渐进不止的过程中，让我们循环往复地经历并享受着幸福的精神之旅。

"书是人类永久的老师"，"人能把书带到任何地方，书也能把人带到任何地方"，"天堂就是图书馆的模样"，"阅读就是打开一个崭新的人世间"。靠近书，就靠近了"大师"，就靠近了文明；走进阅读，就走进了自己的内心，就走进了博大的宇宙。这应该是书和阅读带给我们快乐与幸福的源泉。

如"快乐的猪"，"优哉游哉乐哉"度日子，看似简单轻松，自由愉快，但是岁月的流逝，不可能留下多少印迹，不可能沉淀什么思想，也不可能让我们变得神采飞扬，更不可能让我们像鲁迅先生那样的一个清瘦老头儿，在眉宇间所透射出来的，完全是那种"横眉冷对千夫指"的坚毅与睿智。

如"苏格拉底般痛苦的人"，尽管要承受很多"痛苦"，包括很多"折腾""煎熬"，但是他在这样的一个过程中能够安放一个浮躁不安的灵魂，能够让我们内心从喧嚣中走向宁静，能够让每个平凡的日子变得光鲜而有意义。更重要的是，会让我们在潜移默化中获得"精神和肉体的新生"，获得"细胞和气质的改变"，让我们能"将一个外表平平的人变得如此富有魅力"，"使你觉得他们好一番玉树临风的样子"。

阅读是带着思想去旅行，带着灵魂去度假。我一直以为，阅读的人是善良的，包容的，也是美好的，美丽的；有阅读的生活是阳光的，充实的，也是灿烂的，迷人的；有阅读的人生是清醒的，高远的，也是别有洞天的，与众不同的；有阅读的收获，可以解嘲，可以排毒，可以"养颜"，可以纠错，可以打开精神的天窗，可以拥有自己丰盈的内心世界，可以遇到美好的自己，可以让自己变得与众不同。

作为阅读的人，书就是他的一切，书就是他的生命，就是他的精神支撑。没有书，心灵无处栖居，日子也将无法过下去。有了书，"窝棚"顿时也会变得美好温馨，生出许多光辉。杨绛在《干校六记》里有一段有趣的记述，在"五七干校"的一天，杨绛指着菜园里玉米秸搭盖的窝棚问钱锺书："给咱们这样一个窝棚住行吗？"钱锺书认真地想了一下，摆摆手说："没有书。"

　　其实，在很多不眠的夜晚，在无数孤独的日子，在不少寂寞的时候，在一些零星闲暇的片刻，只要我们拥有书，只要我们走进她的世界，就如同与最知心的朋友聚在一起，敞开心扉，把盏品茗，叙旧言情，痛快至极！若不经意间闯进经典，就如同在朋友圈中遇到了智者高人，聊着聊着就会有被某个伟大的灵魂附体之感，可谓幸福至极！

　　浩瀚的书籍构成了一座座圣殿，组成了一个个伟大宝库，形成了一笔笔巨大精神财富，它属于所有的人但又不属于任何人。拥有它的唯一方式是阅读。然而很多人在物质财富上一直穷追不舍，甚至不择手段，铤而走险，如果吃点亏，便痛苦不已，然而在精神财富上蒙受损失，却习以为常，不足为惜，真是太不可思议了！

　　书，就是一座桥，连接着已知与未知的世界，不管是在晨光熹微的清晨，还是在夕阳西下的傍晚，不管是在风和日丽的春天，还是在雨打芭蕉的秋日，不管是在忙碌紧张的间隙，还是在放松心灵的假期，不管是在布谷鸟的轻鸣中，还是在蜂蝶翩跹的花园里，不管是在水光潋滟的湖畔，还是云雾缭绕的山间，我们拿起书本读书吧，在阅读中，你从前只有几文钱的小仓库，会日复一日地充盈起来，有一天，你将觉得自己已经坐拥金山银山了！

领导一方教育的人更应是读书人

我常常说："别人可以不读书，教育人不能不读书。"领导一方教育的人，首先更应是"读书人"。

一个领导一方教育的人的领导力，不仅表现为协调各方力量、调动各种资源的能力，还表现在对教育本身的认识水平，表现在教师群体对其教育理念的认同度，表现在系统上下对其人格力量的尊重程度。这些，都离不开阅读的积累与涵养。可以这样说，一个领导一方教育的人的阅读品质，决定了他管理教育、引领教育的能力，决定了他教育决策、教育思考、教育智慧的高度。

当然一个领导一方教育的人其自身的精神成长同样离不开阅读。因为他领导的、影响的是"人"的成长，因此更应具有丰富的精神世界，更应具有思想、理念的创新能力。阅读的过程，就是一个吸纳的过程，也是一个各种知识融会贯通、各种信息推陈出新的过程，在这一过程中我们的精神世界不断充盈，创新能力不断提升。

要从根本上改善一方教育的生态，领导一方教育的人必须有用阅读来推动和改变的意识与行动。

面对当下的教育现状，一方教育到底是守成不变、随波逐流，还是主动突围、敢于创新，选择权很大程度上掌握在这个人的手中。如果说阅读在教育内部日渐式微是应试教育的罪过，那么强力推进师生阅读就是在当今的教育生态中引入了一渠活水，吹进了一缕清风，虽然不能马上驱走"应试雾霾"，但必能换来一片长久的蔚蓝。

阅读是最大众、最有营养的"食物"，也是投资自己最便捷、最廉价的方式，更是改变自己、提升自己、修炼自己的最实用、最有效的手段。阅读、工作、生活应该有机结合，并且必须融为一体，阅读就是生活，生活就是工作，工作便是阅读。然而很多人却忽略了阅读，让生命错过阅读季，让阅读之宝藏与生命擦肩而过。

曾国藩说："人之气质，由于天生，本难改变，唯读书则可变化气质。"我常常想，一个人从母体分娩来到这个世界，徒有人体之躯，就好比一幢房屋，起初还只是一个毛坯房，到最后通过构建与装修，才让其成为有品位且温馨耐人寻味的经典房，而唯一的方式与手段就是阅读。只有阅读才能建造心灵之大厦，才能让灵魂居住其间而润泽舒适。阅读，对于一个人精神成长的重要价值不言而喻。然而不少人却对阅读少有问津，让阅读成了最昂贵的奢侈品。

领导一方教育的人应把读书看成一种责任。这个人读不读书，往小了说体现的是他个人讲话水平的高低、领导能力的高低，往大了说影响的是整个区域教育发展的水平，影响的是无数孩子、无数家庭的幸福，影响的是一个地方的人文环境。有了这样的责任意识，才能把读书变成一种自觉的行动。

为责任而读书还只是外在的推动，我以为，领导一方教育的人应把读书看成一种内在需要。一个人只有承认自己需要学习，才可能有真正的学习，才能把读书变成自己精神的需求。长时间待在一个稳定的环境中，人会变得不愿学习、不思进取，但从我的经历看来，坚持学习，不断扩大知识储备，可以让自己拥有愉快的经历，也可以影响身边人更加积极向上。养成了读书习惯的人，一天不读书便觉得心慌，几日不读书便觉得面目可憎，一段时间不读书便会觉得自己已经开始颓废，这便是一种较高的读书境界了。

领导一方教育的人还必须有挤时间读书的追求和行动。不少人总以"忙"作为不读书的理由，什么是"忙?""心""亡"则"忙"。没有了自己的思想，没有了追求卓越的动力，没有了专注于事业的信念，自然会疏于阅读，忙于应酬，疏于思考，忙于享乐。一日三餐是我们肉体生存的必需，再忙我们也不会忘记；阅读思考是我们精神成长的必需，不该因为"忙"而懈怠。时间如海绵里的水，挤一挤总是有的。如能再把那些可有可无的应酬、饭局、闲谈时间用来读书，这样的人也许更像一个领导一方教育的人了。

一直以来，我每天无论再忙也要坚持阅读，哪怕读上几页；无论再忙，我也要坚持写作，哪怕写下几行。这种坚持，对自己是一种磨炼、一种提高，对师生是一种影响、一种示范，对教育是一种行动，一种改变。

爱读书的人一定有思想。当一方教育掌握在一位有思想的区域掌舵人手里，一所学校掌握在一位有思想的校长手里，一间教室掌握在一位有思想的老师手里，这样的教育，总是充满希望的，这样的教育生态，要被"污染"也是不容易的，因为阅读已经赋予了他们抵抗"污染"、自我净化的动力与能力。

把学校建在图书馆里

明天又是世界读书日。我一直以为，读书永远是美好的事情，读书让我们有着不一样的境界，让我们有着与众不同的人生。读书能够与美好相遇，相遇美好的自己，也成就美好的自己。读书让人成为人，让教师成为真正的教师，让学生成为真正的学生，让学校成为真正的学校，让教育成为真正的教育。

好学校到处都飘着浓郁的书香，到处都是潜心读书的读书人

我经常在脑海里闪现出这样一幅画面，我们的学校，如果不仅有好的建筑，有宽阔的塑胶运动场，有现代化的设施设备，不仅有巨型雕塑、大屏幕LED，不仅有花香、菜香，而且到处都有书，到处都飘着浓郁的书香，到处都是潜心读书的读书人，到处都回荡着琅琅的读书声，我以为，这样的学校才是一所真正学校，也才是我心目中的一所真正的好学校。这样的教育，也才是大家久仰的一种教育。有哪一天，这样的画面能够幻化成真，变成现实，教育的面貌和生态就一定会美好起来。

这些年让我感受最深的是，校长成长的快慢、学校变化的大小、教育发展水平的高低，甚至师生的精气神儿和幸福指数如何，最终都取决于我们的校园有没有书香的味道，有没有读书声，学校是不是一个温馨的书园，学校的那个牵头人是不是在用心引领师生读书。

"最是书香能致远，腹有诗书气自华"，校园是学习的"伊甸园"，是读书的"百花园",一个校园,什么都可以没有,但不能没有书香。

校园有了书香,孩子们就可在心灵沟通中,丰富想象,启迪心智,感悟人生,品味生活;孩子们就可在求知的路上,挖掘知识的宝藏,迸发智慧的火花,积淀人文的精髓。

校园有了书香,老师们才会在阅读中同伟大的灵魂往来,在与古今先哲对话中丰盈自己的职业生涯,彰显自己的职业价值,建构自己的精神世界,遇到一个美好的自己,让自己变得与众不同,也让自己拥有一个精彩的教育人生。

一个充盈书香的校园,才是一个充满活力的校园,也才是一个富有精气神的校园,更才是一个让文化得以赓续绵延、亘古不绝的校园。或者说,让校园才更像一个校园的样子,让学校才更像一个学校的样子。

对于当下教育的改变,最大的切入点是着力构建书香校园

对于当下教育的改变,我以为最大的切入点是着力构建书香校园,使学校的每一寸土地都释放浓郁的书香气息,都散发温馨的书香味道,都体现出强大的育人功效,让校园里的每一个人都自然而然地接受书香的熏陶和浸润,让我们都有一个好的读书习惯,都有一个读书人的样子。

怎样建设书香校园,怎样达成把学校建在图书馆的目标,我以为,一方面需要营造读书氛围。

读书是需要氛围的,法国人的公墓读书氛围,挺让人玩味。在法国,那些市民哪怕是很普通的市民,他们会不约而同地来到那辽阔,肃穆而又冷清的公墓,在巴尔扎克的面前、在雨果的面前、在莫泊桑面前、在小仲马、大仲马、司汤达、伏尔泰、莫里哀面前……即便是冬天,他们也会坐在公墓的长椅上,坐在很冷的阳光里,戴着手套,一人一本,安安静静地读书。在这样的特殊的地方,既有着更不一样的氛围,又似乎在安静的阅读中与石头下面那些"不朽的人"在对话,同时也可了悟更多关于生命的意义。

当你进入宗教庙宇或殿堂时,是不是自然就会感到特别神圣?当你进入图书馆,看到大家都在用心地读着书,你是不是一下就有读书的冲动?青年毛泽

东在闹市读书，这种氛围下还能够全身心融入书本之中，进入书本的世界里，这的确微乎其微。绝大多数孩子面对父母刷手机，看电视，打麻将，肯定是不愿意读书的，即或强迫读之，也是心猿意马，读不进去，甚至还会质问，你们在那里刷手机，看电视，打麻将，凭什么要我去读书啊？

在一个家庭，父母要是跟孩子们一样，也能静静地坐下来看看书，或者与孩子一起同读一本书，那不是就有氛围了吗？对于学校，我一直呼吁并期待我们的校园能够飘逸书香，成为一个个书香校园，在校园里，随时随地都有读书声，都有师生读书的美丽情影，在这样的氛围下，还担心孩子们不读书吗？还愁他们没有好的阅读习惯吗？在社会，在公众场合，无论是机场，还是地铁站，乃至在公交车候车处，人们都拿着书，而不是手机，人人都沉浸在书中，在书的世界里打发一段时光，而不是融入到"低头族""刷屏族"的队伍之中，这样的氛围，还用得着为全民阅读的推进犯难吗？

在营造读书氛围方面，学校如果通过设定读书日或者阅读节，我觉得不失为一种重要举措。朱永新老师在几届全国两会上都提出建立国家阅读节，在今年的全国两会上又提交了《关于建立国家阅读节，深化全民阅读的提案》，当然，最终能不能建立国家阅读节，可能会假以时日，有可能要经过一些程序。但是我想，在我们的每所学校完全可以有自己的阅读节，也可以有自己的读书日，这是任何学校都能够做到的，无论是城市学校，还是乡村学校，无论是规模大的学校，还是规模小的学校，无论是条件好的学校，还是条件差的学校。

一个普通的日子，给它赋予一种节庆，它就有了仪式感，就有了意义，就有了庄严肃穆。学校里的阅读节、读书日同样如此。在校园阅读节、读书日，通过图书漂流、好书交换、书香班级评比、读书人物表彰、读书演讲比赛、读书论坛、读书沙龙、经典诵读、亲子共读等活动，便会给师生们营造出一个浓浓的读书氛围，从而培养他们的读书兴趣，也更能帮助他们养成良好的阅读习惯。

另一方面需要理念和行动创新。在当前的教育背景下，完全指望师生主动接受阅读是很困难的。"山不过来，我便过去"，在推动师生阅读的过程中，要主动作为，穷尽一切办法。我以为最好的理念，是让书籍主动"撞入"师生的生活。当图书成为学校分布最广的资源，当一所学校完全变成了书的海洋，想不被书籍影响几乎是不可能，想不读书那也是不行的。

最大的行动就是将图书馆、图书室里的书"请"出来，书存放在图书室、图书馆里，往往在那里睡大觉，师生阅读很不方便，往往只有极少数特别喜欢读书的师生会走进图书馆、图书室里。为了便于师生阅读和帮助师生养成良好的读书习惯，我一直坚持"宁肯把书翻烂，不能把书放烂"，"宁愿让孩子把书拿走，也不能让书在图书室、图书馆里睡大觉"的看法，为此，我们应该通过在校园里的墙壁、楼道、围墙上建书架、书橱、书壁，在校园里弄流动书车，把图书从图书室、图书馆里"请"出来，让它漂流在学校的每一个空间，让其弥漫在校园的各个角落里，让师生做到随手可拿、随地可取、随时可读。

有一个喜欢读书的校长，自会带出一批喜欢读书的教师和学生

读书还需要示范引领，一级读给一级看。"上为之，下效之"，最好的管理莫过于感染，最好的教育莫过于示范。一个人不可能把没有的给对方，一个人只有成为美好的自己，才能给他人带去美好。一个光着脚丫的算命先生说给你八卦后能带去荣华富贵，你相信吗？若果真行，他为什么不给自己先买一双鞋子穿呢？我以为，有一个喜欢读书的校长，自会带出一批喜欢读书的教师，继而带出有着良好读书习惯的学生，如此层层传递、相互影响，也在无形中创建了一个全民阅读的平台。

从事区域教育管理十二年来，无论怎么忙，不管多少事务缠身，我每天都坚持阅读，白天没有时间读，晚上也要抽时间读，上班没有时间读，下班挤时间哪怕不午休、晚睡觉也要读，工作期间没有时间读，周末、节假日都要充分利用起来读。我不仅坚持示范阅读，还做到了笔耕不辍，示范写作，除了写微博、写博文、应邀为教育报刊写文章，还坚持写书，这些年我先后出版《我的教育心旅》《修炼校长力》《素质教育突围》《做一个卓越而幸福的教育者》《做朴素的教育》《回归教育常识》《致教育》等十多部教育专著，这些书都获得了

同行的好评，有的还成了教育畅销书，我本人被《中国教育报》评为"2015年推动读书十大人物"。

推动书香校园建设，还要有科学质量观与评价改革做保障。需要什么，我们就去评价什么，有什么样的评价，就会有什么样的教育。区域教育应坚持全面的、和谐的、健康的质量观，坚持实施学生综合素质评价，为书香校园建设与读书活动的有效开展提供良好的舆论环境、制度支持和时间空间保障。而书香校园建设的深度实施，也能助推教育改革的深化与教育质量的有效提升。

推动书香校园建设，贵在持之以恒。养成读书的习惯需要时间，要通过阅读改变一方教育的生态更需要时间。书香校园的建设，需要持续不断的发力，把学校真正建在图书馆里，更需要永不停歇的跟进。

学校，书应该是他的生命。没有书，心灵无处栖居，日子也将无法过下去。有了书，校园顿时也会变得美好温馨，生出许多光辉。我始终坚信，一所学校，无论是一个什么样的办学条件，无论教育处于一个什么样的环境，无论所面对的师资和生源是一个什么样的状态，只要这所学校的老师和学生喜欢读书，仍然在读书，而且爱不释手，乐此不疲，并且所读的书不仅仅是教材和课本，这所学校就绝对不会差到哪里去，其教育生态也不可能坏到哪里去。

教书需要的不仅仅是胆识

读完保罗·弗雷勒的《十封信——写给胆敢教书的人》，颇有收获。

保罗·弗雷勒，巴西著名教育家，是 20 世纪世界范围内富有影响力的教育家之一。他提倡的"对话式教育"，颠覆了传统的灌输式教育模式，从而风靡全世界，他被称为"巴西教育改革中的格瓦拉"。他的足迹遍及世界很多国家，他的著作被译成多种文字，他的教育思想和教学方法，影响了整个 20 世纪后半期。这部富有洞见的作品颠覆了传统的灌输式教育，展示了保罗·弗雷勒风靡世界的解放教育观和对话式教学模式。

该书收录了保罗·弗雷勒写给即将成为教师的青年人的十封信，阐释其风行世界的"弗雷勒教学法"，告诉人们，教师能做的不仅仅是教给学生读和写的能力，更应建立起全新的教与学关系，把教育活动当成是重要的政治实践来从事，让学生实现自我教育，参与知识的创造。

保罗·弗雷勒在开篇中阐释了教育的"爱"，他在开篇中写道："教师——同时也是学习者——工作，既有趣又严格。它要求严肃性，以及科学的、物质的、情感的准备。它是这样一种工作，要求那些从事教育活动的人培养特定的爱，不仅爱他人，更要爱教学所包含的过程。没有爱的勇气，没有不轻言放弃的勇气，就不可能有教育，简言之，没有长期培养的新鲜而深思熟虑的爱，是不可能做好教育工作的……所有这一切，我们都带着感觉、情感、希望、恐惧、疑问、热情，以及批判理性去进行。"

教育是爱的事业，是以心换心的事业，我以为，一切最好的教育方法，一切最好的教育艺术，就是爱，教育的全部奥秘和技巧就在于爱。

爱是一种最美好的情感，一种崇高的精神境界，是一个教育者理智感、美感和道德感凝聚而成的一种高尚的教育情操；爱还是一种生命的延续，爱犹如涓涓细流，随着时间的远逝终将汇聚成强大的力量，书写一个个爱的神话，催生一个个教育的传奇；爱更是一种责任，只有将这看似简单其实又沉重的责任融入我们的生命中，才可能让人生开出绚丽的花朵。

爱是教育的源泉，是教育的桥梁，是教育的力量。可以说，没有爱，就没有教育。保罗·弗雷勒就谈及了这一点，"没有爱的勇气，没有不轻言放弃的勇气，就不可能有教育"。

教育的爱既是沉甸甸的，又是轻盈盈的，既是美丽动人的，又是芬芳无比的，既是豪放粗犷的，又是细腻婉约的，既是古朴典雅的，又是博大精深的。

教师之爱，是教师职业道德的标签，是一个教师的爱的社会需要，也是教师对自我角色内在认同的情感需要。

教师之爱就意味着担当，意味着责任，意味着奉献，意味着职业热情，更意味着信心，意味着坚守，意味着付出，意味着追求卓越。

保罗·弗雷勒向人们提出："我们必须敢于说爱，以便永远不把认识和情感对立起来。我们必须敢于说爱，以便在我们熟知的条件下长期继续教书，那就是：低工资，缺乏尊重，时时存在的变得玩世不恭的风险。我们必须敢于学会勇敢，以便对我们面对的思想的官僚化说不。我们必须敢于说爱，这样即使在不这么做有很大的好处时，也能继续敢于说爱。"

一说到教育的爱，教师的爱，很多人就只会想到教师爱孩子，当然，教师爱孩子是教育的起点和基础。苏联教育家苏霍姆林斯基把教师爱孩子叫作"教育的奥秘"，他的座右铭是"把整个心灵献给孩子们"。高尔基也说过："谁爱孩子，孩子就爱谁，只有爱孩子的人才会教育孩子。"的确，当你将炽热的爱通过一言一行传给孩子时，就会激起孩子对你情感的回报，从而"亲其师，信其道"。

除此之外，教育的爱，教师的爱，还包括如何爱我们的职业，如何爱神圣的事业，如何爱自己，如何爱同事，如何爱亲人，如何爱身边的每一个人，如何爱大自然，如何爱这个美好的世界，有了这些爱之后，教师才能把对学生的爱体现得淋漓尽致，演绎得更加真切生动！

现实中，很多学校已经把"没有爱就没有教育"写上了墙，很多教师都明白这句话的含义，也懂得"教育的真谛是爱"这样的道理，但是值得深思的是，在教育教学生活里，我们心中到底还留存有多少真爱？包括对教育的真爱，对学生的真爱，对职业的真爱。这应该引起我们深度的反思。

保罗·弗雷勒谈到"进步教师胜出的必备品质"，包括谦卑、爱心、勇气、宽容、果断的决策能力、在耐心和不耐烦的紧张关系中寻求平衡与生活乐趣。他认为"进步教师的品质不是与生俱来的，也不是天赐或者恩赐之物，而是通过实践逐步获得的。"

谦卑，是教师必备品质之一。这里保罗·弗雷勒所说的"谦卑"和我们平常所说的"谦虚"这个词可能有不一样的内涵。"谦虚"有太多的道德说教成分，其目的是贬损自己以获得别人的认同。而保罗·弗雷勒所说的"谦卑"需要勇敢、自信、自尊和尊重他人，并不意味着缺乏自尊、顺从、怯懦。之所以要谦卑无非来源于一个很简单的道理：谁都不是全知的，也没有人会完全无知。保罗·弗雷勒还进一步从政治的角度阐述了谦卑的政治学意义：聆听所有与我们相遇的人，而不论他们的智力水平如何，是人类的义务。它反映了我们对民主而不是精英统治的认同。谦卑使我们避免陷入唯我独尊的循环中。

宽容同样是教师的重要品质，保罗·弗雷勒认为，宽容不是不负责任的默许和容忍，并不意味着遮掩不尊重，并不意味着纵容侵略者或美化侵略。宽容是这样一种美德，它教会我们如何与不同的人共生，它教会我们尊重差异并向差异学习。一个不把宽容、与差异共生作为基本原则的人，不可能民主，不可能因材施教，不可能个性化发展。其实，保罗·弗雷勒列举的一些好的品质并不是对教师的特别要求、苛刻要求，在我看来，这些品质是每一个合格公民都应该具备的，而且对于任何一个合格公民来说，也是能够具备的。

保罗·弗雷勒认为，传统教师角色施行的是一种储蓄式教育，现代的教师进行的则是一种对话式教育。"储蓄式教育排斥对话，对话式教育则认为对话是揭露现实的认知行动中所不可或缺的部分。储蓄式教育将学生看成帮助的对象；对话式教育则使学生成为批判的思考者"。课堂改革应变储蓄式教育为对话式教育。

他还提道："如果教师始终是专制的，那么他们总是谈话的发起者，而学生始终被淹没在他们的言论中。如果教师是民主的，且其言行之间的差距不断缩小，那么他们与学生的双向交流虽然困难，但既有可能又充满快乐。"因此我们教师必须努力实现由讲述到双向交流，由倾听到被倾听的转变，唯有如此才能让学生在学习和阅读中快乐健康地成长。

保罗·弗雷勒还指出："没有人能教别人，也没有人能教自己，而是透过人与人之间的互动，彼此教导。教学不仅是传授知识，学生也不是被动地接受知识，它应该是所学知识的'制造者'。"我以为变革课堂，教学相长，对于教师的意义，是在教学中教师重构了自己的知识，也重新确立了自己的角色，重塑了生命的意义。

为了让教师和学生实现真正意义上的互动，保罗·弗雷勒还提出了一个"必须向学生授权"的问题。针对有很多的教师并不同意或者在潜意识里不愿意授予学生主动学习的权利，保罗·弗雷勒尖锐地批评了这样的教育工作者："当他们声称要给学生授权时，他们实际上是在巩固自己的特权地位。具体的表现为，一方面高呼授予学生权利，可另一方面当学生或者其他的什么人挑战到了他的权威或者利益的时候，他就会义无反顾地收回自己的权利，做出一些行为和意识明显矛盾的事情来。"

北京十一学校，没有了教室、班主任、统一的课表，学校看起来像一家"教育大超市"，它的主要产品是课程，学生各取所需，四千多名学生形成了1400多个教学班，每人一张与众不同的课表。学生自主选择、自主学习，完全成了课程的主人、时间的主人、学习的主人，我觉得这才是一种真正的向学生授权，在授权中为孩子营造了一个适合成长的环境，让他们发现自我、唤醒自我，最终成为自我。

保罗·弗雷勒指出教师需终生学习。他认为教育这一职业的最大特点就是它的未完成性，学生和教师都永远在成长中。

教书者首先是一个读书人，学习是它最大的职业特点。过去说"给学生一杯水，教师有一桶水"，其实"有一桶水"的教师再也难以传道授业解惑了，教师必须具有源源不断的源头活水，方可为人师。

保罗·弗雷勒在《十封信：写给胆敢教书的人》中提到："如果学习对我们而言不是负担，如果阅读不再是义务，如果正相反，学习和阅读成为改进我们世界所需的知识和快乐的来源，我们早就可以说，我们的教育质量更可期待。"

对于阅读，保罗·弗雷勒还提出了一个观点——作为教师不仅要把班上的学生当作是要解码、领会的课文来"阅读"，把班级当作课文来"阅读"，更要把自己的身体当作课文来"阅读"。根据我的理解，就是教师读书不能仅局限于书本，不能读死书，而应该广泛涉猎，既读有字之书，又要读人，包括读自己、读学生、读他人，当然还包括读社会这样的无字书。

在第三封信中，保罗·弗雷勒谈到了行政体制及行政官员令人吃惊的傲慢与僵化："强大而傲慢的行政官员，他们的霸道作风该为我们中大多数人今天所具有的虚弱感与宿命论思想负责"，"这种傲慢和霸道极大地挫伤了教师的热情，使他们把自己看成保育员，而不是专家"。

针对这样的情况，教育学者、生命化教育的倡导者张文质老师指出："令人吃惊的傲慢与僵化，便成了教育体制与教育管理者最主要的特征，他们热衷于制订规则、条例，而不是解决实际问题，热衷于层层上报数字，而不是倾听真实的声音，热衷于炫耀权力，而不是承担责任。"张文质老师进一步分析指出："正是这种傲慢与压制，使得教师对自身的认同产生了极大的危机，教师角色常常已被弱化为因为重重压力而变得满脸愁容的工匠，不但丧失了自我发展的可能性，也丧失了对未来的想象力，过劳与恐惧还导致了更深地陷入盲目与顺从，而这一切也正逐渐成为我们生命的底色。"

在进入新时代的当下，一股清新的政风、民风扑面而来，如何为教师营造出温馨而和谐的工作环境，如何切实变革我们的工作作风，如何为广大教师服好务，如何实现对教育的科学引领和评价，如何让教师们从我们这里感受到的不是"傲慢与僵化"，如何解放教师，如何保护和调动教师的积极性，这既是值得我们思考的课题，也是广大一线教师所切实关注的话题，我们应该为之做出实实在在的努力！

教师阅读力量从哪里来

收到刘波老师的新著《教师阅读力》，已有些时日。读书，可以一气呵成，也可以利用碎片时间，读读停停。一气读完，感觉囫囵吞枣、急于求成，甚至有为读而读、为应付而读，乃至有浮光掠影、泛泛而读之嫌，而读读停停，细细而读，细嚼慢咽，大有"随风潜入体，润智细无声"之感。

我本人喜欢读书，按理说，再忙都可以挤出一大片时间，一气呵成把《教师阅读力》读完，但是正由于我对阅读的特殊感情，对教师阅读的极力主张和充分关注，对于到手的一本专门谈教师阅读能力的书，才不忍、也舍不得就这样急急而读，而是利用碎片时间，字斟句酌，慢慢读来。

今天上午，终于读完。掩卷而思，正如闫学老师在该书封底的推荐语中所说："读这本书，我们不仅可以看到一个优秀教师的阅读履迹，也能看到阅读是如何影响了一个教师的专业发展，读者得到的不仅是一种启迪，还有一种力量。"这种力量是什么？我以为就是教师的阅读力。

教师的阅读力是教师的一种重要能力，是教师一切能力之母。教师阅读力的高低，可以说是一个平庸教师和一个优秀教师的分水岭。

教师的阅读力，就是教师的生命力。人的生命就那么几十年，活到百岁，那简直是凤毛麟角。我想即使活到百岁，生命也仍然短暂，如果缺乏一种生命体验，活着也就是活着，仅此而已。我觉得，只有过一种阅读生活，才能延伸生命的长度，增加生命的厚度，拓展生命的高度。不读书，你只能活一辈子，书读得越多，你的生命就越丰盈，人生就越丰满，越有意义。一个人，尤其是一名教师，他的生命长河中只有不断勤奋地阅读，生命价值才可能被充分地发挥或发掘出来，生命才会因读书而精彩。

教师的阅读力，就是教师的教育力。善教者必是善学者。教师如果不读书，将会导致视野不宽，知识面狭窄，上课缺少新的东西，只有别人的见解和陈词滥调，注定教学捉襟见肘，犹如鸭背上泼水一般，其肤浅与隔膜显而易见，课堂将缺乏底气、大气、灵气，因而低效甚至无效。这还有什么教育力可言？

我在想，为什么素质教育提倡这么多年，仍躲躲闪闪，遮遮掩掩，而应试教育却大行其道，如此猖獗，就是因为教师不阅读而缺乏教育力。学生成绩是"硬通货"，要提升成绩，则只能加班加点，死整蛮干，使得广大教师陷入应试苦海，一天天沦为廉价劳动力，学生学得苦，教师教得更苦。这就导致教师更没有时间读书，更缺乏教育力，更变本加厉地拼时间，从而使教育陷入恶性循环的怪圈。

教师的阅读力，就是教师的发展力。朱永新老师认为，阅读能改变教师的行走方式，能助推教师走向卓越。阅读促使教师深入思考。阅读开启思考，没有阅读，就没有思考。在阅读中，能帮助教师形成深刻的专业思考力和解决问题的能力。刘波老师在书中谈到，现实中很多教师对于教育教学现象，往往知其然而不知其所以然，就是因为缺乏科学的解读和理论的支持，解决这一问题的途径就是阅读教育心理学著作，增强自身的专业修养，从而提升教学效果。阅读促使教师不断写作。阅读是站在他人肩上飞翔，写作是站在自己肩上攀登，阅读是积累，写作是升华，写作是为了更好地沉淀阅读过程中那些高质量的思考；再者，阅读能克服"本领恐慌"。一味地付出，却没有新能量的持续注入，必然会导致自身的"本领恐慌"。人们常说，要给学生一碗水，自己必须有一桶水。社会的飞速发展，网络时代的到来，仅具有"一桶水"的教师再也难以为学生传道、授业、解惑了，教师还必须具有源源不断的源头活水，方可担当人师之责。阅读是教师专业水平持续增长的源头活水，教师只有通过阅读，才能不断丰富自己的专业知识，才能掌握现代教育技术和教学技能。教师的阅读就像植物对水分的吸收一样，一天也不能缺少，否则，教师就会产生"本领恐慌"，教师的职业生命将会逐渐枯萎。

刘波老师正是通过阅读，经历了"改进工作""迷恋教育""完善自我"三个阶段。大量的专业阅读，夯实了他的专业发展底子，加快了他专业成长的步伐，有效地改进了他的工作，使他成为《中国教师报》"全国十大爱读人物"和浙江教育报刊总社"名师成长"导师库首批教师。

教师的阅读力，就是教师的人格力。教师的人格是无声的教育，是最有力量的教育，是不令而行的教育，是对学生施以积极影响的教育。真正的读书是除却衣食之欲，剔掉浮躁之心，解去名利之烦，荡涤世俗的尘埃污秽，过滤出一股沁人心脾的清新之气，然后在思接千载，驰骋万里中进入物我两忘和淡泊超脱的状态，转而自觉地完成对自己灵魂的考问，对自己内心的审视，对自己行为的反思，继而升华自己的人格，提升自己的魅力。高尔基说："每一本书都是一个小小的梯子，我向这上面爬着，从兽类到人类，走到更好的理想境地，到那种生活的憧憬的路上来了。"

教师阅读的力量如此巨大，作为教书育人的教师，理应首先是个读书人，但是教师读书的现状却不容乐观。我曾经谈过，当今教育尽管乱象丛生，问题很多，但最大的问题是本该读书、最应读书的一个群体——教师，却不读书，这是不可思议、让人费解的事，这也是最危险、最可怕的事。

最好的教育莫过于示范。如果连教师都不愿读书，怎样指导学生读书？怎样引导学生养成良好的读书习惯？发展教育，必先发展教师。苏霍姆林斯基告诉我们，只有当教师的知识视野比教学大纲宽广得无可比拟的时候，教师才能成为教育过程的真正的能手、艺术家和诗人。如果教师都不读书了，又怎么教书育人？又怎能让自己的教育活动做到左右逢源、游刃有余呢？

一说到读书，老师们会找出很多不读书的"理由"，但归根到底一条，还是忙，太忙，没时间。果真我们就这样忙吗？再忙，我们有国家主席忙吗？国家主席习近平在俄罗斯索契接受俄罗斯电视台专访时，谈到自己的时间去哪儿了，他说："当然是都被工作占去了。现在，我经常能做到的是读书，读书已成了我的一种生活方式。"再忙，我们每天总得洗脸刷牙，总得吃饭穿衣，年轻人，耍朋友还总得约会，我们会因为忙而拒绝这些吗？如果我们像习主席那样，把阅读也作为一种生活方式，我们还会说忙吗？还会找不出时间吗？其实时间就像海绵里的水，自己愿意挤总是有的。我以为，我们的老师不是因为忙，而没时间读书，而是因为没有时间读书，才显得忙。一个人有了强烈的读书动机，坚持读书便不再是一件难事，利用时间读书就是一件很平常、很容易的事。

"一名教师，依托专业阅读可以走多远"，刘波老师在该书封面上提出的问题是很值得我们思考的。一个有专业追求的教师，即使起点很低，即使生存在应试教育的夹缝里，也能通过阅读进入专业成长的快车道，而且会在教育的路上走得更远。如果我们每一个老师，都能像刘波老师那样热爱阅读，都能像刘波老师那样坚持阅读，如果我们每一所学校都重视阅读，都有教师自己的读书社，都有一个认真负责、榜样示范的读书社社长，都有一批读书种子老师，都有一个教师全员阅读的"微环境"，那么，每一所学校都会改变，被世人抨击的中国教育生态，一定会得到改变！

陪伴孩子，就是守护童年

相对于学校教育而言，家庭教育主要是给孩子一个幸福的港湾，一个快乐的世界，一个成长的空间，让孩子在这里体验童年之趣，成长之美，形成乐观的个性，养成良好的习惯，生成独立的人格，并学会生活、学会做人。

全国著名特级教师，清华附小校长窦桂梅说，家庭教育是根，学校教育是枝叶。

然而，社会的功利，导致学校教育太功利，也让家庭教育变得十分功利。很多父母把自己未曾实现的梦想，把改变家庭的现实，甚至把家族的显赫等责任和压力全部压在孩子柔弱的双肩上，押在孩子未来人生的幸福里，在他们的眼里只有分数，只有成绩。对孩子所谓的陪伴是什么呢？是背不完的唐宋诗词，是做不完的家庭作业，是奥数，是各种培训班、辅导班、特长班，还有兴趣班。这些与其说是陪伴，不如说是"绑架"。

而什么是真正的陪伴，《真正的陪伴》的作者张贵勇，为了不想做失败的爸爸，为了不希望自己的孩子稀里糊涂地长大，为了孩子健康成长，为了给孩子成长的养分，为了帮孩子养成好的习惯，为了让孩子自由呼吸，享受生命的快乐，为了让孩子成为他所希望成为的那个自己……他把培养孩子看作另一份伟大的职业，他把对孩子浓浓的爱化为真正的行动，他把用心灵和智慧陪伴孩子，做孩子童年的守护者，与孩子一起建造一种美好生活，作为了自己——一个父亲的神圣职责和使命。并一点一滴记录，于是就有了这样一本带着温度、温暖和温馨的教育手记。它告诉我们今天用什么陪伴孩子，才是真正的陪伴！

真正的陪伴是阅读。阅读，是为童年打底色，更是孩子一生的伙伴。童年，不应错过图画书，更不应错过阅读。

虽然阅读永远都不会晚，每个年龄段都是最好的阅读季，每个年龄段都有适合他阅读的书，但是人生最美妙的童年时期和少年时期却是最适宜读书的时期，这是任何时期都不能替代的。

德国思想家海涅，少年时期曾因一个偶然的机会在皇家花园的"叹息小径"上，如痴如醉地读着一本《堂·吉诃德》。这次阅读的经验便永远烙在他心灵的底版上，种下了他精神的胚芽，成为他生命的底色，以致他成人后多次重读这部巨著，都没获得当初那种感受，甚至感觉如果不以第一印象为参照系，就很难读下去。

美国作家克利夫顿·法迪曼回忆读书经历时说，十岁到十七岁之间，是我读书最多的时候，那些日子真是令人神往。我相信对于大多数热爱书籍的人，那个年纪也正是阅读的最美好的年华。从那时以后，我再也不曾在一年里读完那么多的书。

最适宜的年龄与最好的书相遇，迸发出的不仅是快乐，还会埋下一颗珍贵的种子。在张贵勇看来，孩子不爱看书，或者说没有养成阅读习惯，多半是错过了阅读的敏感期。如果错过了阅读的敏感期，孩子与书之间便会有一种隔离感、疏远感。而让孩子爱上阅读的最好方法，就是尊重儿童阅读的定律，根据孩子的年龄、性别、个性和兴趣，这一时期必须选择最适合的书，选择最有价值的书，让孩子与书建立联系，错过这一阶段有时就是永远的错过。

遗憾的是不少父母却在这个敏感时期让作业、训练、培训辅导代替了阅读，即使让孩子阅读，读的也是试题集、考试秘籍，或者是与提高分数有关的书。其实让孩子多读书，多读适合他当下阅读的书，看起来与考试、与分数没有关系，但这恰恰奠定了孩子一生的基础，也奠定了孩子未来人生厚度，甚至决定了孩子未来人生高度。一个人今后发挥余地有多大，与他养成的读书习惯关系很大。

在陪伴孩子的阅读上，张贵勇为我们做出了榜样。他从儿子哲哲 2 岁时便开始给他读故事，最开始是随意翻读，后来开始精挑细选，每天晚上临睡前，儿子哲哲喜欢递给他一本选好的书，依偎在他身边，以最舒服的姿势，安静地听他读着。张贵勇说，读童书，就是成人转身变为儿童的过程。给哲哲读故事时，他也在弥补自己童年缺失的阅读课。

真正的陪伴是榜样。木碗原理家喻户晓，夫妇俩有一个孩子和一个老人。老人年纪大，吃饭时常把碗摔碎，夫妇就专门给老人制了一个木碗。小孩看见了，也找来木头雕一木碗，父母问他做什么。他说："我给你们做的呀！"孩子的样子就是父母的影子，要让孩子好，父母先做对。

有人说，三流的父母是保姆，天天陪在孩子身边，给吃给穿给钱，只在物质上满足孩子；二流的父母是教练，要求孩子勤学苦练，希望孩子有出息，有作为，而不是了解孩子的心声，听听孩子自己想做什么；一流的父母是榜样，以身作则，不断改变自己，不断提升自己，处处给孩子起到模范作用，孩子永远以有这样的父母而骄傲自豪！

父母希望孩子成为什么样的人，父母自己首先要成为那样的人。最好的教育是榜样，榜样的力量是无穷的。在成长路上，孩子的眼光总是聚焦在父母的身上。父母的品行、人生观、价值观，甚至是他们的生活方式，都在对孩子进行着潜移默化的教育。

张贵勇在书中谈到，孩子学习父母是一种天性或者说本能。而孩子所模仿的，除了父母的言行举止，还包括面对挫折的态度、排遣情绪的方式以及处理问题的技巧。父母在细节上做到慎之又慎，在各个方面起好示范作用，自己和孩子都会受益。可以说，父母修炼自己，就是修炼孩子。父母修炼孩子，其实就是修炼自己。

真正的陪伴是游戏。童年需要有游戏相伴，童年就应该在游戏中度过，没有游戏的童年就等于没有童年，至少是没有幸福的童年。我的童年已远去三四十年了，现在想来，当时很多东西，包括学到的课本知识，差不多都忘却了，而那时与同伴们玩的五子棋、搧烟牌、滚铁环、捉小鸡等游戏，却历历在目，记忆犹新。

游戏是孩子生活的本身和全部，也是孩子未来人生态度的走向和定位所在。在喜欢的事物面前，每个孩子都能够做到过目不忘，思维极其活跃，思想的火花四处发散，精彩的观点会脱颖而出。

德国著名诗人席勒认为，游戏具有自我去蔽、自我解放的功能，于人的成长有着重要意义。而且，人生的最高、最完美的境界就是游戏。只有当人是完全意义上的人的时候，他才游戏；只有当人游戏的时候，他才是完全的人。苏联教育家马卡连柯指出："儿童非常爱好游戏，也应当满足这种爱好。不仅仅应当给儿童游戏时间，而且应当使儿童的全部生活充满游戏。儿童的全部生活，也就是游戏。"朱永新老师也曾说："对儿童来说，一切都是游戏。他们在游戏中学会交往，在游戏中认识世界，在游戏中发现自我。游戏就是学习，学习也是游戏。"

为此，父母应该让孩子在尽情地玩耍与游戏中，丰富孩子的想象，给予孩子心智和思维的培育，而不是简单的知识填鸭，那种拔苗助长式的教育只会摧毁孩子的身心。

张贵勇提醒为人父母者，即使条件有限，障碍重重，无论如何应该努力创造条件，让孩子体验符合其年龄阶段的游戏，让孩子在游戏中提高和锻炼自己，让他们在游戏中快乐成长，而不是将童年圈在小小的房间，束缚在枯燥的知识和学习上。

真正的陪伴是大自然。据媒体报道，重庆沙坪坝区的妈妈甘霖，因为孩子要写作文《桃花》，不知道桃花长啥样，什么味道，"女儿对大自然太陌生了"，于是索性在北碚区农村包下一座山，想让女儿和小伙伴们在体验中认识自然，描绘自然。当然，不可能每个父母都有条件为孩子包一座山，但是，我们完全有责任、有能力让孩子认识自然，亲近自然，陪伴孩子走进大自然。

大自然，是天然的教科书，是活的教材，是多彩的世界，是巨大的博物馆。我们的生命由自然承载，孩子的灵性更需要自然的滋养。苏霍姆林斯基指出："大自然不仅在智育中起着巨大的作用，在丰富儿童的精神生活方面也起着同样重要的作用。"在大自然中，孩子得到的不仅是快乐，更重要的是发展。

让孩子走进大自然，投身大自然，运用多种感官去感知大自然，与大自然对话，与大自然"重归于好"，既能放飞他们的心灵，陶冶他们的情操，愉悦他们的身体，丰富他们的课余生活，又能培养他们热爱大自然的特殊情怀，更重要的是，会激发起他们的好奇心和求知欲，调动他们自主学习、探索、思考的积极性，在他们的心里埋下科学的种子。

然而，现在的孩子成天黏在电视上，热衷于与电脑、手机为伴，出于安全，家长还有学校及老师，将孩子封闭在校园内，禁锢在水泥钢筋里，孩子足不出户，失去了亲近大自然的机会，错过了本应与大自然亲近的童年，让孩子过早地与大自然隔绝，钻进了一个只有喧嚣和浮躁的社会。

人生小天地，自然大舞台。只有陪伴着孩子们一起走进大自然这个大舞台，他们的未来才值得期待！

正如张贵勇在书中所写的那样："也许，童年的自然体验并不能带来一个好成绩，也不能在报考国外大学时加分，但我知道，自然缺失的潜在危险不可小视。试想，一代没有或鲜有自然体验的孩子长大后，他们听到沙漠化、泥石流、野生动物濒危这些字眼不会心疼，看到长流水、长明灯懒得伸手关上，喜欢选择方便的一次性用品、豪华的过度包装商品，那将是多么可怕的未来。"

爱是什么？爱是陪伴。童年就像天边的一抹彩虹，唯陪伴能不负稍纵即逝的绚烂。相信孩子的童年有了这样的一些陪伴，孩子就会有一个幸福的童年，孩子的未来也一定会有一个幸福的人生！

第一视点应落在课堂上

　　课堂作为完成教育教学过程的一个重要环节，是师生教与学互动、相互依偎、共同成长的一个重要场所，也是师生在此相遇，共同放飞教育梦想的一个重要地方。怎样构建理想课堂，怎样提升课堂教学质量，怎样促进教师专业成长，怎样惠及莘莘学子，乃是我们不懈与永恒的追求。

　　愚以为，当下基础教育存在的所有问题，归根到底，还是课堂的问题。一些老师对课堂缺乏驾驭，一味满堂灌，照本宣科，课堂里面流淌的都是生硬的知识，没有人文气息，没有生机活力，课堂低效乃至无效。

　　对于不少教育管理者，包括校长，要么不重视课堂，缺乏课堂意识，很少有时间走进课堂，要么偶尔到课堂看一看，也是跑马观花，流于形式，走走过场，根本不知道怎样去导课评课，怎样去管理课堂，甚至有的连一堂好课的标准是什么，都闹不明白。让广大教师及教育者能够扎根课堂，而且让课堂活起来、生动起来、高效起来，乃是推进课程变革、深化教育教学改革的关键所在，更是迫在眉睫之所需。近日，由长江文艺出版社推出的"书生校长"程红兵的《听程红兵老师说课评课》一书，可谓解决当下课堂问题的"及时雨"。

　　作者围绕说课和评课两个方面，针对一个好的课堂如何研磨与运行，以及如何激发课堂中的师生智慧，分析课堂模式，研究课堂标准，探讨课堂的共性和个性，并且通过援引大量的观课和评课的具体案例，向我们呈现了一个好的课堂、一个智慧的课堂应该有的样子，一个有责任的教师、一个有良知的教育人应有的姿态和在课堂上应有的识见和作为。

特别是作者以炽烈的教育激情，悲悯的教育情怀，开阔深邃的视野，浓郁厚实的文化，将一个个看似简单而平常的有关课堂的问题赋予哲学般的思辨与考量，带给我们无尽的启迪和思考，读后如沐春风，如饮香茗，受益匪浅。

比如，作者在谈到什么是一堂好课，或者说一堂好课的标准时，没有从传统意义上去设置一些量标，更没有牵强附会一些机械的标准，而是从"听、看、说"三个方面，去定性描述。"听"，学生在课堂上希望听到三种声音：掌声、笑声、辩论声；"看"，关注课堂上的三个细节：关注思维方式、关注课堂的开放度、关注旁例和反例；"说"，老师语言的三重境界：想得清楚，说得明白、声情并茂，传神动听、老师言有尽，而意无穷。

比如，针对当下把精雕细琢的公开课弄成表演课，很多老师在迷雾之中渐渐迷失了自己，迷失了方向，他大声疾呼：公开课不要演戏。他以为，公开课的目的是为了让青年教师学习掌握规范，让老教师超越规范；教师听课是为学习而来，观众看戏则为了观赏，而这种课只有表演性，没有学习意义，仅有欣赏价值，没有学习价值；追求完美的表演无意义，公开课应成为教学创新的实验田；公开课是成长的"爆破点"，正是缺乏逐步的探索，我们的教学才会止步不前。真可谓鞭辟入里，入木三分。

还比如，作者在讲到何为高效课堂时，讲了三个纬度，即：目标精确，教学要有水平；内容精当，目中要有人；方法精准，过程、效果要有数。"三精三有"便把高效课堂的意蕴和内涵揭示得一清二楚，淋漓尽致，胜过千言万语。

再比如，作者在谈到课堂是"承载学校文化的主要载体"，学校"绝对没有离开课堂的学校文化"时，要求"校长的第一视点应该落在课堂上"，而"评课"，是校长领导学校教学，指导教师成长的重要法宝。他指出，校长的评课不同于教授评课，不完全等同于同行评课，也不同于学生评课，因而校长评课要"合理、有法、动情、入心"，"合理"，即合乎课堂教学基本原理；"有法"，即不空洞，要给出具体的方法；"动情"，即打动教师，教师在感情上能够接受；"入心"即抓住要害，一针见血，让教师心里产生强烈的震撼。

　　作为校长的程红兵之所以能把课堂认识的这么透彻，能有着见解独到的"课堂观"，是因为他虽然身居"校长高位"，却更愿意把自己看成一个教师、一个语文教师，而且心里始终装着学生，装着课堂，对课堂永远保持着一种敬畏，一种热忱。想一想，我们的一些老师，对课堂的应付与荒废，一些校长对课堂的远离、疏远与抛弃，真是千不该万不该啊！

教育变革怎样真实而有效地发生
——《面对个体的教育》和《中国教育寻变》会告诉你答案

如果说李建平老师的《中国教育寻变》是对北京十一学校艰苦卓绝而又惊心动魄、气壮山河的改革历程的真实记录和反映，而李希贵校长《面向个体的教育》则是对引领这场改革的掌舵人——北京十一学校校长李希贵先生教育思想与教育智慧的完美表达和呈现。

相对其他教育著作，《面对个体的教育》更像是李希贵校长教育思考与教育实践的一本散记，全书 11 辑共收录 84 篇文章。这些文章，或针对自己的一个教育想法，或针对教育改革中的某个事件，或针对教育生活中师生演绎的某个片断，或针对有意或无意识地在校园里所捕捉到的某个镜头，或针对教育中存在的某种普遍现象，用轻松活泼、短小精悍的文字，娓娓道来，不急不躁，看似漫不经心，犹如闲庭散步，有如促膝谈心，实则却始终围绕着一个宏大的主题：做适合每一个孩子的教育。本书所反映出来李校长的教育追求，我想主要表现在以下四个方面。

自由与平等。没有自由，便没有学生活力的释放，便没有学生心灵的解放，便没有学生的个性化发展，也就发现不了"他们充满个性的美丽的错误"，教育就不能真实地发生；没有平等，就没有民主的教育，就没有对学生人格的尊重，教育就只有仰视，而没有平视，更没有俯视，教育就不能实现"从说服到对话的转变"，就不能达成"教育是人的事业"的共鸣与共识。"有时候因为敬业，有时候因为热爱，反而纵容了过度的教育，孩子们身上刚刚萌芽充满生机的枝枝杈杈，常常过早地被冠以'旁逸斜出'而遭扼杀"，这样的现象，我们是不是似曾相识？

适合与选择。只有适合孩子的教育才是有效的教育，适合，应是十一学校教育改革最核心的理念。而做适合学生的教育的最佳途径，就是给孩子们选择的权利与机会，有了选择，才"有可能在自己身上装一台属于他们自己的发动机"。选择，应是教育通向适合的最有效策略，"切不可用一个脑袋想出的东西填塞那么多脑袋，一位管理者也万不可习惯于把别人的脑袋执意地当作自己思想的跑马场"，这样的观点与忠告，可谓振聋发聩，发人深省。

放手与服务。"一旦放手，校园里教育机会随处可见，而管理的缰绳一旦勒紧，教育便无从下手。"放手了，学科教学才能避免"把学生都培养成和自己一样的人"；放手了，校园里才会"生长学生的想法"；放手了，过节才有"过节的样子"。教育不是必须，不是要求，更不是强迫，教育是一种服务，一种服务于学生成长的心对心的服务，"教育确实演变为服务业，只不过是服务于学生成长的高级、复杂的服务业罢了"。我们教育者服务于学生的职责和使命，就像老农对庄稼一样，给他提供适宜的土壤，适合的养料水分，适当的气候条件，充足的阳光空气，让他自然而然地生长。

喜欢与激励。从某种意义上说，乐业比敬业更重要。在李校长的眼里，做一名好老师其实很简单："喜欢学生，然后又被学生喜欢"。而做一名好校长，首先应做一名好教练，既要为优秀教师的成长创造机会，又要懂得"在卓越教师面前要平庸一些"，还要学会"走在改革队伍的中间"，学会"先开枪，再瞄准"……以此来激励老师们不断成长。

《中国教育寻变》的作者李建平老师，是《中国教育报》的资深记者。她用纯纪实的手法再现了自己在十一学校四年"蹲守"的全过程，再现了李校长以及他的团队在教育改革中的困惑、挣扎与突破。技术层面的改革书中有着详尽的叙述，而我更看重本书对教育改革在思想层面的引领。

这场伟大的变革为什么会发生在十一学校？"人似乎有一种与生俱来的、

超越自己的冲动，不为吃，不为喝，不为钱，不为名，只为了要超越，使自己达到极限。就是这种力量，使人能成为人，世世代代、千年万载地演化、进步，达到光明灿烂的今天"。作者为秦建云老师所发的感慨，也许能够作答。

老师们怎样面对改革带来的挑战？"使我们痛苦的，必使我们强大。我们不断跨越生命的界碑，是渴望去触及那更伟岸、更优美的境界"，这是十一学校教师群体共同的声音。

老师们怎样认识自己身份的转变？张兆利老师这样说："不做评判者，更不做简单的批评者，而是热心的伙伴和知己。"魏勇老师这样认为："美好的青春遭遇了美好的教育，我愿意做一切美好事物的走狗。"

怎样认识十一学校教育改革的价值取向？"我们的教育正朝着一个自由而开阔的道路走，每一天都在鼎新革故。我们所有的努力，都只是为了学生更自由与幸福，为了教育更开放与开阔，为了离未来更近一点儿"，李希贵校长如是说。

阅读和思考同行，不但思考文字里的新思想、新知识，真正把书读懂，而且能够反观对照自己的已有认知与实践，真正把书读活。读懂"十一"，我们对教育改革的前途不再迷茫。读透《面对个体的教育》和《中国教育寻变》，从区域、学校和班级出发，你当下的教育改变就会真实地、有效地发生。

改变教育必先改变自我

——序郝晓东《改变教育的十个关键词——教育学经典文选解读》

当我们一脚踏进教育之河，就注定了我们在改变教育的同时，我们也在被教育改变着。

当我们赋予教育以纯粹、学校以宁静、孩子以陪伴、心灵以自由时，教育就变得简单而深邃，教育的一切便在静悄悄地发展着、成长着；当我们赋予教育以功利、学校以喧嚣、成长以"速成"时，教育就变得混浊而浅薄，世俗而卑下，所有的改变、所有的成功也就注定是一种失败。

这些年的中国教育，身处其中的每一个教育人，都感受到了教育发展的巨大成就以及由教育发展带来的社会生活的进步与变化，如果不承认这一点，那是没有良心的，但是我们也强烈地感受到了，由于社会的快速变革而教育体制机制的滞后与不匹配，所带来的教育供给与社会需求之间的矛盾越来越尖锐，还有教育的功利与喧嚣所带来的唯分数至上，让教育在远离本真和偏离常识的道路上越走越远，如果不认识到这一点，便是没有教育良知的。

面对当下的中国教育，有的在牢骚与埋怨，有的在愤慨与谩骂，有的在谴责与鞭挞，而且这些声音似乎代表了教育当下的主流，也似乎湮没了教育的一切。平心而论，这一切的一切，除了发泄个人的情绪，排遣自己的怒火，除了丧失对教育的信心，除了徒增世人对教育的绝望，你想想，还会有什么作用和效果呢？

世间人和事，或在不断的自我完善与立足当下的行动中走向强大，或在消极的自我沉沦与等待观望中走向灭亡，关键取决于，我们以怎样的职业态度和人生价值取向去面对人性的弱点，去面对你所不满意的对象，去改变你力所能及范围内的现象、现实与现状。

面对当下教育的乱象丛生，面对已被严重污染的教育之河，最终决定教育改变的，同样取决于我们每个教育人的态度与行动：是怨天尤人，停步不前？还是中流击水，逆流而上？

有人选择了怨天尤人，停步不前，做教育的陌路人和旁观者。这些人往往拿着一些捕风捉影的东西说事，凭着一些似是而非的现象说长道短，甚至针对一些模棱两可的问题大放厥词，他们往往缺乏一种包容的心态，缺乏一种建设的姿态，更缺乏一种从我做起、从眼下做起的果断行动与奋发有为的状态。

有人选择了中流击水，逆流而上，做教育的智者、思者与行者。他们敢于面对现实，不断挑战，他们不惧怕艰险，勇于突围，他们仰望教育的星空，憧憬着教育的未来，他们不期待奇迹的发生，不奢望教育自身的涅槃，他们立足的是从当下的一个孩子、一间教室、一所学校、一个区域的改变做起，他们相信的是有梦想就有希望，有付出就有收获，有坚持就必有奇迹，他们做着自己觉得应该做的事，改变着自己能够改变的一切。

晓东老师选择了中流击水，逆流而上，他既是教育的智者，用不懈的追求开辟真正属于自己的精神家园；他也是教育的行者，用行动耕耘着自己的一方教育园地；他更是教育的思者，用思想照耀着身边的同路人朝着光亮的方向执着前行。

他来自教师之家，也曾有过中学教师的经历，这注定了他对教育的那种情怀，那种虔诚，那份责任，那份使命。

他曾带领、指导过近三千名大学生的支教工作，从山西原平到海南五指山，从千里太行到椰风蕉林，走进过一百多所农村中小学校的课堂。他和大家一起孤独，一起欢笑，一起阅读，一起思考。

他曾在身边"重要他人"的影响、引领下，和身边另一群"相同尺码的人"，在孕育教育新希望的新教育的天地里徜徉，在经典的共读共写、叙事的交流共享中陶醉。从网络师范学院到今天的忻州师范学院，他经历着名家思想与大学浓厚学术氛围的熏陶浸润，更有了一段段与经典从邂逅到深度对话的弥足珍贵的心路历程。

或许是积淀的习惯使然，或许是精神成长的必然，或许是工作需要的当然，他开始读怀特海，读博尔诺夫。从《教育的目的》《教育人类学》两本书中，他读出了"改变教育的十个关键词"——"目的与节奏""遭遇与危机""空间与时间""气氛与信任""语言与深描"。这些是不是改变教育的"关键"，有可能仁智各见，这其实并不重要，重要的是由之产生的对教育的根本性影响，以及由此引发的对教育本源的哲学思考，却是不容质疑的。

他读出了"教育只有一个主题，那就是五彩缤纷的生活"，"因为教育的全部目的就是使人具有活跃的智慧"，就在于通过知识理解生活，生活既是教育的起点，又是教育的归宿。一切学习应该指向生活，"教育如果不以激发首创精神开始，不以促进这种精神而结束，那必然是错误的教育"。

他读出了"浪漫——精确——综合"的教育节奏。从广博的、轻松的、整体的、形象的、以自由为内核的"浪漫"，到规律的、严密的、系统的、细节的、以逻辑（约束）为内核的"精确"，再到知识的融通、能力的提升、智慧的增长、习惯的养成、以风格为内核的"综合"，这就是怀特海的教育节奏。细细思量，这也正是教育的常识。可惜，我们今天的教育节奏，全被"分数"给打乱了，教育的那些基本常识，也被升学率给扭曲了。

他读出了"遭遇"与"危机"这些"非连续性的教育形式"在成为个人成长"新的起点"中的作用。"遭遇"与"危机"不可预测，但却是我们完整人生不可或缺的组成部分；也正是在这些突然出现的"遭遇"与"危机"中我们才认识了自我、成长了自我。

他读出了"空间"与"时间"的哲学思考对教育的意义——这些看似与教育无关的原始概念，却无时、无处不在地影响着甚至控制着我们的教育活动和教育行为。在给予孩子具有安全感的"空间"的同时，鼓励孩子去拓展更广阔的"空间"。对昨天的解释，为的是获得今天更好地成长；"既不要停留在时间要求的后面，也不要不耐烦地想赶到时间要求的前面去"；忍耐，在教育被急功近利完全绑架的今天，是一种多么高贵而伟大的教育品质！

他读出了影响"教育气氛"的几个中心词——安全感、良好情绪、信任；读出了语言的符号意义、本质特点、表达方式……

"其实，这些哲学的思考，都是一些教育的常识，认真思考，我们便有一种久违的感觉。重新拾起，就是常识的回归。"晓东老师如是说。

这些年，我也一直呼唤着教育常识的回归，我的小书《回归教育常识》前不久被中国人民大学出版社推出，不到一个月时间，小书就重印了，这也可以看出人们对教育常识回归的殷殷期盼。

阅读经典，通过探究教育的本源，找回教育的初心，让教育回归宁静与理性，这本身就是一种常识的回归。晓东老师将教育经典汇聚自己对教育的思考与理解，融入自己对教育的付出与智慧，结合自己对教育的实践与探索，所形成的文字更有助于我们对教育常识的认知，对教育常识的真正回归。

我以为，读哲学家的书，有一种充满痛苦的快感。说"痛苦"，是因为在阅读中伴之而来的是对问题本源的逻辑追问、对自己认知基础的摧毁重建，还有对灵魂深处的敲打与拷问；说"快感"，是因为通过阅读，身心浸润其中，在迈过一道道的思想"坎"后将是灯火阑珊处的豁然开朗，将是峰回路转间的曼妙风光，当然还有云开雾散后的大彻大悟，如释重负后的步履轻盈。

而阅读晓东老师这些文字，我倒觉得是一种幸福的快感。因为晓东老师通过孜孜以求的"读"、通过循循善诱的"导"、通过行云流水般的阐释，尤其通过一些深入浅出的"比方"和实例，把一个个深奥而枯燥的教育哲学命题，变成了一件件十分轻松与惬意的话题。认真品读，你会真切地感受到，流淌在字里行间的，有他对先哲教育思想的敬畏与传承，有他对教育理想的塑造与追寻，有他对教育良知的坚守与捍卫，还有他对教育智慧的兼收并蓄与厚积薄发。细细咀嚼，你会由衷地发现，一种活泼欢快、轻松自在、酣畅淋漓、优哉乐哉的阅读幸福感油然而生。

为书写序，本是名家的事，我作为一名基层教育工作者，虽然这些年对教育有些思考，对教育的实践有些探索，对教育的改变也有些行动，甚至对教育的良知与使命也尽到了一个教育人应有的责任与担当，然而我以为只是触及到了教育的一点皮毛。接到晓东老师让我为其大作写序的任务，我心惊胆战，诚惶诚恐，即以人微言轻、愧不敢当，直接相拒，然而晓东老师却再三陈言"我之所以选择您作序，是慎重考虑的。一是因为您了解熟悉认可新教育，二是您对基础教育有长期专业精深的研究，且文章写得好，三是您作为教育局局长、推动读书十大人物，有足够的影响力。四是您的教育情怀、真知灼见引起我深刻共鸣"。

我深知，要改变教育，其前提是必然改变自我。受人之邀，身为教育人为教育同仁的教育著述，如果连写点体会文字的勇气都没有，还有改变自我的勇气吗？如若连改变自我的勇气都没有，还有改变教育的胆识和信心吗？

我还深知，人生相识相遇，这本身就是一种注定、一种缘分，能够遇到"情投意合"之人更不容易，其本身更是一种造化、一种意义，如果有负盛情，有可能会留下一生的遗憾。

于是乎展文研读，字斟句酌，反复思考，仔细玩味，在前一段时间的一番忙碌之后，今天终于壮胆提笔，跃跃而试，一鼓作气遂写下这些文字，权作序，也权作一次难得的学习机会。

后 记

由文苑编辑的拙著《致教育》去年7月出版后，应该深受读者朋友的喜欢，至今已第4次印刷了。

该书被《中国教育报》评为2017年度"教师喜爱的100本书"，被中国教育新闻网评为2017年度"影响教师的100本书"，被《浙江教育报》年度推荐为"给教师有营养的20本书"。

岁月如白驹过隙，也如流水转瞬即逝。留住时光和岁月最好的办法，就是让每一片时光、每一段岁月都富有意义。

这两年，我一边进行教育行走，把这些年在一线教育大地上对教育的一些理解和思考，对教育的一些实践和架构，尽可能在更大的范围作一些交流和传播。

面对当下也许还不尽如人意的教育现实，我最朴素的想法就是，能够通过自己的努力，尽可能去影响更多的教师，去改变更多的校长，而且能够改变一个就改变一个，能够影响一个就影响一个，然后通过他们去改变属于自己的那一间教室，去改变属于自己的那一个校园，那一所学校。

同时，我还一边坚持进行教育写作。人都容易产生惰性，人与人之间的差距在于对点滴时间的利用。

为了给自己加压，也为了利用好闲暇时光，让每一个时光碎片都尽可能不白白地流过，我在过去开通微博、博客的基础上，又开通了简书、个人公众号，还在微信朋友圈里开设了"汤勇看教育""汤勇看人生""汤勇教育行走"等栏目。

每天坚持不懈地进行写作，写教育时评，写教育随笔，写教育叙事，及时记录和整理我对教育的瞬间感悟、点滴思考，也亮明和呈现我对教育的一些观点、看法与主张。

《致教育》汇集的是前几年我在全国各地所作讲座的讲稿，而《教育可以更美好》则辑录的是近两年我写的一些教育评论和教育随笔，这当中差不多篇目已发表于相应的教育报刊。

能够成就一件事情，那是各个方面因素的作用与促成，各种力量的汇合与叠加。成事如此，推出一本小册子更是亦然。

在《致教育》面世后，文苑就期待我能够形成第二部书稿，并在不断的交流与催促中，给了我信心与力量。

更重要的是，文苑虽还未曾谋面，但是从这一两年的间接接触中，更从她对文字的细心，对书稿的用心，对成书的精心，还有对教育类书籍的热心中，我以为，文苑是一个对作者负责，对职业尽责，对教育有着深厚情怀的出版人。

人生在于相遇，对于作者来说，能相遇这样的编辑，那是很大的荣幸！从文苑身上，更获得了一种莫大的鼓舞和动力。谢谢秦文苑女士！

为该小册子作序的是顾久先生。2015 年 7 月，中国陶行知研究会在安徽灵璧举办的行知式校长和骨干教师培训班，我有幸和顾久先生同台作讲座，而且是安排在同一个上午，他上半场，我下半场，当时就被他精彩的报告和他身上所浸润的那种大文化气节与气息所吸引，就此相识。

之后聊到教育等话题，我们都有着共同的见解和认识，而且彼此对教育都有着共同的取向和情感，乃至于对人生、对名利都有着共同的态度和洞察，由此相知。

这两三年，我们一起开会，在很多会上一起作报告，而且一起被受聘于贵州省名校长范光留工作室、罗涌工作室的专家，接连两次的中国陶行知研究会农村教育实验专委会年会，我都邀请他担任大会主持，为大会作报告，更为他渊博的学识、厚重的文化、熠熠生辉的人格魅力而敬重，于是就有了相见恨晚之感。

就这样由相识到相知，再到有相见恨晚之感，以至于到现在我们无论是见面还是电话，他会叫一声："汤司令，到！"我会喝一声："顾司令，到！"虽是戏谑之称，却是彼此的一种心照不宣，情感相通。

在广州华联乡村教师培训学院第一期培训班上，我请顾久先生为拙书稿作序，尽管他政务、学术、社会活动缠身，但他没有推辞，爽快答应，随后便写来了热情洋溢、字字珠玑的序。谢谢顾久先生！

在小册子出版之际，全国政协副秘书长、民进中央副主席、新教育发起人朱永新，全国人大常委、湖北省人大副主任、中国教育学会副会长、长江教育研究院院长、华中师范大学教授周洪宇，中国陶行知研究会会长、北京师范大学博士生导师朱小蔓，中国陶行知研究会常务副会长、二十一世纪教育研究院院长杨东平，著名作家、哲学家周国平先生对拙著联袂推荐。谢谢这些教育大家们！

这两年，少了很多困扰和羁绊，能够在学陶、师陶、践陶的路上从容而自信地行走，也能够把自己的教育良知与情怀，通过相应的载体和平台，给以演绎和实现，也谢谢全国的陶友、朋友、广大教育同仁们！

人生短暂，人生与今人相处时短，与后人相处时长。一个人对于人生，很多东西不需要也不值得想透，但是有一样，你必须想透。那就是人生的意义和价值到底是什么？

我以为，人生的意义和价值不在于名利，不在于金钱地位，而在于能够做自己喜欢做的事情，能够做自己认为有意义的事情，能够做实现自己人生价值的事情。

弄清这些后，其他很多东西其实都不重要，甚至无关紧要。为了实现自己的追求，为了体现自己的人生意义和价值，其他的很多东西都可以放下，都可以舍弃。

或许，放下就是一种解脱，舍弃就是一种获得！

和一个人相遇，既不容易，也是缘分、福分，与一本书相遇，又何尝不是如此呢？

既然由书相遇，那就是一个美丽的邂逅，一场顾目的相盼，一次生动的握手，那更是看世界、看教育、看对方的一扇明亮的窗户。对书中内容有什么意见和建议，对教育有什么交流与探讨，请点击邮箱：2369423110@qq. com。谢谢！

汤 勇

2018 年 8 月 14 于阆中古城